Otto Molden

DER ANDERE ZAUBERBERG

Das Phänomen Alpbach

*Persönlichkeiten und Probleme Europas
im Spiegelbild geistiger Auseinandersetzung*

MIT 52 SCHWARZWEISSABBILDUNGEN VON WOLFGANG
PFAUNDLER U. A.
UND SECHS ILLUSTRATIONEN VON PAUL FLORA

VERLAG FRITZ MOLDEN
WIEN–MÜNCHEN–ZÜRICH–NEW YORK

Schutzumschlagbild: Bild-Presse-Dienst „Horizont"
Bildnachweis: Die Schwarzweißabbildungen stammen von
Archiv Österreichisches College, Wien; Photo Alpenbild, F. V. Habermüller, Innsbruck;
Murauer-Foto, Innsbruck; Wolfgang Pfaundler, Innsbruck; F. M. Salus, Salzburg.

1. Auflage

Copyright © 1981 by Verlag Fritz Molden
Wien–München–Zürich–New York
Verlegt von Molden Verlag Wien Gesellschaft m. b. H.
Alle Rechte vorbehalten
Schutzumschlag: Hans Schaumberger, Wien
Technischer Betreuer: Franz Hanns
Schrift: 9 Punkt Garamond-Antiqua
Satz: RSB Fotosatz Gesellschaft m.b.H., Wien
Druck und Bindearbeit: Wiener Verlag
ISBN 3-217-01226-7

„*Nur der Geist, wenn er den Lehm behaucht,*
kann den Menschen erschaffen."
ANTOINE DE SAINT-EXUPÉRY

„*Dreieinig sind das Wort,*
die Freiheit und der Geist."
ERNST JÜNGER

„*An uns liegt es, zu entscheiden, was der Zweck*
unseres Lebens sein soll, und unsere Ziele zu bestimmen."
SIR KARL POPPER

„*Die Generation, die ich in Alpbach erprobte,*
dünkte mich eben die, auf die ich ein Leben lang gewartet."
FELIX BRAUN

Laurence, Peter und Paula, die so viele interessante Sommer in Alpbach erlebten, Simon Moser, mit dem ich „Alpbach" gründete, Edi Grünewald und Hartl Pezzei, mit denen zusammen wir das Alpbacher Team von 1945 bildeten, meinem Bruder Fritz, Alexander Auer, Fritz Czerwenka, Friedrich Aage Hansen-Löve, Fritz Neeb, Georg Zimmer-Lehmann, Hans Albert und den anderen „Alpbachern" der frühen Jahre, die dieses europäische Experiment mit mir aufbauten und mit ihrem Idealismus erfüllten, Alfons Moser, der vor allem in den ersten schwierigen Jahren vieles ermöglichte und dem die Erhaltung des schönen alten Ortes zu danken ist, den Nobelpreisträgern Friedrich A. Hayek und Erwin Schrödinger sowie Gottfried von Einem, Max Hartmann, Arthur Koestler, Fritz Machlup, Karl Popper, Paula von Preradović, Denis de Rougemont und Fritz Wotruba, die zu den ersten bedeutenden Wissenschaftlern und Künstlern zählten, die mit uns arbeiteten und den Ruf Alpbachs mitschufen, ist dieses Buch gewidmet.

***

Für wertvolle Beiträge oder Hinweise möchte ich Hans Albert, Alexander Auer, Christiane van Briessen, Ota Filip, Koschka Hetzer und Marietta Torberg, für das Schreiben des Manuskripts Mona Meier, für die Arbeit an der Dokumentation Eva Lachnit und für die Beschriftung der Photos Elfriede Rotter herzlichst danken.

VORWORT

Der Versuch, ein so vielschichtiges, geistig so differenziertes und einen so langen Zeitraum ausfüllendes europäisches Experiment auf kulturellem, wissenschaftlichem, politischem, wirtschaftlichem und gruppendynamischem Gebiet zu beschreiben, ist bei der Kürze des zur Verfügung stehenden Raumes ziemlich schwierig. Auch nur einen kleinen Teil der großen Zahl bedeutender Persönlichkeiten, die in Alpbach seit 1945 mitwirkten und es mitformten, zu nennen oder gar ihrer Arbeit wirklich gerecht zu werden, ist kaum möglich. So möchte ich insbesondere allen jenen danken, die in wertvoller Weise dazu beitrugen, Alpbach zu gestalten, aber aus Platzmangel nicht oder nur ungenügend genannt werden konnten.

Neben denen, die bei der Gründung und geistigen Profilierung in den frühen Jahren ausschlaggebend mitarbeiteten und denen dieses Buch gewidmet ist, möchte ich aber einigen, die einen besonderen Beitrag leisteten, das Werk von Alpbach zu unterstützen und damit zu ermöglichen, meinen besonderen Dank aussprechen. Es sind dies die österreichischen Bundespräsidenten Körner, Schärf und Kirchschläger, die Bundeskanzler Figl, Klaus und Kreisky, die Vizekanzler Androsch und Bock, die Minister Drimmel, Firnberg, Gruber, Hurdes, Kamitz, Kolb, Pahr und Salcher, die Tiroler Landeshauptleute Tschiggfrey, Wallnöfer und Weißgatterer, die Stellvertretenden Landeshauptleute Gamper und Prior, der Ehrenpräsident des Österreichischen College, Manfred Mautner Markhof sen., und die Präsidenten unserer Nationalkomitees in Europa, Abs, Bethouart, Camus, Cappelletti, Koren, Mayer-Gunthof, Poussard, Roché, Schmitz, Stammatti, Thorn, van Zeeland und Wolff von Amerongen.

Die Geschichte dieses „Anderen Zauberbergs" ist die Geschichte von Ideen und Menschen, von ernsthaften und kuriosen Ereignissen, von Illusionen und Fakten, von gelungenen und mißlungenen Versuchen, von dem Wunsch, Europa seiner Einigung näher zu bringen und durch seine Intellektuellen zu verändern, mit einem Wort von einem Panoptikum seltsamster Art, aber großer Toleranz und Liberalität und – was nicht unwichtig ist – von oft mit großem Humor gepaartem Ernst.

Die fast völlige Abgeschlossenheit des kleinen Tales schuf paradoxerweise das Paradebeispiel der Entfaltung einer offenen Gesellschaft. Sozusagen das Experimentierfeld für ein Modell, für das Karl Popper schon in Neuseeland die Kulissen nicht geschoben, sondern geschrieben und die inneren Gesetze formuliert hatte. Auch wenn wir 1945 und 1946, also in den ersten Pionierjahren Alpbachs, weder Popper noch sein Buch kannten, war eine erstaunlich große innere Verwandtschaft der Ideen vorhanden. Im übrigen war und ist Alpbach nicht auf eine bestimmte philosophische, weltanschauliche oder politische Richtung eingeschworen, sondern, wie wir selbst oft feststellten, ein „freier Marktplatz der Ideen". Karl Popper und Ernst Bloch, Gabriel Marcel und Julien Benda, Jean Daniélou und Alexander Mitscherlich, Hans Albert und Paul Feyerabend, John Eccles und Adam Schaff haben nebeneinander Platz ... zumindest in Alpbach. Auch wenn die Fetzen fliegen – wie man in Österreich zu sagen pflegt – so fliegen sie doch friedlich.

So ist dieses Buch, das voller Lücken und Mängel ist, bestrebt, trotzdem ein ungefähres Bild des Phänomens Alpbach zu geben.

Zu danken ist außer den oben Genannten darüber hinaus allen, die ihre Phantasie, ihren guten Willen, ihr Wissen und ihre intellektuelle Integrität zur Verfügung stellten. Eine Integrität, die wir immer als die Grundlage und Voraussetzung unserer Arbeit betrachteten. Ich möchte sie auslegen im Sinne der Worte von Ortega y Gasset: „Man ist nicht Intellektueller für die übrigen, mit diesem oder jenem Vorsatz, um Geld zu verdienen, um zu glänzen, um sich in dem stürmischen Meer der Gemeinschaft zu behaupten. Man ist Intellektueller für sich selbst, trotz sich selbst, gegen sich selbst, unweigerlich."

Otto Molden
im Juni 1981

ES IST SAMSTAG, DER 25. AUGUST 1945. FÜNFZEHN TAGE nach dem Kapitulationsangebot der japanischen Regierung, dreieinhalb Monate nach der Gesamtkapitulation der deutschen Wehrmacht in Europa, aber noch acht Tage vor der offiziellen Unterzeichnung der japanischen Kapitulation an Bord des amerikanischen Schlachtschiffes „Missouri" in der Bucht von Tokio am 2. September 1945. Der Zweite Weltkrieg liegt in den letzten Zügen, aber er ist in Ostasien – zumindest offiziell – noch nicht zu Ende. Die durch die Atombomben auf Hiroshima und Nagasaki vor zweieinhalb Wochen in die Atmosphäre geschleuderten Aschenteilchen schweben noch über dem Japanischen Meer, den japanischen Inseln und dem Nordpazifik.

Am Nachmittag und Abend dieses Tages trafen achtzig Österreicher, Franzosen, Schweizer, Amerikaner – Wissenschaftler, Künstler, Offiziere der französischen und amerikanischen Besatzungstruppen in Österreich und Studenten – in dem kleinen Bergdorf Alpbach ein. Ich hatte sie alle in den Monaten vor und nach dem Kriegsende entweder in der Schweiz, wo ich aufgrund meiner Widerstandstätigkeit zusammen mit meinem Bruder zur Aufnahme von Verbindungen mit den Alliierten mehrmals war, oder in Tirol kennengelernt und zusammen mit Simon Moser für die Mitarbeit bei einem ersten internationalen Intellektuellengespräch gewonnen.

Die meisten von ihnen kannten den Namen „Alpbach" erst seit drei oder vier Wochen, als sie die Einladung erhalten hatten, an den „Internationalen Hochschulwochen des Österreichischen College in Alpbach" teilzunehmen. Sie hatten auch keine Ahnung, was das Österreichische College ist, und wußten nur sehr nebulos, was sie eigentlich in Alpbach sollten. Was sie aber sehr genau wußten, war, daß sie endlich wieder – für manche von ihnen nach sieben Jahren zum ersten Mal, für einige überhaupt zum ersten Mal – ohne Scheu über geistige und politische Fragen frei und offen würden sprechen können, und das sogar mit Ausländern. Viele von ihnen – später wird man sie die „ersten Alpbacher" nennen – sind zu Fuß, mit einem kleinen Koffer in der Hand oder einem Rucksack auf dem Rücken, die zwölf Kilometer lange Bergstraße von Münster-Wiesing im Inntal über Brixlegg und Reith nach

Alpbach gekommen. Bei Brixlegg, wo in den letzten Kriegstagen die Eisenbahnbrücke über den Inn gesprengt worden war, fuhren sie mit französischen Pionieren über den Fluß. Andere, die mehr Glück hatten, konnten nach der Überquerung des Inn ihren Koffer auf den Pferdewagen der „Lies", des weiblichen Alpbacher Frächters, die fast täglich von Alpbach nach Brixlegg und zurück fuhr, legen und unbeschwert daneben gehen. Einige wenige – wenn man von den Amerikanern und Franzosen absieht, die mit Armeejeeps kamen – hatten unwissentlich das große Los gezogen und durften auf dem unter vielen Schwierigkeiten von uns in Innsbruck gecharterten Lastauto mitfahren, auf dem einige Bänke standen und das eigentlich für die erwarteten Schweizer Teilnehmer aufgetrieben worden war. Da man bis zum Abend aber nicht wußte, ob die Schweizer überhaupt von den französischen Besatzungstruppen über die Grenze bei St. Margrethen gelassen würden, konnte der Lastwagen zweimal andere Teilnehmer nach Alpbach führen, denn für mehr als insgesamt drei Fahrten reichte der von der Tiroler Landesregierung zugestandene Treibstoff nicht. Über „die Schweizer" sprach man nur mit größter Ehrfurcht, denn immerhin kamen sie aus einem unzerbombten Land, in dem man frei Bücher, Käse, Zucker, Fleisch und Nescafé kaufen konnte, soviel man wollte, und wo – wie manche behaupteten – die meisten Menschen schon als Bankiers zur Welt kamen.

Schließlich kamen die Schweizer wirklich, nachdem es Edi Grünewald und mir gelungen war, durch Vermittlung von Oberst Thomazo, einem der leitenden Offiziere der französischen Besatzungstruppen in Innsbruck, sie über die Grenze zu bringen.

Endlich waren sie tatsächlich alle da, die Amerikaner, Franzosen, Schweizer und Österreicher, die ich mühselig gesammelt hatte. Meine schon als Gymnasiast gehegte und in den Jahren der Herrschaft Hitlers und des Krieges oft schmerzlich verloren geglaubte, aber immer wieder triumphierend in mir auferstandene Vision von der neuartigen geistigen Gemeinschaft europäischer Völker war – wenn auch zunächst nur in bescheidenem Umfang – Wirklichkeit geworden.

Der Innsbrucker Student Edi Grünewald, der mit dem Studenten Hartl Pezzei – beide besonders mutige Widerstandsführer in den letzten Kriegsmonaten in Tirol – und mit Dozent Simon Moser zusammen mit mir diese erste Alpbacher Veranstaltung vorbereitete und durchführte, schreibt über die turbulenten Tage und Stunden vor der Eröffnung der ersten Alpbacher Hochschulwochen:

„Fragen, Schwierigkeiten, Änderungen, und Otto Molden ist noch nicht aus der Schweiz zurück! Ob das noch gutgeht? In drei Tagen beginnt das College! Einladungen werden geschrieben, ausgetragen, da die Post noch nicht arbeitet, und weiter geht es der Lösung der Aufgaben entgegen!

Letzte Besprechung:

‚Wie geht es? Molden ist gekommen! Gott sei Dank! Was, er muß nochmals in die Schweiz? Die Einreise klappt noch nicht? Na, das wird

was werden! Was tun wir, wenn es nicht möglich wäre, daß die Schweizer kommen können? Wer übernimmt dann die Arbeitskreise für Geschichte und Literatur? Ausfallen lassen? Nein!
Na, es wird schon gehen! Ist die Lebensmittelfrage gelöst? Nein, nicht ganz, wir bekommen erst morgen die Bezugsscheine! Fährt das Auto nach Alpbach? Hoffentlich, wenn bis morgen die Permagas-Tankstelle wieder in Betrieb ist, denn sonst hat er nicht so viel Treibstoff! Benzin ist keines bewilligt worden!
Also, wir fahren morgen nach Alpbach und richten dort alles für den Beginn her! Richtig! Die Fahnenmasten müssen noch aufgestellt werden! Wie hoch sollen sie sein? Haben wir auch alle Fahnen? Nein? Die österreichische, die Schweizer und die russische müssen noch genäht werden! Wer hat den Stoff? Wo sollen wir denn einen herbekommen, ich hab' geglaubt, das sei alles schon erledigt? Das muß halt in Alpbach genäht werden. – Noch etwas? Ja, der Flügel kann nicht transportiert werden. Warum? Weil er erst gestimmt werden muß! Unmöglich, wir brauchen ihn ja am ersten Tag! Ist ein anderer aufzutreiben? – Ja, wir müssen in der Uni fragen. Im Musikseminar steht ein guter. Also das wird noch gemacht! Wer bleibt bis morgen in Innsbruck und übernimmt den Transport? Pezzei? Ja! Daß alles klappt! Und dann auf Wiedersehen in Alpbach! Richtig, die Programme nicht vergessen abzuholen!'
Am Vorabend des 25. August 1945 saßen wir in der gemütlichen Stube des Böglerhofs* und besprachen die letzten Fragen. Die ersten Gäste trafen ein, die Quartiere wurden ihnen zugewiesen. Und dann kam der erste Tag des College! Der ‚Ankunftstag', wie er im Programm genannt wurde. Wahrlich, es war ein ‚Ankunftstag'. Denn es kamen mehr als vorgesehen, mehr als wir erwartet hatten. Aber die Schweizer standen noch aus! Ob sie die Einreise bewilligt bekommen haben? Dann kam ein telephonischer Anruf: die Schweizer werden an der Grenze festgehalten! Können mit dem geplanten Zug nicht kommen! Was nun? Schnell zu den französischen Dienststellen, die Einreise muß bewilligt werden, das kann nur ein Mißverständnis sein! Aber wie kommen die Schweizer in den Zug, der ohnehin immer übervoll ist? Anruf bei der Bundesbahn! – Wirklich? Also, vielen Dank: Die Bundesbahn stellt einen Extratriebwagen zur Verfügung! Die Schweizer können also am Abend eintreffen! Und um 11 Uhr nachts kamen sie an!"[1])
Mit ihnen waren die ersten ausländischen Touristen – wenn man sie so nennen kann – nach dem Zweiten Weltkrieg im späteren Fremdenverkehrsland Österreich eingetroffen.
Der Medizinstudent Jürg Bär, der zu dieser Schweizer Gruppe gehörte, schreibt über die etwas mühsame Grenzüberquerung bei St. Margrethen,

---

* Eines der ältesten und schönsten Gebäude des Ortes. 1945 bedeutendster Gasthof, später größtes Hotel Alpbachs, das in den ersten Jahren das Zentrum der Veranstaltungen darstellte.

wo die Bahnverbindung noch nicht funktionierte und ein Pferdefuhrwerk die 13 Schweizer und ihr Gepäck auf die österreichische Seite der Grenze bei Bregenz beförderte, über seine ersten Eindrücke:

„Auf einem Fuhrwerk, das mit unserem Gepäck und uns selbst beladen war, erreichten wir nach knapp drei Stunden Bregenz. Wir dösten so auf dem Wagen dahin, als wir plötzlich angesprochen wurden: ‚Sind Sie Flüchtlinge?' fragte ein junger Mann in Tiroler Hosen zaghaft. Als wir verneinten, frage er noch zaghafter: ‚Sind Sie aus der Schweiz ausgewiesen?' Als wir nochmals verneinten, sagte er aufatmend: ‚Dann sind Sie Studenten aus der Schweiz.' Es war dies der Vorarlberger Student, der im Auftrag des Österreichischen College vergeblich auf uns gewartet hatte."[2])

Und Jürg Bär fährt dann fort mit seinem Bericht:

„Der Gedanke, am Österreichischen College teilnehmen zu können, war für uns Schweizer dermaßen bestechend und faszinierend, daß wir vor lauter Freude erst daran glaubten, als wir uns wirklich in Alpbach befanden und in der späten Nacht des 25. August des Jahres 1945 mit lautem Rufen – um nicht zu sagen Gebrüll – empfangen wurden. Aber dann waren wir da, in Tat und Wahrheit auf österreichischem Boden, in einem Dorf, das zu Ehren der Gäste festlich geschmückt war, in einer Gegend, die noch kaum einer von uns jemals vorher erblickt hatte. Für die meisten von uns Schweizern war es seit dem Herbst 1939 der erste Schritt über die Grenze; wir waren einige der ersten, die die Schweiz wieder verlassen konnten, die aus dem engen Raum heraustreten, die mit vollen, tiefsten Zügen die Luft des Auslandes einatmen konnten. Wir waren glücklich."[3])

Der französische Student und Leutnant Maurice Besset schließlich – später sollte er Leiter des Französischen Kulturinstituts in Innsbruck und dann einer der Direktoren des berühmten Pariser „Musée de l'Art Moderne" werden – äußerte sich im September 1945 über die „Franzosen in Alpbach":

„Franzosen in Uniform, die aber nicht heraufgekommen sind, um die Forellen im Wildbach zu fischen oder um den Galtenberg* zu besteigen: Franzosen, die da sind, um zu vergessen, daß sie die Uniform tragen, und um sich als friedliche Vertreter ihres Vaterlandes unter ihre österreichischen und schweizerischen Kameraden zu mischen. Wie die Österreicher empfinden sie das Bedürfnis, sich nach langen Jahren aufgezwungenen Schweigens einmal frei auszusprechen und die Fühlung mit dem Ausland wiederherzustellen ... Wir können nicht vergessen, wie die Bevölkerung des Dorfes sowie die Teilnehmer des College Oberst Thomazo empfingen, wie den Vertretern des geistigen Frankreichs, die zu uns kamen, Louis Aragon, Univ.-Prof. Susini, Elsa Triolet, Jacques Fivier, und dem Pariser Streichquartett zugejubelt wurde."[4])

---

* Der das Tal beherrschende höchste Berg, wegen seines Aussehens auch das „Alpbacher Matterhorn" genannt.

Wie war es zu diesem, schließlich von allen daran Teilnehmenden so freudig begrüßten, ersten geistigen Gespräch im kriegszerstörten Europa unmittelbar nach Kriegsende gekommen? Wie konnte dieses Treffen im Spätsommer 1945 der Auftakt zu jahrzehntelanger ebenso faszinierender wie einzigartiger kultureller und kulturpolitischer Arbeit werden? Fragen, die immer wieder gestellt wurden und werden.

Der Dozent der Philosophie, Dr. Simon Moser, ein gebürtiger Tiroler aus Jenbach, ein ausgezeichneter Bergsteiger, Skifahrer und Photograph – Ende der zwanziger und Anfang der dreißiger Jahre Student und Assistent des bedeutenden deutschen Philosophen Martin Heidegger in Freiburg im Breisgau –, und ich selbst, damals ein junger Student der Staatswissenschaften und Kunstgeschichte, der aus dem österreichischen Widerstand kam, hatten diese 80 Ankömmlinge zur Teilnahme an den ersten Alpbacher Veranstaltungen eingeladen. Allerdings sprach damals niemand von „ersten" Veranstaltungen, denn eigentlich hatten wir zunächst an eine nur einmal durchzuführende Veranstaltung gedacht, um die neue Freiheit, die in Westeuropa seit wenigen Monaten abrupt hereingebrochen war, für das Experiment eines ersten freien Gespräches zu nutzen.

Die Veranstaltung kam aber doch nicht ganz zufällig. Wenn auch niemand noch einige Monate vorher hätte voraussagen können, wann der Krieg und mit ihm das Dritte Reich zu Ende gehen würde, so war es doch seit Jahren mein Wunsch gewesen, nach dem Ende der nationalsozialistischen Herrschaft und des Krieges zu versuchen, eine Gemeinschaft freier europäischer Intellektueller zu bilden. Dozent Moser wieder stand die Schaffung einer „Bergakademie für Geist und Sport" – wie er mir darlegte – vor Augen, in der wissenschaftliche Arbeit auf hohem Niveau durch körperlich-sportliche Betätigung ergänzt werden sollte. In verschiedenen Gesprächen versuchten wir die beiden Ideen einigermaßen auf einen Nenner zu bringen.

Als ganz junger Mann war ich unter dem starken Einfluß der deutschen Jugendbewegung gestanden und hatte selbst in Österreich eine bündische Gemeinschaft, das sogenannte „Graue Freikorps", mit einigen Freunden zusammen aufgebaut und bis zum Erscheinen Hitlers in Österreich geführt. Die deutsche Jugendbewegung – die den deutschen Sprachraum seit der Jahrhundertwende in vieler Hinsicht mitbestimmt hatte –, deren Ideen und geistiges Gedankengut hatten mich außerordentlich beeindruckt und sicher stark geprägt.

Auch die verschiedenen pädagogischen Versuche der Gründung freier Gemeinschaften jüngerer Menschen, insbesondere die 1910 gegründete „Odenwaldschule" am Westrand des Odenwaldes und die 1906 entstandene „Freie Schulgemeinde Wickersdorf" in Thüringen, hatten mich beeinflußt. Beide hatten sich unter dem Eindruck von Paul Geheeb und Gustav Wynneken entwickelt, erlebten ihre große Zeit nach dem Ersten Weltkrieg und wurden in Erich Ebermayers bekanntem Dokumentationsroman „Kampf um Odilienberg" hervorragend geschildert. Dazu kam das Erlebnis des Widerstandskampfes und im Rahmen dieser Tätigkeit, die mich während des Krieges mit falschen Papieren in die Schweiz geführt und dort nicht nur in Kontakt mit Schweizern, sondern auch mit Amerikanern und Franzosen gebracht hatte, der Gedanke der Notwendigkeit der Zusammenarbeit intellektueller Menschen der verschiedenen europäischen Völker.

Mir jungem Studenten, der vor dem Jahr 1945 niemals in England oder Amerika gewesen war, wohl aber mit großem Interesse über das angelsächsische Erziehungssystem und insbesondere über die großen englischen und amerikanischen Colleges gelesen hatte, schien die lockere gemeinschaftliche Zusammenarbeit, wie sie zum Beispiel in den großen Colleges in Oxfort und Cambridge geübt wurde und wird, ein nachahmenswertes Strukturelement für eine geistige Gemeinschaft auch im mitteleuropäischen Raum zu sein. Wenn auch mein Wissen um das angelsächsische College damals ein eher nebuloses war, so wollte ich doch der Gemeinschaft, die mir vorschwebte, den Namen „Österreichisches College" geben. Nicht weil ich ein Universitätscollege bilden wollte, sondern weil ich in dieser Gemeinschaft unter anderem auch die Formen der Zusammenarbeit, wie sie in den britischen und amerikanischen Colleges durchgeführt wurden, in gewisser Hinsicht verwirklichen wollte. Darüber hinaus sollte manches von den Ideen und der Atmosphäre der deutschen Jugendbewegung und der freien Reformschulen in diese mir vorschwebende Gemeinschaft integriert werden. Daher kommt der Name „Österreichisches College", der in den ersten Jahren zu vielfachen Mißverständnissen geführt hatte, da man uns immer wieder für eine Institution hielt, wie sie die angelsächsischen Colleges sind, oder gar wie sie in anderer Weise das französische „Collège" darstellt.

In den Tagen zwischen dem 25. August und dem 10. September 1945 war von all diesen verschiedenen Ideen, Institutionen und neu zu schaffenden geistigen Gruppierungen viel die Rede, abgesehen von der konkreten wissenschaftlichen und künstlerischen Arbeit, die bei den ersten Alpbacher Veranstaltungen geleistet wurde. Was sich sehr schnell zeigte, nämlich innerhalb dieser 14 Tage, die das erste Alpbacher Treffen dauerte, war, daß die ganz bestimmte Form der Zusammenarbeit, die wir instinktiv und fast wie Schlafwandler gefunden hatten, sichtlich den Nagel auf den Kopf getroffen hatte. Jedenfalls waren der Erfolg und die Begeisterung, die dieses erste Alpbacher Treffen begleiteten, für Dozent Moser, mich und die wenigen engeren Mitarbeiter, die uns geholfen hatten, geradezu umwerfend, denn es hatte vorher viele Bedenken gegeben, daß die ganze Sache auch mißlingen könnte. Man hatte mich von allen Seiten gewarnt, daß es nicht gutgehen könne, wenn zum ersten Mal ehemalige Offiziere und Soldaten der deutschen Wehrmacht und der ehemaligen Feindmächte – nämlich Österreicher und Deutsche einerseits, Amerikaner und Franzosen andererseits –, die noch vier Monate vorher sich erbittert in verschiedenen Uniformen bekämpft hatten, auf einmal nebeneinander säßen und, was fast noch schwieriger erschien, wenn Offiziere und Soldaten der deutschen Wehrmacht, die bis zum Schluß

gekämpft hatten, einer größeren Anzahl von Führern der österreichischen Widerstandsbewegung gegenüberstünden, die manche von ihnen als Verräter betrachteten.

Tatsächlich waren auch am ersten Tag verschiedentlich spannungsgeladene Momente vorhanden, die aber zu keiner Explosion führten, bis nach den ersten größeren gemeinsamen Aussprachen und Diskussionen plötzlich das Gefühl einer neuen, freundschaftlichen Zusammenarbeit bei allen nahezu erlösend auftrat.

Wie von selbst hatte sich aus dem tastenden Experiment des ersten Tages, das noch voll Gefahren steckte, da zum ersten Mal Repräsentanten der verschiedenen Fronten, die Europa offen und geheim getrennt hatten, plötzlich einander gegenübersaßen und nicht mehr mit Maschinengewehren, sondern mit Worten einander begegnen sollten, eine Gemeinschaft von Intellektuellen gebildet.

Die ersten achtzig „Alpbacher" sollten aus dem starken Erlebnis dieser neu gefundenen Gemeinschaft des Spätsommers 1945, die über die verschiedenen Lager des Zweiten Weltkrieges hinweg zusammengefunden hatte und die zum ersten Mal wieder nach den vielen Jahren des Krieges mehrere Nationen in freundschaftlicher Weise vereinte, zur Legierung werden, die als ein seltsamer kleiner „melting pot" die starke Grundlage für das kommende Werk von Alpbach und das einige Monate später entstehende „Österreichische College" bildete.

Aus der Atmosphäre dieser Tage wuchs in den darauffolgenden Jahren die stetig größer werdene Gemeinschaft der „Alpbacher", wuchs das, was heute vielfach der „Spirit von Alpbach" genannt wird und was seit den späten vierziger Jahren in unzähligen Zeitungsartikeln und einigen Büchern immer wieder apostrophiert wurde. Sicher hat die ganz bestimmte Form der Arbeit, wie ich sie in den folgenden Jahren – auf manchen Gebieten in Übereinstimmung und enger Zusammenarbeit mit Simon Moser, auf anderen Gebieten im Gegensatz zu dessen Ansichten – entwickelt habe, hat die zu Konzentration und Kontemplation hinführende Landschaft des Alpbachtales und die Struktur dieses heute wahrscheinlich schönsten Tiroler Dorfes viel zur Eigenart des dort entstehenden Werkes beigetragen.

Immer wieder werde ich unter anderem gefragt, wieso ich eigentlich im Frühsommer 1945 gerade auf Alpbach verfallen sei, um einen Platz für die geplante Veranstaltung zu finden. Tatsächlich war es ein Zufall, der mich in Gestalt des damaligen Innsbrucker Dozenten für klassische Philologie, Robert Muth, auf Alpbach hinwies. Dozent Muth, der meinem damaligen Bekanntenkreis in Innsbruck angehörte und so wie andere Wissenschaftler und Studenten der zu diesem Zeitpunkt noch nicht wieder arbeitenden Innsbrucker Universität – die Nationalsozialisten hatten alle Universitäten des Großdeutschen Reiches im letzten Kriegsjahr geschlossen – sehr für die von Simon Moser und mir geplante Veranstaltung plädierte, hatte mich darauf angesprochen, wo denn die Veranstaltung durchgeführt werden sollte. Als ich ihm sagte, daß ich keine bestimmte Vorstellung über den zu findenden Platz hätte, daß aber Dozent Moser die ehemaligen „Gralsritter"*-Baracken am Vomperberg gegenüber dem alten Städtchen Schwaz vorgeschlagen habe, meinte Muth: „Der schönste Platz für eine derartige Veranstaltung ist das Dorf Alpbach." Da ich bis dahin nie von Alpbach gehört hatte und interessanterweise auch die meisten Innsbrukker Alpbach nicht kannten, Dozent Muth aber die Schönheit und Einsamkeit dieses Ortes immer wieder hervorhob und mir die „Gralsritter"-Baracken, die ich mit Simon Moser unterdessen besichtigt hatte, trotz des hübschen Blicks auf das Inntal nicht besonders gefielen, beschlossen Dozent Muth und ich, nach Alpbach zu fahren.

Die Bahnfahrt von Innsbruck nach Alpbach im Juni 1945 durch das kriegszerstörte Unterinntal im einzigen pro Tag fahrenden, überfüllten Personenzug, dessen Fenster mit Brettern verschlagen waren, sofern sie nicht einfach als glaslose Löcher dem Fahrtwind freien Zutritt ließen, die Überquerung des Inns in einem französischen Pionierboot, vorbei an den Trümmern der gesprengten Eisenbahnbrücke bei Brixlegg, und der Fußmarsch auf der kleinen Gebirgsstraße über Reith nach Alpbach waren eher abenteuerlich. Nachdem ich seither einige hundert Mal die „Entdeckung" Alpbachs schildern mußte, komme ich mir langsam vor wie Stanley, als er sein Buch „Wie ich Livingstone fand" schrieb. Obwohl in der Alpbacher Ache Krokodile tatsächlich sehr selten auftreten und die Elefanten und Nashörner im Alpbachtal schon seit dem Pliozän ausgestorben sind, so daß höchstens ein durchgebrannter Stier gefährlich werden kann, sonne ich mich natürlich gerne im Licht des gewaltigen Abenteuers der Entdeckung des schönen Dorfes, das mit der Auffindung zwar nicht Livingstones, wohl aber Alfons Mosers, des Bürgermeisters und Wirtes des Böglerhofs, glücklich und zukunftsträchtig bei einem Kaffee und einem Obstler endete.

Trotzdem war das Wort von der „Entdeckung" Alpbachs im Frühsommer 1945 nicht so ganz aus der Luft gegriffen, denn – wie schon erwähnt – zu diesem Zeitpunkt kannten sogar die meisten Innsbrucker Alpbach noch nicht, und in Brixlegg, dem Ort im Inntal, von wo die Straße nach Alpbach abzweigt, sagte mir ein Bauer im Sommer 1945: „Die Alpbacher kommen nur einmal im Jahr ins Inntal, wenn sie einen Sack Salz und zwei Kilo Zucker kaufen."

Fazit der Expedition war aber, daß ich sowohl von dem engen, einsamen Tal der Alpbacher Ache, durch das sich die damals schmale, kleine Straße durch mehrere Tunnels zehn Kilometer in die Berge schlängelte, als auch von dem besonders schönen, alten Dorf, das, von ansteigenden Wiesen umgeben, auf halber Höhe eines weiten, von höheren Bergen eingerahmten Talkessels lag, sofort begeistert war. Nach

---

* Die Bewegung der Gralsritter ist eine Glaubensgemeinschaft, die 1924 entstand und seit 1928 ihr Weltzentrum am Vomperberg besitzt. Von 1938 bis 1945 war sie aufgelöst und ihre Gebäude wurden für eine nationalsozialistische Schule benützt, die ab Kriegsende nicht mehr existierte, während die Gralsritter im Sommer 1945 aber ihre Tätigkeit noch nicht wiederaufgenommen hatten.

dem etwa zweistündigen Aufenthalt in Alpbach und der Zusage durch Bürgermeister Alfons Moser, daß er im Falle unseres Kommens eine Kuh schwarzschlachten würde, um die kurz nach dem Krieg höchst problematische und schwierige Ernährung zu sichern, war mein Beschluß ob der Schönheit von Dorf und Landschaft und der in Aussicht gestellten Kuh gefaßt, unsere Veranstaltung in Alpbach durchzuführen.

Die Franzosen, die in den ersten Jahren in Alpbach teilnahmen, haben oft Vergleiche mit dem französischen Kulturzentrum der Zwischenkriegszeit von Pontigny angestellt und gemeint, Alpbach sei sozusagen das österreichische Pontigny. Tatsächlich mag das Zentrum von Pontigny, das Paul Desjardins in der alten Zisterzienser-Abtei Pontigny in Burgund 1910 gegründet und nach dem Ersten Weltkrieg wiederbelebt hatte, als Treffpunkt vor allem französischer Philosophen, Dichter und Literaten in mancher Hinsicht dem viel später entstandenen Alpbach nicht ganz unähnlich gewesen sein. André Malraux, André Maurois, André Gide, Gabriel Marcel und verschiedene andere bedeutende französische Intellektuelle erwähnen Pontigny immer wieder als einen vor allem für die Zwischenkriegszeit wesentlichen Diskussionsplatz.

Neben ihnen haben sich Paul Valery, André Siegfried, Ernst Robert Curtius und Jean Schlumberger – der mit Gide kurz zuvor die das intellektuelle Frankreich zwischen 1909 und 1939 so stark beeinflussende Zeitschrift „Nouvelle Revue Française" gegründet hatte – sowie Roger Martin du Gard, Jean-Paul Sartre und George de Santayana in Pontigny immer wieder zu gemeinsamen Gesprächen getroffen. André Maurois schreibt darüber: „Von 1910 bis 1939 trafen sich in Pontigny jeden Sommer Schriftsteller, Professoren und freie Intellektuelle vieler Länder. Sie kamen, um einander besser kennenzulernen und um über wichtige Themen zu diskutieren."[5]) Und André Malraux sagt in seinem Memoirenband „Gäste im Vorübergehen": „Ich denke an die Tage von Pontigny, wo die großen Kulturen Europas und Afrikas aufeinandertrafen"[6]) und einige Seiten weiter in einem Gespräch mit Max Torrés: „Die Weisheit, so wie wir sie in unserem Pontigny kultiviert haben."[7])

Antoine de Saint-Exupéry, der französische Flieger und Dichter, dessen letzter Satz aus seinem Buch „Wind, Sand und Sterne" – „Nur der Geist, wenn er den Lehm behaucht, kann den Menschen erschaffen" – seit 1945 als Motto vor den Alpbacher Veranstaltungen steht, ist sozusagen die direkte Verbindung von Pontigny zu Alpbach, denn auch er – der gegen Ende des Zweiten Weltkrieges, am 31. Juli 1944, bei einem Aufklärungsflug abgeschossen worden war – war einer der Teilnehmer an verschiedenen Gesprächen, den sogenannten „Dekaden", von Pontigny.

Manche wieder, die Alpbach „Den Anderen Zauberberg" nennen, mögen die ganz bestimmte und seltsame Atmosphäre von Alpbach in gewisser Hinsicht mit der von Thomas Mann in seinem berühmten Roman „Der Zauberberg" geschilderten Situation in Zusammenhang bringen. Es ist nicht das von Thomas Mann meisterhaft geschilderte besondere Verhalten der Lungenkranken und Tuberkulösen in einem

Sanatorium bei Davos in Graubünden in den Schweizer Alpen, sondern jene seltsam entrückte Situation einer menschlichen Gemeinschaft, die in einem kleinen Ort im Gebirge von ihrer natürlichen Umgebung abgeschnitten ist und – auch seltsam „berauscht" durch das ungewöhnliche Höhenklima – plötzlich sich selbst als geistig wacher und interessierter empfindet als sonst, die der Alpbacher Situation ähnlich ist.

Thomas Manns Hauptheld Hans Castorp drückt genau das aus, wenn er nach einem Gespräch mit dem italienischen liberalen Intellektuellen, Freidenker und Carducci-Verehrer Settembrini sagt: „Und auf Dinge kommt man mit ihm zu sprechen – nie hätte man gedacht, daß man darüber reden oder sie auch nur verstehen könnte. Und wenn ich unten im Flachlande mit ihm zusammengetroffen wäre, so würde ich sie auch nicht verstanden haben."[8])

Das „Flachland" steht hier für die entzauberte, die „gewöhnliche" Welt, wie wir sie täglich erleben, in der meist keine Zeit und im wahrsten Sinne des Wortes kein Raum für Kontemplation, Erkenntnis und geistige Auseinandersetzung bleibt. In diesem Sinne ist Alpbach noch viel konzentrierter und umfassender der Gegensatz zum „Flachland", der andere Zauberberg. Aber dieser Alpbacher Zauberberg ist kein abstrakter elfenbeinerner Turm ohne Bezug auf Umwelt, Gegenwart und die tägliche kulturelle, politische und wirtschaftliche Problematik. Alpbachs „offene Gesellschaft", um mit Karl Popper zu sprechen, in dem abgeschlossenen kleinen Tal und in dem tausend Meter hoch gelegenen Dorf ist kontemplativ und aufgeschlossen zugleich, Monasterium und Agora in einer Synthese. Alpbachs Geheimnis ist die Kraft zur Überwindung dieser Gegensätze. Seine erstaunliche Dynamik und Regenerationsfähigkeit wächst aus ihnen.

Karl Steinbuch zielt in diese Richtung, wenn er meint: „Zur Förderung kreativen Denkens in unserer Gesellschaft sollten meines Erachtens ‚Klöster' eingerichtet werden, in denen kreative Menschen ohne Rücksicht auf ihre Vorbildung eine begrenzte Zeitlang ungestört nachdenken können. Das Wort ‚Kloster' soll hier auf die Abgeschlossenheit und das konzentrierte Nachdenken verweisen; an kirchliche Bindungen ist natürlich nicht gedacht. Es handelt sich hier vielmehr um Modelle kritischer Akademien im Vorfeld politischer Entscheidungen. Annäherungen an das hier Vorgeschlagene sind beispielsweise das ‚Europäische Forum Alpbach' ..."[9])

Neben der oben geschilderten Dialektik sich ergänzender Widersprüche, neben der bestimmten Form der Arbeit, wie wir sie in Alpbach entwickelten, dem Einfluß der Landschaft und der Struktur des Dorfes, beruht die eigenartige Alpbacher Atmosphäre sicher nicht zuletzt darauf, daß durch den immer größer werdenden Kreis von Personen, die schon seit vielen Jahren – ja manche seit mehreren Jahrzehnten – sich der Alpbacher Arbeit nicht nur verbunden fühlen, sondern die fast jedes Jahr erneut in Alpbach intensiv mitwirken, eine einzigartige und starke Kontinuität gegeben ist, während gleichzeitig jedes Jahr neue, geistig interessierte Mitarbeiter dazustoßen, und so ununterbrochen in lebendiger Weise die Wechselwirkung zwischen den sogenannten „alten Alpbachern" und neuen, an unserer Arbeit Interessierten gewährleistet ist.

Wir wissen nicht, worin das Geheimnis menschlicher Schöpferkraft und menschlicher Spontaneität, worin das Geheimnis der oft plötzlichen und völlig unvermuteten Bildung und Formung neuer menschlicher Gemeinschaften besteht. Es gibt viele Antworten auf diese Fragen und viele Kriterien für die Entstehung dieser Phänomene. Aber niemand weiß, trotz Gesellschaftswissenschaften und Gruppendynamik, welche die richtige Antwort und welches das entscheidende Kriterium für diese Prozesse ist. Im vorsichtigen Herantasten an diese Problemkreise wird möglicherweise einmal die Geschichte und Entwicklung unseres Alpbacher Experimentes eine nicht unwichtige Rolle spielen.

Wenn an mich immer wieder die Frage gestellt wird, wie dieser einzigartige und erstaunliche „Spirit von Alpbach" entstehen konnte und immer wieder von neuem entsteht, kann ich zur Genesis der Entwicklung dieses Phänomens folgendes festhalten: Ohne Erfahrung auf diesem Gebiet, wohl aber mit sehr konkreten Vorstellungen versehen, entwickelte ich von 1945 bis 1947 bei den ersten drei Alpbacher Veranstaltungen die Praxis dessen, was man heute Gruppendynamik nennen würde, nämlich den Grundraster für die Arbeit mit Einzelmenschen und Gruppen, wie er der Alpbacher Tätigkeit zugrunde liegt. Was heute den meisten Teilnehmern in Alpbach als selbstverständlich erscheint und kaum auffällt, war keineswegs selbstverständlich, als unsere Arbeit 1945 begann. Das Fundament dieser meiner Überlegungen bildete die Erkenntnis aus meinen Erfahrungen bei der Arbeit in den Bünden der deutschen Jugendbewegung in Österreich in der Zeit vor Hitler und in der österreichischen Widerstandsbewegung. Danach ging es in Alpbach darum, jenes Dreieck zu aktivieren, dessen einen Punkt das ausgesuchte, geistig interessierte und engagierte Individuum darstellt, dessen zweiten Punkt die kleine Gruppe, bestehend aus den genannten Individuen, bildet und dessen dritten Punkt die Gesamtgemeinschaft aller in Alpbach Zusammenarbeitenden anzeigt. Jeder dieser drei Einheiten – Individuum, Gruppe und Gesamtgemeinschaft – die größte Aufmerksamkeit zu widmen, ebenso wie den Verbindungslinien innerhalb dieses Dreiecks, die jede Kommunikationsmöglichkeit zwischen den drei Polen fruchtbar machen sollen, ist die Aufgabe. Es ging und geht in Alpbach vorrangig darum, neue Gemeinschaft zu formen, die anderen Ziele erreicht werden sollen. Dazu müssen die Barrieren zwischen den Individuen zunächst und vor allem überbrückt werden. Verschiedene Berufe, Altersklassen, soziale Stellungen, nationale Herkunft, Interessengebiete, Weltanschauungen, politische Richtungen und vermeintliche gesellschaftliche Bedeutung stehen einander in Gestalt der einzelnen Teilnehmer gegenüber. Oft genug mit Überschätzung der eigenen Person und Ressentiments gegenüber dem anderen und dessen gesellschaftlicher und materieller Stellung verbunden.

Es ging und geht also um die Integration des einzelnen in die Alpbacher Gesamtgemeinschaft. Alpbachs beste Jahre waren immer jene, in denen diese Integration, bei völliger schöpferischer Selbständigkeit des einzelnen, bestmöglich gelungen ist. Alpbachs schwächste Jahre jene, in denen diese – ich gebe zu, mühevolle und oft enervierende – Grundarbeit unterlassen wurde. Erst die integrierte und dadurch positiv eingestellte und unserer Arbeit wesentlich konstruktiver und verständnisvoller gegenüberstehende Alpbacher Gemeinschaft bildet die Vorbedingung für eine fruchtbare Bearbeitung des jeweiligen Generalthemas und die bestmögliche Auslösung der schöpferischen Kräfte des einzelnen. Auf diese bestmögliche Auslösung der schöpferischen Möglichkeiten des Individuums aber kommt es ganz wesentlich an. Wer das Phänomen von Alpbach erfassen will, muß als erstes diese Fundamente unserer Arbeit kennen. Auf ihnen baut alles andere auf.

Hier – in der rückhaltlosen Anerkennung der Bedeutung des Individuums und der Gruppe als zwei gleichberechtigte und gleichbenötigte Faktoren unserer und jeder Arbeit in und mit einer Gemeinschaft – liegt auch das zutiefst föderalistische Strukturprinzip unserer geistigen Bestrebungen. Das Prinzip, von dem wir glauben, daß es einer werdenden Einheit unseres Kontinents, einer neuen geistigen Einheit Europas, die aus über 30 nationalen, kulturellen und sprachlichen Einheiten zusammenzuwachsen beginnt, zugrunde liegen soll. Unser Alpbacher Freund und Mitarbeiter, der Franzose Guy Heraud, einer der hervorragendsten Fachleute für ethnische Fragen Europas, sagt in seinem Werk „Die Völker als die Träger Europas": „Allein die föderative Arbeit schafft den Boden für eine freie und vollkommene Entfaltung der Völker und Volksgruppen." Und ein anderer unserer Alpbacher Freunde, der bedeutende französisch-schweizerische Dichter und Kulturpolitiker Denis de Rougemont, fügt dem hinzu: „Der förderalistische Gedanke läßt nicht eine europäische Utopie aufleuchten, der man sich einfach anschließen könnte. Er sucht ganz im Gegenteil das Geheimnis eines ständig lavierenden Gleichgewichts, das zwischen Gruppen schwankt, die ohne jede Unterwerfung und Vergewaltigung in gegenseitiger Achtung gebildet werden müssen."

Damit sprach Rougemont 1947 aber genau das Kernproblem unserer Alpbacher Arbeit aus, etwa zum gleichen Zeitpunkt, als wir in Alpbach – völlig unabhängig voneinander – zu gleichen Ergebnissen gelangten. Wenn die in den ersten Jahren sich entwickelnde Struktur unserer Arbeit fast von selbst zu einem geistigen Föderalismus führte, so war es kein Zufall, daß dieser im Zusammenhang mit unseren geistespolitischen und europapolitischen Bestrebungen später besonders deutliche Konturen annahm. Das war keineswegs erstaunlich, denn ein freies, nicht zentralistisch regiertes Europa kann sich überhaupt nur föderalistisch formieren, wenn es die Mannigfaltigkeit seiner Völker, Sprachen, Kulturen und Traditionen und die daraus erwachsende Vielfalt der Ideen aufrechterhalten und stärken will.

Viele Ansätze für die Bildung eines solchen geistigen europäischen Integrationsprozesses sind hier in Alpbach zweifellos als durchaus originäre Entwicklungen entstanden. Sowohl die allgemeine Atmosphäre übernationalen Verstehens und sich Näherkommenwollens, die ganz spontan einfach da war, als auch die bewußte Anbahnung von Diskussionen über die europäische Problematik, wie sie sich in den ersten Nachkriegsjahren ergab, förderten diese Entwicklung. Die sogenannten „Gespräche junger Europäer", die wir 1946 zum ersten Mal durchführten, dürften wohl eine der ersten systematischen Veranstaltungen dieser Art in Europa gewesen sein. Sie waren außerdem der erste Schritt zu unseren späteren, 1949 erstmals durchgeführten, großen „Europäischen Gesprächen", die seit Beginn der fünfziger Jahre immer stärker das Gesicht Alpbachs neben der wissenschaftlichen Arbeit bestimmen sollten.

Diese sogenannten „Europäischen Gespräche", die zu Anfang der fünfziger Jahre systematisch zu zentralen Punkten unserer Veranstaltungen entwickelt wurden, führten nicht nur Politik, Wirtschaft und Kultur beziehungsweise Kunst gleichwertig neben der Wissenschaft in Alpbach ein und sicherten damit die universale Ausrichtung Alpbachs gegenüber den wesentlichen Phänomenen der jeweiligen Gegenwart, sondern sie gaben auch der Konfrontation von Theorie und Praxis als einem wichtigen und bewußten Bestandteil unserer Arbeit einen festen Platz.

Die Veranstaltungen des „Europäischen Forums Alpbach" stellen heute nicht nur den einzigen, kontinuierlich seit dem Ende des Zweiten Weltkrieges in der Form eines umfassenden Symposions durchgeführten, großen Intellektuellenkongreß des Westens dar, sondern sie gehen auch wie ein roter Faden durch die Kulturgeschichte Europas. Indem sie mit ihrem alljährlichen Generalthema viele der geistigen und kulturpolitischen Schwerpunkte im Denken der letzten Jahrzehnte anzeigten und anzeigen und mit den bedeutendsten Mitwirkenden seit 1945 eine Dokumentation eines beträchtlichen Teiles der wissenschaftlich, politisch, wirtschaftlich und künstlerisch einflußreichsten Persönlichkeiten der westlichen Welt bilden, entwickelten sie sich zu einem einzigartigen geistigen Katalysator.

Viele von denen, die Ende der vierziger oder Anfang der fünfziger Jahre kaum oder noch gar nicht bekannt in Alpbach erschienen, gehören heute zu den geistig, politisch und wirtschaftlich führenden Köpfen unserer Zeit. Manche von ihnen haben in Alpbach und von Alpbach aus erstmals in größerem Ausmaß Einfluß ausgeübt.

Einige wenige interessante und typische Beispiele unter vielen seien dafür angeführt. Einer der wichtigsten Philosophen der Gegenwart, der spätere Sir Karl Popper, kam als lediglich einem engeren philosophisch interessierten Kreis bekannter, jüngerer Professor 1948 erstmals nach Alpbach und leitete dann mehrmals zusammen mit anderen Fachkollegen unsere philosophischen Arbeitsgemeinschaften oder hielt Vorträge. Obwohl Poppers erstes Buch „Logik der Forschung", das 1934 erschienen war, ihm schon Mitte der dreißiger Jahre den Zugang zum berühmten „Wiener Kreis" und das Interesse Ernst Machs, Ludwig Wittgensteins,

Moritz Schlicks, Karl Mengers, Rudolf Carnaps und anderer verschafft hatte, war er mit der Annahme einer Dozentur in Neuseeland Anfang 1937 durch fast zehn Jahre für Europa praktisch verschwunden. In seinen Memoiren schreibt er zu dieser Situation: „... der europäische Kontinent lag unendlich fern. Neuseeland hatte damals keinen Kontakt mit der Welt außer durch England, und das war fünf Wochen entfernt. Eine Flugverbindung gab es nicht."[10]) Mit seinem ersten Besuch in Alpbach 1948, dem in den folgenden Jahren viele weitere folgten, war er nach Mitteleuropa zurückgekehrt. Sein bis dahin wichtigstes Buch „Die offene Gesellschaft und ihre Feinde" gab es 1948 nur in englischer Sprache. Die deutsche Übersetzung erschien erst 1957. So war Alpbach der Ausgangspunkt des starken Einflusses, der seit dem Ende der vierziger Jahre von Popper auf den deutschsprachigen Raum ausging. Später kam er als weltberühmter Sir Karl Popper wieder nach Alpbach zurück, hielt in den siebziger Jahren mehrmals große Vorträge und leitete Diskussionen. Seit 1948 besteht zwischen Karl Popper und dem Werk von Alpbach eine geistig äußerst fruchtbare, freundschaftliche und sehr herzliche Verbindung.

Seit der zweiten Hälfte der vierziger bis gegen Ende der fünfziger Jahre nahm nahezu alljährlich ein begabter Wiener Student der Geschichte, Physik und Mathematik und späterer junger Assistent der Philosophie namens Paul Feyerabend an den Alpbacher Veranstaltungen teil. Er war nebenbei auch Mitarbeiter der Wiener „Collegegemeinschaft", des Österreichischen College und insbesondere des sogenannten „Kraft-Kreises" unserer Wiener Collegegemeinschaft, der vom Philosophen Victor Kraft geleitet wurde und in dem sich viele unserer Alpbacher Philosophen und Philosophiestudenten aus Wien während des Jahres trafen. Für Feyerabend war Alpbach zweifellos ein wichtiger Ausgangspunkt seiner geistigen Überlegungen und späteren wissenschaftlichen Tätigkeiten. Er schreibt darüber in seinem Buch „Erkenntnis für freie Menschen": „Hier traf ich hervorragende Gelehrte, Künstler, Politiker (und ihre schönen, aber zumeist frustrierten Frauen), und ich verdanke meine akademische Laufbahn der freundlichen Hilfe einiger dieser (Damen und) Herren."[11]) Heute ist Paul Feyerabend einer der vieldiskutierten Philosophen der Gegenwart.

Als zu Beginn der fünfziger Jahre die hermetische Abriegelung Österreichs von Deutschland, die die Alliierten ab Mai 1945 verordnet hatten, langsam zu Ende ging und viele deutsche Wissenschaftler ins Ausland strebten, wurde auch Alpbach bald – in sehr erfreulicher Weise – von ihnen überschwemmt. Wir lernten dadurch unter anderen einen der bedeutendsten und liebenswertesten deutschen Naturwissenschaftler kennen. Es war der Biologe, Zoologe und Naturphilosoph Max Hartmann, der 1951 nach Alpbach kam. Er leitete damals das Max-Planck-Institut für Biologie in Hechingen und dominierte für mehrere Jahre zusammen mit Erwin Schrödinger und dem Innsbrucker Physiker und „Alpbacher" der ersten Stunde, Arthur March, die Naturwissenschaften in Alpbach.

Heute sind zwei unserer Vortragssäle im „Paula-Preradović-Haus" – unserem Alpbacher Kongreßzentrum – nach diesen beiden bedeutenden Gelehrten und großen Freunden unserer Alpbacher Arbeit – nach Erwin Schrödinger und Max Hartmann – benannt. Für den damaligen wissenschaftlichen Leiter des Österreichischen College, Professor Simon Moser, stellte Max Hartmann sozusagen das heißersehnte Missing link zwischen Philosophie und Naturwissenschaften dar, wenn auch bis zu einem gewissen Grad schon Schrödinger, der philosophisch sehr interessiert war, hier in die Bresche gesprungen war. Max Hartmann war viele Jahre in Alpbach sozusagen zu Hause und bis zu seinem Tod im Jahr 1962 in ständiger Verbindung mit uns. Er veranlaßte unter anderem die Berufung Prof. Mosers, den er besonders schätzte, an die Technische Hochschule in Karlsruhe. Für die Zusammenarbeit von Naturwissenschaften und Geisteswissenschaften, wie sie in Alpbach vor allem unter dem Einfluß Simon Mosers von Anfang an intensiv angestrebt und mehr und mehr betrieben wurde, war Max Hartmann von größter Bedeutung.

Einige Jahre später als Feyerabend, 1955, tauchte der junge Wissenschaftler Hans Albert in Alpbach auf. Hans Albert war ein Westdeutscher aus Köln, wo er damals eine Assistentenstelle am Lehrstuhl für Sozialpolitik innehatte. Mit Feyerabend, den er gleich in Alpbach kennenlernte, hatte er nicht nur die hohe Intelligenz und sehr vielseitige Interessen – letztere hatten wir „Alpbacher" allerdings fast alle –, sondern auch die Verehrung für Poppers Philosophie (die sich bei Feyerabend im Gegensatz zu Hans Albert mit der Zeit wieder verflüchtigte) und die Vorliebe für hübsche jüngere Damen gemeinsam. Tatsächlich heiratete er auch Gretl Pacher-Theinburg, eine reizende Mödlingerin, die er im zweiten Jahr seines Alpbacher Aufenthaltes kennengelernt hatte. Ähnlich wie Feyerabend wurde Albert, der Popper 1958 in Alpbach erstmals traf, ein bedeutender Philosoph und ist heute der bekannteste „Popperianer" Deutschlands. Auch er hatte durch seine Alpbacher Aufenthalte – seit 1955 war er jeden Sommer dort – bestimmende Eindrücke für seine wissenschaftliche Arbeit und Laufbahn erhalten. Seit Ende 1974 ist er als „Wissenschaftlicher Hauptberater des Österreichischen College" und Nachfolger Professor Simon Mosers einer unserer wichtigsten Mitarbeiter und besten Freunde geworden.

Im selben Jahr wie Hans Albert kam zum ersten Mal auch ein junger, sympathischer luxemburgischer Student nach Alpbach, sehr bescheiden, aber sichtlich sehr intelligent. Er hieß Gaston Thorn und ist heute, nachdem er viele Jahre Ministerpräsident seines Landes war, seit Jänner 1981 als Präsident der Politischen Kommission der Europäischen Gemeinschaft in Brüssel der Leiter der großen Wirtschaftsunion, die seit 1957 fast alle wichtigen Industriestaaten Westeuropas und einige kleinere Länder umfaßt. Er war durch Liliane Petit, eine hübsche und vielseitig interessierte luxemburgische Studentin – die er später heiratete –, nach Alpbach gebracht worden. Sie war schon vor 1955 mehrmals in Alpbach gewesen und hatte in Luxemburg zusammen mit Marianne Margue, dem

Psychologen und Kriminologen Armand Mergen und anderen Luxemburger „Alpbachern" eine Collegegruppe in unserem Sinne gegründet. Gaston Thorn ist seit 1955 durch viele Sommer als Teilnehmer oder – später – auch als Vortragender in Alpbach gewesen. Nachdem ich ihn in den folgenden Jahren immer näher kennenlernte und wir vor allem in vielen politischen Fragen – insbesondere was die Probleme der europäischen Einigung betrifft – weitgehende Übereinstimmung feststellten, sind wir gute Freunde geworden.

Der heutige Nobelpreisträger Friedrich A. Hayek, der schon 1947 eine Arbeitsgemeinschaft durchführte, war in den frühen Jahren – lange bevor er den Nobelpreis erhielt – ebenso in Alpbach zu Hause wie ein anderer Nobelpreisträger, der Physiker Erwin Schrödinger, der zu unseren engsten Freunden zählte, sich in Alpbach ein Haus baute und der nun auf dem kleinen Alpbacher Dorffriedhof begraben liegt. Beide leiteten ebenso wie Karl Popper in Alpbach während vieler Veranstaltungen Arbeitsgemeinschaften oder hielten Vorträge. Die geistige Befruchtung, die von diesen drei großen Wissenschaftlern insbesondere in den ersten zehn Jahren ausging, ist gar nicht hoch genug einzuschätzen.

1949 erschien der bedeutende Nationalökonom Gottfried Haberler, der damals an der Harvard-Universität in den USA lehrte, in Alpbach und arbeitete von da an immer wieder mit uns zusammen. Auch ein anderer wichtiger österreichischer Volkswirtschaftler, Fritz Machlup, der ebenfalls die Emigration in den USA verbracht hatte, kam 1951 nach Alpbach, um dann über zwanzig Jahre zu unseren engsten und am meisten geschätzten Mitarbeitern zu zählen.

1954 lud ich auf Vorschlag Marietta Torbergs, der Frau des Schriftstellers Friedrich Torberg, erstmals Arthur Koestler ein. Marietta hatte mir damals gesagt: „Der Arthur ist eine Mimose, darum ist es besser, ich rufe ihn persönlich an und erkläre ihm ein bißchen dieses komische Alpbach, bevor du ihm schreibst." So gelang es also dank Marietta Torbergs Hilfe, Koestler nach Alpbach zu bringen. Die „Mimose", die wir zuerst sehr vorsichtig behandelten, mit der wir uns aber bald anfreundeten, hielt im Sommer 1954 einen blendenden Vortrag über „Die Rolle des Unbewußten bei der Bildung von Ideologien". Koestler verliebte sich sofort in die Alpbacher Landschaft und auch etwas in unsere Arbeit und baute, so wie Schrödinger, oberhalb von Alpbach ein Haus, das sogenannte „Schreiberhäusl". Er selbst wurde der „Koestler-Bauer".

Den bekannten französisch-schweizerischen Schriftsteller, europäischen Föderalisten und Kulturpolitiker aus Genf, Denis de Rougemont, entdeckte ich bei der Ersten Europäischen Kulturkonferenz 1948 in Lausanne, die Rougemont und Salvador de Madariaga leiteten und bei der ich die österreichische Delegation führte. Unsere Übereinstimmung in den meisten kulturellen und politischen Fragen war so groß, daß wir uns sofort anfreundeten. Seit 1949 war Denis, wie er bald von uns genannt wurde, durch zehn Jahre fast jeden Sommer in Alpbach und kehrte auch später immer wieder zu uns zurück. Aus der gleichen Zeit datiert übrigens auch meine Freundschaft mit Gottfried von Einem, der ebenso wie Fritz Wotruba meiner Delegation bei der Kulturkonferenz in Lausanne angehörte. Gottfried von Einem, der bald zu den häufigsten Gästen in Alpbach zählte, schrieb kurz darauf auf meine Bitte die „Alpbacher Tanzserenade", die ihre Welturaufführung 1954 zur Zehnjahrfeier unserer Veranstaltungen vor der Dorfkirche in Alpbach erlebte und seither mehrmals auf diesem schönen Platz, den man die „Alpbacher Bauernarena" nennen könnte, vorgeführt wurde.

War Gottfried von Einem knapp vor seinem Auftauchen in Alpbach durch die Aufführung seiner ersten Oper „Dantons Tod" in Salzburg schon bekannt geworden, so war Fritz Wotruba, der später der bedeutendste Bildhauer Österreichs in den ersten Jahrzehnten nach dem Zweiten Weltkrieg wurde, noch fast unbekannt und eben erst aus dem Schweizer Exil zurückgekehrt, als er 1947 erstmals nach Alpbach kam. Er hielt damals einen Vortrag über „Der Mensch und die moderne Plastik" und stellte mit dem Kunstkritiker der „Presse", Jörg Lampe, eine Ausstellung moderner Kunst zusammen. Wotruba wurde schnell zu einem der wichtigsten in Alpbach immer wieder mitarbeitenden großen Künstler. Als wir unser Kongreßzentrum, das „Paula-Preradović-Haus", eröffneten, schenkte er uns ein schönes Relief, das in der unteren Eingangshalle angebracht wurde, um seine Verbundenheit mit unseren Bestrebungen und Arbeiten zu unterstreichen.

Zu den Künstlern, die Alpbach – so wie Wotruba und Einem – ziemlich von Anfang an beeinflußten und die sicher vor allem menschlich die Alpbacher Atmosphäre der ersten Jahre stark mitbestimmten, gehörten vor allem die Dichterin Paula von Preradović, der Dichter Felix Braun und der Dichter und Schriftsteller Franz Theodor Csokor. Sie alle waren vor der nationalsozialistischen Machtübernahme in Österreich zwar in literarisch interessierten Kreisen schon sehr geschätzt und zählten zu den wichtigen österreichischen Dichtern, alle drei wurden aber durch den Nationalsozialismus ins innere oder äußere Exil getrieben. Über sieben Jahre gezwungenermaßen verstummt, waren sie nach 1945 kaum noch bekannt. Nach dem Ende des Krieges bildete Alpbach für Felix Braun und Franz Theodor Csokor die erste Möglichkeit, vor einem größeren österreichischen und darüber hinaus vor einem internationalen Publikum vorzutragen, zu lesen und zu diskutieren. Paula von Preradović allerdings, die die nationalsozialistische Ära und den Krieg in Österreich erlebt hatte und deren Wohnung in der Oberleitengasse 7 in Döbling durch sie, ihren Mann, Dr. Ernst Molden, und ihre beiden Söhne zu einem Zentrum des geistigen und bewaffneten Widerstandes gegen Hitler geworden war, galt schon bald nach dem Zusammenbruch des Dritten Reiches als eine der bedeutendsten Dichterinnen Österreichs. Ihr erschütternder Gedichtzyklus „Wiener Reimchronik" über die Schlacht um Wien 1945 war sofort nach dem Kriegsende publiziert und weithin bekannt geworden, und ihr Gedicht „Land der Berge, Land am Strome" wurde 1947 zur neuen österreichischen Bundeshymne gewählt. Vom Sommer

1946 bis zum Sommer 1950 arbeitete sie ständig in Alpbach mit und bildete das Zentrum des Alpbacher Dichterkreises, dem neben den bekannten österreichischen Dichtern Felix Braun, Franz Theodor Csokor, Alma Holgersen, Rudolf Henz, Josef Leitgeb sowie den deutschen Dichtern Werner Bergengruen* und Stefan Andres auch eine Reihe damals jüngerer österreichischer Talente wie Johann Gunert, Ernst Jirgal, Otto Basil, Rudolf Felmayer und Herbert Eisenreich angehörten. 1947 schrieb sie, am Waldrand des Wiesenhanges hinter dem Böglerhof sitzend, die „Alpbacher Elegie", in der sie unsere friedliche geistige Arbeit in Alpbach den gerade vorübergegangenen, furchtbaren Erlebnissen des Krieges und der geistlosen Unterdrückung gegenüberstellte. Nach ihrem Tod im Frühjahr 1951 wurde das damals im Bau begriffene Kongreßhaus nach ihr benannt.

Zwei Jahre später, im Sommer 1953, kamen erstmals Friedrich und Marietta Torberg, wenn auch zunächst nur für wenige Tage, nach Alpbach. Beide wurden, jeder in anderer Art, zu Alpbacher „Institutionen", die durch über ein Jahrzehnt fast immer anwesend waren. Beide außerordentlich geistreich und witzig, wirkten sie ähnlich wie mein Bruder Fritz, Alexander („Atti") und Eva Auer, Georg („Georgy") und Inge Zimmer-Lehmann, Willfried und „Sidi" Gredler, Wolfgang und Gertrud Pfaundler, Denis de Rougemont, Arthur Koestler und der Erbauer des Preradović-Hauses, Architekt Ferdinand („Ferry") Kitt – die übrigens (mit Ausnahme Koestlers) alle schon lange vor den Torbergs Alpbach bevölkerten – äußerst stimulierend auf die Alpbacher Atmosphäre. Marietta Torberg produzierte in der zweiten Hälfte der fünfziger Jahre einen der vielen guten Witze, die in Alpbach geboren wurden, als sie auf der Terrasse des Hotels Böglerhof zusammen mit Friedrich Torberg, Atti Auer, Eugen Kogon, dem damaligen Staatssekretär Bruno Kreisky, dem bekannten Wiener Psychiater Hans Hoff, dem Studenten Bolzano und mir beim Kaffee saß. Als Bolzano beim Ober „Sahne" für seinen Kaffee bestellte, erklärte sie dezidiert: „Bolzano, wenn S' noch einmal auf piefkinesisch ‚Sahne' sagen statt Obers, nenn' ich Sie ab heute ‚Bozen'."

Friedrich Torbergs Lesungen aus den von ihm wiederaufgefundenen und bearbeiteten Erzählungen von Fritz von Herzmanovsky-Orlando in der Bauernstube des Böglerhofs gehörten mehrere Sommer zu den besonderen Freuden der „Alpbacher". Sie standen nicht auf dem offiziellen Programm und waren beim ersten Mal, am 25. August 1956 abends, eigentlich nur als Leseprobe vor einem ganz kleinen Kreis gedacht. Friedrich Torberg wollte feststellen, wie die vor der Publikation stehenden Manuskripte wirken. Daher war die schöne alte, holzverkleidete, relativ kleine Stube gewählt worden, die ideal für Aussprachen kleinerer Gruppen ist und in der normalerweise höchstens dreißig Personen sitzen können. Als Torberg dort begonnen hatte, aus den Stücken „Kaiser

---

* Nach dem Krieg konnte ich dazu beitragen, Werner Bergengruen, den ich schon kannte, die österreichische Staatsbürgerschaft zu verschaffen.

Joseph und die Bahnwärterstochter" und „Tyroler Drachenspiel" sowie aus einigen Erzählungen vorzulesen, waren nach einer halben Stunde fast hundert Menschen in der Bauernstube. Teils saßen sie zu zweit auf den Sesseln oder hingen wie Trauben auf den Wandbänken, teils saßen sie auf dem Boden und standen bis auf den Gang hinaus. Herzmanovsky-Orlando feierte dort seine wahre Premiere vor Studenten, Ministern, Literaten und Wissenschaftlern bei Rotwein und Obstler und einer Stimmung, gemischt aus Spannung und grenzenloser Heiterkeit, wie sie selbst in Alpbach in dieser Intensität selten war und ist. Durch viele Jahre – die ersten Bände des Werkes Herzmanovsky-Orlandos waren unterdessen von Torberg schon herausgebracht und bekannt geworden – setzten wir diese von allen geliebten Vorlesungen in der überfüllten Bauernstube des Böglerhofs fort. Herzmanovsky war posthum ein Alpbacher geworden und Alpbach eine Provinz Tarockaniens.

So hatten einige Persönlichkeiten, die in den ersten zehn bis zwölf Jahren nach 1945 in Alpbach ständig und häufig mitwirkten, sicher besonderen Einfluß auf die Art unserer Arbeit und das Wesen der Gemeinschaft, die sich in dem Talkessel inmitten der Kitzbühler Alpen zwischen Gratlspitz und Wiedersbergerhorn entwickelte. In gleicher Weise wurden sie selbst mehr oder weniger durch die Arbeit in Alpbach beeinflußt und geprägt.

Die sonnigen Wiesen und Wälder um das kleine Dorf, die Berge, die das Tal rundum umschließen und die nicht erdrückend, sondern fast befreiend wirken, die gotische Kirche, deren haarnadelspitzer Turm, zart und zierlich in den Himmel ragend, mit dem höchsten Berg der Umgebung, dem Galtenberg, zu wetteifern scheint und die alten Fuggerhäuser des ehemaligen Bergknappendorfes vermischt mit den später entstandenen Bauernhäusern, diese kleine Welt für sich, nur durch ein schmales Tal mit der Umwelt des Inntales verbunden, schuf und schafft eine Atmosphäre der Kontemplation und Ruhe als die Grundlage für unsere konzentrierte geistige Arbeit. Diese Ruhe, die die Landschaft ausstrahlt, und der Cordon sanitaire der Einsamkeit, den die Berge und Wälder rund um das Alpbachtal bilden, ist die unersetzbare Vorbedingung für das, was in Alpbach geschieht. In der „Alpbacher Elegie" von Paula von Preradović klingt etwas an von der ewigen Unberührtheit dieser Landschaft und der Intensität ihrer unterschwelligen Wirkung:

„Weißliche Wolken des Föhns, sie fliehen vom Ostwind vertrieben,
Hinter granitnen Gebirgs graugrün verschattetem Grat.
Inbrünstig harft in den Lärchen und Fichten der gipfelnde Sommer,
Leiser als Hasel und Birke erzittert der nahende Herbst.
Blitzende Schwalben umschwirren den Kirchturm, zu lernen den Abflug.
Übersselig vergeßnen ob Liebe und Nistung und Brut,
Furchtlos steigt aus den Dächern, den steinbeschwerten, der Herdrauch,
Und von den erntegefüllten, den lebenumhegenden Höfen
Zeichnet die steigende Sonne den kürzesten Schatten ins Gras."

Neben den jetzt genannten haben unzählige andere bedeutende Menschen in Alpbach mitgearbeitet und mitgelebt und dadurch Alpbach mitgestaltet. Franz Theodor Csokor sagte einmal: „Alpbach konzentriert die europäische Geistesgeschichte der jüngsten Vergangenheit in dem kleinen Tiroler Dorf wie ein Brennglas."

Etwa 25.000 Menschen haben allein von 1945 bis 1980 an den Alpbacher Veranstaltungen teilgenommen. Tausende von ihnen fühlen sich der großen Alpbacher Familie, wenn man so sagen kann, innerlich zugehörig und haben das in Alpbach Erlebte hinausgetragen und damit einen oft nicht geringfügigen Einfluß ausgeübt.

Besonders im ersten Jahrzehnt unserer Tätigkeit, in dem Alpbach aus dem Nichts entstand, war neben der Ausstrahlung, die insbesondere von den oben genannten Wissenschaftlern und Künstlern ausging, der Einfluß derjenigen, die mit ihren Ideen und Initiativen und durch ihre tägliche Arbeit Alpbach formten und von denen einige ab 1946 das Österreichische College leiteten, für die Entwicklung dieses kulturpolitischen, wissenschaftlichen, pädagogischen und gruppendynamischen Experiments ausschlaggebend. Der seit 1946 rasch wachsende, aber doch zahlenmäßig immer begrenzte innere Kreis schuf in beträchtlichem Ausmaß Programm, Geist und Gesicht Alpbachs. Gleich, ob seine Mitglieder dem Vorstand des Österreichischen College und andere später dem „Kreis für innere Formung" angehörten und angehören oder als Berater ohne besondere Funktion mitwirken, sie bestimmten und bestimmen weitgehend die Entwicklung Alpbachs.

Es wurde schon erwähnt, daß Professor Moser und ich im Grunde ziemlich verschiedene Vorstellungen darüber hatten, was in Alpbach geschehen sollte. Aber in den ersten drei Sommern überwog die Freude darüber, daß es trotz aller Schwierigkeiten der Nachkriegsjahre doch gelungen war, überhaupt etwas zustande zu bringen, und auch die uns noch ungewohnte Notwendigkeit, eine Fülle von programmatischen und technischen Aufgaben zu bewältigen, die Kontraste unserer Auffassungen davon, was eigentlich Alpbach sein und werden sollte. Von der Gestaltung des Tagesprogramms über die oft schwierigen Verhandlungen mit Wissenschaftler, Künstlern und anderen Mitwirkenden bis zu den primitivsten Ernährungsfragen und technischen Details mußte alles von uns gelernt und entwickelt werden. In jener Zeit der ersten Nachkriegsjahre, da man sich um etwas Fleisch oder ein kleines Stück Käse oft stundenlang in den Geschäften anstellen mußte, war die Ernährung von zunächst achtzig, dann aber bald bis zu zweihundert Menschen zwischen 1945 und 1947 ein wesentlich schwierigeres Problem, als jenes, Werner Heisenberg, einen der bedeutendsten Atomphysiker seiner Zeit, oder andere bekannte Wissenschaftler nach Alpbach zu bringen.

Wenn man vom Sommer 1945 absieht, in dem mit Simon Moser und mir nur die beiden Innsbrucker Studenten Edi Grünewald und Hartl Pezzei unser winziges Team darstellten, so hatte sich ab 1946 bereits eine kleine Gruppe von Wienern und Innsbruckern gebildet, die den harten Kern des heraufsteigenden Österreichischen College, das nun als unabhängige kulturelle Vereinigung gegründet wurde, und der Alpbacher Veranstaltungen – wir hatten im Herbst 1945 beschlossen, die „Internationalen Hochschulwochen des Österreichischen College", wie sie damals hießen, jeden Sommer durchzuführen – ausmachten.

Das erste Alpbacher Treffen, das in wenigen Wochen vorbereitet werden mußte und bei dem viel dem Zufall überlassen blieb, war in jeder Hinsicht eine spontane Aktion gewesen. Diese Spontaneität bildete einen Teil des Wurzelgrundes unserer weiteren Tätigkeit und vererbte sich wie ein Samen bis heute fort. Andererseits mußten die weiteren Veranstaltungen natürlich mehr und besser geplant und systematischer aufgebaut werden, als dies 1945 möglich und nötig gewesen war. Sie mußten mehr durchdacht und auf eine breitere geistige und menschliche Basis gestellt werden.

Eine ganze Reihe von Idealisten, die von den hier gebotenen Möglichkeiten der Selbstverwirklichung in einem Gemeinschaftswerk für schöpferische kulturelle Arbeit begeistert waren, stießen im Verlauf der Monate zwischen dem Herbst 1945 und dem Sommer 1946 zu Simon Moser und mir. In Innsbruck, wo ja unsere Arbeit mit der Vorbereitung der ersten Alpbacher Veranstaltungen ihren Ausgang genommen hatte, waren es der Deutsche Dr. Werner Busch, dem es in irgendeiner Weise gelungen war, der Ausweisung nach Deutschland, die sofort nach dem Einmarsch der Alliierten nahezu sämtliche Deutsche in Österreich betroffen hatte, zu entgehen, sowie ein anderer, schon längere Zeit in Tirol ansässiger Deutscher, nämlich Architekt Jürg Sackenheim, der aufgrund seiner Verdienste im Widerstandskampf schon wenige Wochen nach dem Ende der nationalsozialistischen Herrschaft in Innsbruck eingebürgert wurde.

Jürg Sackenheim, den ich schon in den ersten Tagen nach der Befreiung Tirols im Mai 1945 in Innsbruck getroffen hatte, ein sehr vielseitig interessierter und begabter Architekt und Graphiker, bildete zusammen mit seiner Frau Helene in ihrem Innsbrucker Haus eines der besonders wichtigen und gastfreundlichen Zentren der Vorbereitung der ersten Alpbacher Treffen. Das Haus, in dem außer den Sackenheims noch verschiedene Künstler wohnten, darunter der sehr originelle deutsche Goldschmied Bodo Kampmann und die begabte junge Malerin Gerhild „Spießy" Diesner, deren große Bilder mit wundervollen starken Farben ich sehr gern hatte, beherbergte immer wieder die erstaunlichsten Originale. Eines dieser Originale war der stets freundlich lächelnde und meist auf sympathische Weise schweigende Paul Flora, von dem im Frühsommer 1945 nur wenige wußten, daß er zeichnete. Ich hätte damals sicher nicht gedacht, daß er einmal der von mir am meisten geschätzte österreichische Graphiker neben Kubin werden würde. In seiner originellen autobiographischen Einleitung zu seinem Büchlein „Ein Schloß für ein Zierhuhn" schreibt Paul Flora zu dem Leben in diesem Künstlerquartier: „Mit einigen Freunden bewohnte ich ein Haus im Saggen,* und unsere

---

* Der „Saggen" ist ein Stadtteil von Innsbruck.

Blick auf Alpbach vom „Baum der Erkenntnis", einer großen alten Ulme, unter der fast zwei Jahrzehnte die Philosophen ihre Arbeitsgemeinschaften bei schönem Wetter abhielten. (Photo Pfaundler.)

Links: Typische Alpbacher Arbeitsgemeinschaft vor einem hochgelegenen Heustadel. (Photo Pfaundler.)
Unten: Arbeitsgemeinschaften auf der Terrasse vor dem „Paula-Preradović-Haus", das seit 1956 das Zentrum der Veranstaltungen bildet. (Photo Pfaundler.)

Der Maler Werner Scholz – der letzte noch lebende bedeutende deutsche Expressionist –, der seit 1940 in einem Alpbacher Bauernhaus lebt und arbeitet. (Photo Pfaundler.)

Das Paula-Preradović-Haus liegt wie ein großer Bauernhof in die Landschaft eingebettet. (Photo Pfaundler.)

Links: Fritz Wotrubas Geschenk an das Österreichische College. Das Relief „Der Schreitende" im Paula-Preradović-Haus. (Photo Pfaundler.)
Unten: Alexander Auer und Otto Molden (von links nach rechts) Anfang der fünfziger Jahre. (Photo Pfaundler.)

Oben: Fritz Czerwenka und Univ.-Prof. Simon Moser (von links nach rechts) während einer der vielen Freiluftdebatten. (Photo Pfaundler.)
Rechts: Viele der später bekannten Maler waren als junge Studenten in Alpbach. Hier (von links nach rechts) die Maler Markus Prachensky, Anton Lehmden und Fritz Riedl. (Photo Pfaundler.)

Rechts: Die Verfasserin der „Alpbacher Elegie", Paula von Preradović. (Photo Österreichisches College.)
Unten: Der Erbauer des Paula-Preradović-Hauses, Architekt Ferdinand Kitt. (Photo Pfaundler.)

Sir Karl Popper, einer der bedeutendsten Philosophen der Gegenwart und einer der wichtigsten Mitarbeiter. (Photo Pfaundler.)

Der deutsche Naturwissenschaftler Max Hartmann. Neben Simon Moser war er einer der Väter der interdisziplinären Zusammenarbeit in Alpbach. (Photo Pfaundler.)

Zwei der wichtigsten Säulen von Alpbach (von links nach rechts): der Physiker und Nobelpreisträger Erwin Schrödinger und der „Koestler-Bauer", der Schriftsteller und Wissenschaftler Arthur Koestler. (Photo Pfaundler.)

Unterrichtsminister Heinrich Drimmel, dessen Verständnis Alpbach viel zu danken hatte, und der Dichter Franz Theodor Csokor. (Photo Pfaundler.)

Gespräch im Sommer 1956 (von links nach rechts): der damalige Staatssekretär Bruno Kreisky, der auch tagelang fleißig in Seminaren mitarbeitete, Otto Molden, Fritz Molden und Simon Moser. (Photo Pfaundler.)

Räume sahen viele der manchmal unklaren Versuche und Hoffnungen, die Zukunft besser zu machen, als es die Vergangenheit gewesen war. Idealistische Schwärmer ohne alle praktische Begabung gingen um, und natürlich beabsichtigten wir sofort, eine Zeitschrift zu gründen, die allerdings über den Entwurf eines Titelblattes hinaus nicht gedieh. Otto Molden war tüchtiger. Er kam, verwirrte alle Welt und stellte kurzerhand das Alpbacher College auf die Füße. Hotels gab es damals keine, und wir waren es durchaus gewohnt, um Mitternacht die Hausglocke zu hören und ein Rudel obdachloser Schweizer Sendboten oder einen innerösterreichischen Kulturträger samt Weib, müdem Kind und Sack und Pack vor der Türe zu finden. Wir haben sie alle in irgendwelchen Ecken untergebracht und sie nach unseren bescheidenen Möglichkeiten genährt. Der ganze Zustand wurde gefördert durch die zahlreichen Menschen, die der Krieg in den Alpen zusammengeschwemmt hatte. Theaterleute, berühmte literarische Erscheinungen, wie etwa der Graf Keyserling, Künstler, Privatgelehrte, Gerechte und Ungerechte, belebten das Bild..."[12])

Architekt Sackenheim leitete dann gemeinsam mit dem damaligen Dozenten der Innsbrucker Universität, Dr. Lutterotti, die Arbeitsgemeinschaft Kunst und führte auch zusammen mit dem in Alpbach lebenden jungen Maler Hannes Behler schon 1945 die erste, wenn auch bescheidene Alpbacher Kunstausstellung durch. Dr. Werner Busch war es, der mit mir die erste Collegegemeinschaft des Österreichischen College im Frühjahr 1946 in Innsbruck gründete, die den Anstoß für die Bildung weiterer Collegegemeinschaften in Wien, Graz und später auch in Salzburg und Linz darstellte. In diesen Collegegemeinschaften versuchte ich die Arbeit von Alpbach weiterzuführen und zugleich dem Wunsch vieler Studenten und auch Professoren und sonstiger Intellektueller nachzukommen, moderne akademische Vereinigungen zu bilden, da es nach dem Krieg außer einigen traditionellen Studentenverbindungen auf diesem Gebiet überhaupt nichts gab. Diese Collegegemeinschaften wurden sehr schnell das ganze Jahr hindurch arbeitende Gruppen, die, abgesehen von ihren laufenden wissenschaftlichen, künstlerischen und sonstigen Tätigkeiten, wertvolle Teilnehmer für die Alpbacher Veranstaltungen gewannen. Sie wurden als freie Gemeinschaften in den einzelnen Städten gebildet und waren anfangs fest ins Österreichische College integrierte Gruppierungen, die ab 1950 dann ein neues Statut erhielten, wodurch sie zwar durch ihren Vorsitzenden im Vorstand des Österreichischen College vertreten waren, aber im Grunde genommen völlig unabhängige Vereinigungen darstellten.

Zur Innsbrucker Collegegemeinschaft stießen im Verlauf der kommenden Monate unter vielen anderen die Studenten Norbert Beinkofer, Felix Ermacora, Walter Miess, Karl Mitterdorfer, Max Vinatzer, Günther Winkler und einige weitere Nord- und Südtiroler Studenten, die in den darauffolgenden Jahren teils in leitender, teils in beratender Stellung in der Innsbrucker Collegegemeinschaft wirkten und von denen einige bekannte Wissenschafter und Politiker werden sollten. Darüber hinaus standen in engem Kontakt mit der Collegegemeinschaft einige besonders begabte jüngere Leute, von denen jeder in seiner Art früher oder später eine bedeutende Persönlichkeit wurde, nämlich der französische Leutnant und spätere Oberleutnant Maurice Besset, der bald darauf die Leitung des französischen Kulturinstituts in Innsbruck übernahm, der Mitarbeiter in der Widerstandsbewegung und spätere bekannte Primarius des Krankenhauses von Reutte, Dr. Emil Eckl, der Innsbrucker Student der Geschichte und frühere aktive Widerstandskämpfer Wolfgang Pfaundler, der Jagdflieger des Zweiten Weltkrieges und ab Herbst 1945 Redakteur und dann Chefredakteur der „Tiroler Tageszeitung", Dr. Manfred Nayer, der junge Vorarlberger Student und spätere bekannte Bankfachmann Toni Osond und der schon genannte Graphiker und Kunststudent Paul Flora.

In ähnlicher Weise wie in Innsbruck bildete sich einige Monate später die Wiener Collegegemeinschaft, die ich zusammen mit meinem alten Bekannten Friedrich Aage Hansen-Löve gründete, und in deren Rahmen sich bald unsere Wiener Hauptmitarbeiter sammelten. Es waren dies in den ersten Jahren neben vielen anderen vor allem Alexander („Atti") Auer, Karl Bednarik, Maria Blach, Christl Bottomore, Fritz und Dorli Czerwenka, die quicklebendige junge Schauspielerin Maria Gerngroß, Ingrid Hacker, Herbert Hornstein, die hochintelligente Liesl Kremenak, Ingrid Krenner, Erich Krois, Hans Loew, Mario Marquet, Hans Mukarovsky, mein Bruder Fritz, Fritz Neeb, Christl Polsterer, Henning Pultmann, Felix Pronay, Peter Rubel, Otto Schönherr, Kurt Skalnik, die reizende und musisch vielseitig interessierte Elisabeth („Pippa") Urbancic, Max Warhanek, die begabte junge Malerin Eva Weber, Wolfgang Wieser, Herbert Zdarzil und etwas später Paul Feyerabend und Dr. Georg Zimmer-Lehmann. Abgesehen von den hier genannten, von denen die meisten Studenten waren, gehörte ziemlich von Anfang an der Collegegemeinschaft auch eine ganze Reihe von Wissenschaftlern an, wie zum Beispiel die beiden Philosophen Erich Heintel und Victor Kraft.

Fritz Hansen-Löve, der die Collegegemeinschaft aufbaute und Jahre hindurch leitete und der selbst zu den vielseitig gebildetsten und interessantesten jungen Menschen dieser Zeit in Wien gehörte, schuf mit dieser Gemeinschaft eine höchst aktive Gruppe kritischer Intellektueller, deren Mitglieder, insbesondere Fritz Hansen-Löve selbst und der innere Kreis der Wiener Collegegemeinschaft, für die geistige Gestaltung der Alpbacher Veranstaltungen von großer Bedeutung werden sollten. Unzählige Ideen und Initiativen gingen von diesem Kreis aus, der sich meistens in der schönen Grinzinger Villa der Familie Wieser, deren Sohn Wolfgang zu den eifrigsten und wichtigsten Mitarbeitern Fritz Hansen-Löves zählte, oder in der Wohnung meiner Eltern, in der ich selbst auch wohnte, in der Döblinger Osterleitengasse versammelte.

Unter der Leitung von Max Arbesser und bald darauf von Heinrich („Heini") Pfusterschmid entwickelte sich in Graz eine dritte Collegegemeinschaft, während der Salzburger Student Thomas Praehauser zwei

Jahre später eine ähnliche Gruppe in Salzburg schuf. Wesentlich später, in der zweiten Hälfte der fünfziger Jahre, entstand eine Linzer Collegegemeinschaft unter Leitung von Bernhard Kilga und dem unterdessen nach Linz übersiedelten Fritz Neeb. Unabhängig von den entstehenden Collegegemeinschaften entwickelte sich ein Führungskreis des gesamten Österreichischen College in Wien, der praktisch mit dem Vorstand des Vereins identisch war, in dem sich vor allem, neben Professor Moser – der zwar in Jenbach wohnte, aber oft nach Wien kam – und mir, Alexander Auer, mein Bruder Fritz, Fritz Czerwenka, Felix Pronay und einige Jahre später Dr. Zimmer-Lehmann profilierten. Nach seiner Rückkehr aus Linz wurde dann auch Fritz Neeb in den Vorstand gewählt. Sie alle sind untrennbar mit dem Entstehen und der Arbeit des Österreichischen College und des Werkes von Alpbach, aber auch mit den verschiedenen anderern Aktivitäten des Österreichischen College, die nach und nach einsetzten, verbunden. Ende der vierziger Jahre stieß der damalige Direktor der Universal-Edition, des großen Wiener Musikverlages, Ernst Hartmann, zu diesem Kreis hinzu und wurde ein hervorragender Berater für unsere musikalischen Veranstaltungen.

Alexander Auer, den ich im Juli 1945, noch vor den ersten Alpbacher Veranstaltungen, erstmals kurz in Innsbruck kennenlernte, der aber an dem Alpbacher Treffen im Sommer 1945 nicht teilnehmen konnte, trat im Frühjahr 1946 als Generalsekretär in das kurz vorher gegründete Österreichische College ein. Bei dem schweizerisch-österreichischen Wintertreffen in Alpbach, das als eine Art Vorbereitung auf die Alpbacher Veranstaltungen 1946 durchgeführt wurde, nahm er bereits teil und war im Sommer 1946 zum ersten Mal Mitarbeiter bei den Internationalen Hochschulwochen. Auer, der sich in den Gefängnissen Hitler-Deutschlands, in denen er viele Jahre verbrachte, die Möglichkeit geschaffen hatte, viel zu lesen, hatte sich in dieser – wenn auch wenig angenehmen – Umgebung eine außerordentliche Bildung verschafft und gehörte damals zusammen mit Fritz Hansen-Löve zu den vielseitig interessiertesten und belesensten jüngeren Menschen, die ich in den Jahren nach dem Krieg kannte. Dieses Wissen und seine Sprachbegabung machten ihn bald zu einem der unentbehrlichen Mitarbeiter am Aufbau unserer verschiedenen Institutionen. Praktisch leitete er bis 1960 zusammen mit Professor Moser und mir das Österreichische College, bis er am 1. März 1960 – nach meinem Rücktritt anläßlich der von mir durchgeführten Gründung der „Föderalistischen Internationale (FI)" und der „Europäischen Föderalistischen Partei Österreichs (EFP)", zu deren Generaldelegierten bzw. Parteiobmann ich gewählt worden war – mir als Präsident des Österreichischen College nachfolgte und diese Stellung bis zu seinem Eintritt in das österreichische Außenamt im Jahre 1964 innehatte.

Im Sommer 1946 erschienen erstmals Fritz und Dorli Czerwenka in Alpbach und arbeiteten von da an höchst aktiv bei uns mit.

Fritz Czerwenka, der sich damals im vorletzten Jahr seines Jusstudiums befand, avancierte noch in Alpbach zu unserem juridischen Berater und wurde mit der Ausarbeitung von Statuten für das vereinsrechtlich noch nicht existierende Österreichische College betraut. Sehr bald wurde er aufgrund seiner hohen Intelligenz, der Präzision seiner Arbeiten und der blitzartigen Reaktionsfähigkeit bei Diskussionen und Auseinandersetzungen ein ausgezeichneter, außerhalb und innerhalb des Österreichischen College geachteter und oft auch gefürchteter Vertreter unserer Anliegen und Interessen. Sehr bald gehörte er dem Vorstand an.

Ab 1946 arbeitete Fritz Neeb im Österreichischen College mit, den ich schon aus dem „Grauen Freikorps" kannte, dem Jugendbund, den ich zusammen mit einigen Freunden, darunter auch Fritz Neeb, unter der Leitung Helmuth Jörgs kurz vor dem Einmarsch Hitlers in Österreich aufgebaut hatte. In der Wohnung seiner Eltern in der Wiedner Hauptstraße fanden ebenso wie in der von Wolfgang Wieser und in meiner eigenen Wohnung in der Osterleitengasse in Döbling viele der Treffen sowohl der Collegegemeinschaft Wien als auch der Collegeleitung statt. Seine dynamische Persönlichkeit und sein vor allem naturwissenschaftlich und technisch vielseitiges Wissen machten ihn zu einem wichtigen Mitglied unserer Leitungsgruppe.

1947 nahm zum ersten Mal Dr. Georg Zimmer-Lehmann an den Alpbacher Veranstaltungen teil, damals noch ein junger Redakteur der Wochenzeitschrift „Die Furche", aber kurz darauf in die Zentrale der größten österreichischen Bank, der Creditanstalt-Bankverein, überwechselnd. Sehr bald wurde „Georgy", wie ihn seine Freunde nannten, ein wertvoller Mitarbeiter für die Vorbereitung, insbesondere die der „Europäischen Gespräche", die wir ab 1949 durchführten. Im selben Jahr wurde er in den Vorstand des Österreichischen College gewählt. Ihm ist vor allem der Ausbau der später so bekannt gewordenen großen Wirtschaftsgespräche im Rahmen der Alpbacher Veranstaltungen zu danken. Sein beachtliches Wissen vor allem auf nationalökonomischem Gebiet und seine sich immer mehr ausweitende Verbindung mit führenden Persönlichkeiten der Wirtschaft des Westens haben diesen vorher gar nicht bestehenden Teil unserer Aktivitäten überhaupt erst ermöglicht.

Eine bedeutsame Rolle im Rahmen unserer Führungsmannschaft spielte und spielt mein Bruder Fritz, mit dem mich seit unseren Jugendtagen nicht nur ein besonders intensives brüderliches Zusammengehörigkeitsgefühl, sondern darüber hinaus wirkliche Freundschaft und insbesondere eine starke Übereinstimmung in den wesentlichen Problemen, die uns interessieren, verbindet. Er gehörte von Anfang an zu den aktivsten und wichtigsten Mitarbeitern des Vorstandes des Österreichischen College, das seiner Durchschlagskraft, seinem Ideenreichtum und seinen weitreichenden internationalen Verbindungen viel zu danken hat. Sein großer Humor, sein feines Einfühlungsvermögen und seine Begabung, zwischen Menschen zu vermitteln, haben uns oft das Leben merkbar erleichtert.

Dem Vorstand des Österreichischen College gehörte schon relativ bald nach dessen Gründung auch Felix Pronay an, der später dann, nach dem

Eintritt Alexander Auers in den österreichischen Außendienst, zum Präsidenten des Österreichischen College gewählt wurde und diese Funktion bis Herbst 1970 innehatte. Er half seit 1946 auf vielen Gebieten mit, das Österreichische College aufzubauen, und hat später eine der jungen Frauen, die seit dem Beginn in Alpbach mitarbeiteten, nämlich Maria Blach, geheiratet. Maria Blach, eine intelligente und starke Persönlichkeit, hatte einen beträchtlichen Anteil am Aufbau unseres Wiener Büros, insbesondere in den schwierigen ersten Jahren, in denen wir noch unerfahren und fast ohne Geld das Österreichische College und die Alpbacher Veranstaltungen entwickelten.

Im Verlauf der folgenden Jahre stießen dann neben einigen anderen Dr. Vera Münzel und Architekt Hans Sobotka, ferner die wegen ihres freundlichen Wesens allseits beliebte Dr. Elfriede („Elfi") Rotter – die später die Leiterin unseres Büros werden sollte – und die Kroatin Neda („Nediza") Rukavina, die in den Jahren unmittelbar vor dem Krieg – zum Studium nach Wien geschickt – im Haus meiner Eltern einige Zeit mit meinem Bruder und mir zusammen aufgewachsen war, zu unserem sehr familiär und freundschaftlich arbeitenden Bürostab.

Nach dem großen Erfolg unserer ersten beiden Alpbacher Symposien, der sich schnell nicht nur in Österreich herumgesprochen hatte, sondern auch interessierte Kreise in Paris, Basel, Zürich und Genf erreichte und durch einige unserer Freunde in der amerikanischen Armee, die wieder an ihre Universitäten in die USA zurückgekehrt waren, auch nach Harvard und Columbia gelangte, hatten wir also im Herbst 1946 in Wien in der Kolingasse ein Büro genommen. Da ich bis zum Friedensvertrag der Alliierten mit Italien, bei dem auch über das Schicksal Südtirols verhandelt wurde, im Auftrag der Tiroler Landesregierung in Innsbruck eine Informationsstelle über Südtirol geleitet und daher die Alpbacher Treffen von 1945 und 1946 von meinem Innsbrucker Untermietzimmer aus vorbereitet hatte, stellte das Wiener Büro einen großen Fortschritt dar.

Während dieser Innsbrucker Zeit kam es im Frühjahr 1946 zu einem für mich sehr interessanten Gespräch mit dem berühmten deutsch-baltischen Philosophen Graf Hermann Keyserling. Dieser war zwischen den beiden Weltkriegen nicht nur durch verschiedene seiner philosophischen Werke, so vor allem das „Reisetagebuch eines Philosophen", „Schöpferische Erkenntnis" und „Das Spectrum Europa" bekannt geworden, sondern vor allem auch durch die 1920 von ihm in Darmstadt gegründete „Schule der Weisheit", die bis zur Machtergreifung Hitlers ein interessantes geistiges Zentrum in der Weimarer Republik darstellte. Ich selbst hatte als junger Mensch durch meinen Vater öfters von Keyserling gehört und auch einige seiner Bücher gelesen. Insbesondere hatte mich aber die „Schule der Weisheit" interessiert.

Als ich Mitte April 1946 erfuhr, daß Graf Hermann Keyserling nach Innsbruck gekommen sei und in einer ihm von der Tiroler Landesregierung zur Verfügung gestellten Villa im Innsbrucker Stadtteil Mühlau in Zukunft wohnen würde, freute ich mich besonders, als ich einige Tage später die Aufforderung von Graf Keyserling erhielt, ihn in seinem Haus zu besuchen. Ich kannte schon seinen Sohn Arnold Keyserling flüchtig, da dieser an unserer kleinen Wintertagung Anfang 1946 in Alpbach teilgenommen hatte. Ich besuchte also an einem schönen Frühlingstag Graf Hermann Keyserling in seiner Mühlauer Villa, und wir führten ein Gespräch, das für mich natürlich von größtem Interesse war, an dem aber Hermann Keyserling sichtlich ebenfalls interessiert war, da er, wie er mir gleich eingangs sagte, durch seine Söhne bereits von unserem ersten Alpbacher Kongreß gehört hatte. Keyserling wollte Näheres über meine Ideen und Ziele im Zusammenhang mit den Alpbacher Veranstaltungen wissen, insbesondere, ob ich diese Zusammenkünfte weiter fortführen wollte. Ich versuchte, ihm ein Bild meiner diesbezüglichen Vorstellungen zu geben, und in dem geräumigen Zimmer, in dem wir uns mit Blick auf die schöne Umgebung unterhielten, entspann sich ein lebhaftes Gespräch, das sich mir deutlich einprägte. Als er mir freundschaftlich, aber dezidiert erklärte: „Sie dürfen keine Diskussion in Alpbach machen, damit zerstören sie den wirklich geistigen Kontakt. Lassen Sie bedeutende Persönlichkeiten sprechen und die anderen zuhören", erwiderte ich ihm, daß hier allerdings eine wesentliche Diskrepanz zwischen unseren Meinung bestehe, da ich ja gerade begonnen habe, die geistige Diskussion sozusagen wieder einzuführen, nachdem es sie lange Zeit während der nationalsozialistischen Herrschaft überhaupt nicht gegeben hatte.

Es war für mich jungen Studenten natürlich nicht ganz einfach, dem berühmten und von mir sehr geschätzten Philosophen, dessen außerordentlich starke Persönlichkeit mich vom ersten Moment meines Eintretens in sein Zimmer sehr beeindruckte, ausdrücklich auf einem ihm sichtlich sehr wichtigen Gebiet zu widersprechen. Andererseits war die Wiedergeburt der Diskussion, des geistigen Gesprächs auf hoher Ebene zwischen gleichberechtigten Partnern seit Jahren mein besonderes Anliegen gewesen. So versuchte ich dies Hermann Keyserling klarzumachen, insbesondere unter dem Hinweis darauf, daß, meiner Ansicht nach, eine tiefgehende Diskussion ganz wesentlich zur Auslösung der schöpferischen Kräfte im geistigen Menschen beitrage. Es war mir natürlich klar, daß ich Keyserling von meinen Ideen nicht würde überzeugen können, noch viel weniger, als er mich überzeugen konnte. Aber es war für mich eine höchst wertvolle Aussprache gewesen, für die ich Keyserling herzlichst dankte. Er lud mich freundlicherweise ein, ihn, wann immer ich Lust hätte, zu besuchen, um weitere Gespräche zu führen, und wollte auch eventuell die nächste Alpbacher Veranstaltung im Sommer 1946, falls ihm „unnötige Diskussionen erspart" würden, besuchen. Meine Freude auf weitere Gespräche mit diesem bedeutsamen und eindrucksvollen Menschen wurde jäh unterbrochen, als ich einige Tage nach unserer Aussprache von seinem plötzlichen Tod am 26. April 1946 erfuhr.

Wiewohl die „Entdeckung" Alpbachs durch Dozent Muth und mich im Frühsommer 1945 erfolgt war, so hatte es doch einen berühmten Dichter und einen bemerkenswerten Maler gegeben, die beide schon vor uns die schöne und so kontemplativ wirkende Alpbacher Landschaft kennen- und schätzenlernten. 1936 war der amerikanische Dichter Thomas Wolfe durch einen eher komischen Zufall nach Alpbach gekommen, als er sich während einer Reise durch Mitteleuropa für einige Tage in ein Tiroler Dorf zurückziehen wollte. Das Innsbrucker Reisebüro kannte nämlich nur einen Gasthof in einem Tiroler Dorf, wo vermutlich ein überlanges Bett für den 2,20 Meter großen Amerikaner vorhanden war: den Böglerhof in Alpbach. Thomas Wolfe, der aus Asheville in North Carolina, einer Stadt am Westrand der Blue Ridge, dem östlichsten Gebirgszug der mächtigen, fast zweitausend Kilometer sich hinziehenden Appalachen-Berge im Osten der USA, stammte, also aus einer gebirgigen Gegend, fühlte sich in den Tiroler Bergen zu Hause und schrieb seiner Mutter, daß er mit dem Alpbachtal eines der schönsten Täler gefunden habe. Er wohnte etwa zehn Tage im damals noch bäuerlich wirkenden, relativ kleinen Böglerhof und unternahm von dort aus viele Ausflüge, unter anderem auch auf den Galtenberg, den er an einem frühen Morgen bestieg. Da er stundenlang mit den Bauern in den verschiedenen Gaststuben Wein und Schnaps trank, hatte er bald trotz seiner Sprachschwierigkeiten einen ganz guten Kontakt mit den Alpbachern, die für seinen häufigen Zustand des Halbbetrunkenseins viel Verständnis aufbrachten. Jedenfalls erinnerten sich verschiedene Alpbacher Bauern noch viele Jahre später an den riesenhaften, netten, komischen und viel trinkenden amerikanischen Dichter, der oft plötzlich zwischen zwei Obstlern Sätze in sein Notizbuch schrieb.

Vier Jahre nach Thomas Wolfe war ein anderer bedeutender Künstler in Alpbach erschienen, der sich das kleine Dorf aber nicht für einen kurzen Ferienaufenthalt, sondern für sein weiteres Leben ausgesucht und einen leerstehenden Bauernhof erworben hatte. Es war der deutsche Maler Werner Scholz, der mit seiner Frau Ursula, aus Berlin kommend, ein schönes Bauernhaus nahe der Alpbacher Ache am Weg von Alpbach nach Inneralpbach bezog, um vom Nationalsozialismus und vom Krieg möglichst unberührt in Ruhe arbeiten zu können. Er war – 1898 geboren – in der Flut des deutschen Expressionismus groß geworden und besonders von der Malergruppe „Die Brücke" und vom „Blauen Reiter" beeinflußt. Emil Nolde, dem der junge Scholz begegnete, wurde für ihn von großer Bedeutung. In der berüchtigten Ausstellung „Entartete Kunst", die Hitler in München 1937 durchführen ließ, um moderne „artfremde" Künstler an den Pranger zu stellen, waren neben der Elite damals moderner deutscher Maler auch Bilder des noch relativ jungen Werner Scholz ausgestellt. Er war damit zum Verfemten in der Deutschen Kunstszene des Dritten Reiches geworden. Seine „Flucht" nach Alpbach war daher verständlich.

Scholz, der seit 1940 ständig in Alpbach lebt, hat dort einen Großteil seines Lebenswerkes geschaffen. Sicher gab es für ihn durch verschiedene, aufgrund unserer Veranstaltungen nach Alpbach gekommene Persönlichkeiten, wie Maurice Besset, Hans-Georg Gadamer, Karl Kerenyi, Arthur

Koestler, Otto Mauer, Jean Rouvier, Eva Weber-Auer und andere, wichtige Anregungen. Von ihm und seinen Bildern ging ein seltsamer, oft düster hintergründiger Einfluß aus. Auch ihn hatte, so wie schon vorher – wenn auch nur kurzfristig – Thomas Wolfe und später meine Freunde und mich, die Alpbacher Atmosphäre in Bann geschlagen. In einem Gespräch mit meinem Freund und Alpbacher Mitarbeiter schon der ersten Jahre, dem nunmehrigen bekannten Tiroler Schriftsteller und Photographen Wolfgang Pfaundler, erklärte Werner Scholz: „Das Leben in Alpbach und dieses Haus sind die Wurzeln meiner Arbeit, und aus der Landschaft rings um mich sind viele Bilder entstanden. Aber nicht nur die äußerlichen Dinge sind hier wichtig für mich, es ist die Atmosphäre dieses Tales, die mich geistig und seelisch nährt."[13])

Schon vorher hatte der Philosoph und Karl-Jaspers-Nachfolger an der Universität Heidelberg, Hans-Georg Gadamer, der durch unsere Veranstaltungen Alpbach und Werner Scholz kennengelernt hatte, in seinem Buch „Werner Scholz", das 1968 in Recklinghausen erschienen ist, geschrieben: „Wer einmal in Alpbach in das düstere Nordzimmer trat, in dem der Maler arbeitete, die lastende Nähe der Bergwelt spürte, die sein Heim umgab, und dem verzweifelten Ernst und der wahrhaften Erbitterung begegnete, mit der dieser Mann auf sich selbst bestand, durfte nichts anderes erwarten. Es war wie der Ernst in manchen Gesichern von Gebirglern, der nicht aus ihnen selbst kommt, sondern von den Schatten, die über ihren Tälern so früh am Tag zusammenschlagen."[14])

Es war eine nicht ganz unähnliche Entwicklung, wie sie auch ein anderer großer Maler – einer der bedeutendsten Expressionisten –, nämlich Ernst Ludwig Kirchner, durchgemacht hatte. Kirchner, der im Jahre 1880, also 18 Jahre vor Werner Scholz, geboren wurde, war 1905 bei der Gründung der Künstlergruppe „Brücke" mit dabei, derselben Malergemeinschaft, der später auch der junge Werner Scholz nahestand. Kirchner mußte sich aber 1917 aus gesundheitlichen Gründen nach Davos in die Schweizer Berge zurückziehen, wo er bis zu seinem Selbstmord im Jahre 1938 lebte. Genau wie bei Scholz wird sein „Davoser Schaffen in einer selbstgewählten Isolation ... geprägt von Bergen und Bergbauern"[15]), wie Eberhard W. Kornfeld in dem ausgezeichneten Werk „Ernst Ludwig Kirchner – Dresden, Berlin, Davos", das 1979 in Bern erschien, sagt. Das Haus Ernst Ludwig Kirchners, das sogenannte „Wildbodenhaus" bei Davos, zumindest wie es das von ihm geschaffene Bild „Wildboden im Schnee" aus dem Jahre 1924 zeigt, könnte aufgrund der Ähnlichkeit der Lage und der umgebenden Landschaft nahezu mit dem Alpbacher Bauernhaus von Werner Scholz verwechselt werden. Eine geradezu unheimlich wirkende Ähnlichkeit bis hin zu dem dominierenden Berg des Bildes, der dem Galtenberg im hinteren Alpbachtal fast wie ein Ei dem anderen gleicht.

Eben jene Atmosphäre, von der Werner Scholz sagt, daß sie ihn „geistig und seelisch nährt", hatte, wie schon früher erwähnt, auch den Nobelpreisträger Erwin Schrödinger, den Schriftsteller Arthur Koestler

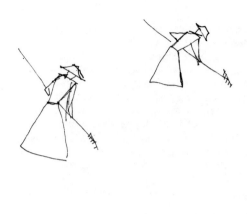

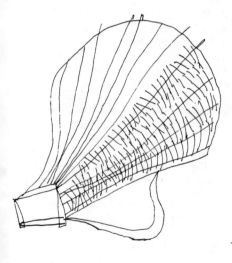

und den bekannten Naturwissenschaftler Paul Weiß sowie verschiedene andere Intellektuelle, die durch unsere Veranstaltungen das Alpbachtal kennenlernten, dazu bewogen, sich in Alpbach Häuser zu bauen oder zumindest sich immer wieder zeitweise in Alpbach aufzuhalten. Sie war schließlich einer der wesentlichsten Gründe dafür, daß Alpbach und das Alpbachtal ein so guter Boden für unsere geistige Arbeit wurde. Seit 1945 zog sie einen immer größeren Kreis hervorragender Persönlichkeiten des geistigen Lebens Europas nach Alpbach und ließ viele von ihnen oft in das kleine Tiroler Dorf zu unserer Arbeit zurückkehren. Es sind in diese kontinuierliche Arbeit von mehreren Jahrzehnten so viele für das europäische Geistesleben bedeutende Persönlichkeiten verwoben, daß Alpbach von 1945 bis zum Beginn der achtziger Jahre tatsächlich fast wie ein kurzgefaßter Führer durch die Geistesgeschichte Europas dieser Zeit wirkt.

Wenn auch im Jahre 1945 unmittelbar nach Kriegsende ein freies Reisen weder für Österreicher noch für andere Europäer möglich war, ja die meisten nicht einmal einen Paß besaßen, so waren doch, abgesehen von einigen in den westlichen Bundesländern lebenden Österreichern, aufgrund meiner Verbindungen mit der Schweiz und Frankreich schon eine ganze Reihe ausgezeichneter Persönlichkeiten aus dem Ausland bei unseren damals noch kleinen Veranstaltungen in Alpbach anwesend.

Der bedeutende französische kommunistische – später, seit dem ungarischen Aufstand im Jahre 1956 allerdings dem Kommunismus sehr kritisch gegenüberstehende – Dichter und Interpret der französischen Résistance, Louis Aragon und dessen Frau, die russisch-französische Schriftstellerin Elsa Triolet, die aus eigenen Werken lasen, die großen österreichischen Schauspieler Paula Wessely, Attila Hörbiger und Fred Liewehr sowie der bekannte Bühnenbildner des Burgtheaters, Stefan Hlawa, waren die herausragenden Künstler des ersten Alpbacher Sommers 1945.

Unter den Wissenschaftlern lenkten Hans-Urs von Balthasar, der bekannte Jesuit und Theologe, der in Basel sozusagen das katholische Gegengewicht zu dem großen evangelischen Theologen Karl Barth darstellte, der österreichische Altphilologe Albin Lesky und sein junger Fachkollege Olof Gigon, der mit seiner ausnehmend hübschen und intelligenten Frau Maria aus Fribourg in der Schweiz gekommen war, der exilungarische Nationalökonom Suranyi-Ungar, der französische Germanist Professor Eugen Susini und der österreichische, aus dem Schweizer Exil zurückgekehrte, geistreiche und vielseitige Historiker und Schriftsteller Roland Nitsche vor allem das Interesse auf sich.

1946 sind aus dem schon größer gewordenen Kreis der Wissenschaftler besonders der Schweizer Germanist Emil Staiger, der bedeutende österreichische Völker- und Staatsrechtler Alfred Verdroß und der italienische Philosoph Ernesto Grassi zu nennen. Unser französischer Freund Maurice Besset hielt einen für das damalige Alpbach richtungsweisenden Vortrag über den „honnête homme" als europäische Möglichkeit. Da unsere Alpbacher Bestrebungen von Anfang an dahin gingen, indirekt formend auf die in Alpbach Anwesenden einzuwirken, und wir uns damals mit den Idealtypen der einzelnen großen europäischen Nationen in vielen Diskussionen auseinandersetzten – wie mit dem britischen Ideal des „Gentleman" und dem zu Ende des neunzehnten Jahrhunderts von Julius Langbehn in seinem Werk „Rembrandt als Erzieher" geprägten und in die Zwischenkriegszeit hineinwirkenden Begriff des „Rembrandtdeutschen" –, war Bessets Darstellung des französischen „honnête homme" eine der Hauptdiskussionsgrundlagen dieses Jahres.

1946 war in größerem Umfang auch zum ersten Mal die österreichische Dichtung präsent. Fünf der bedeutendsten damals lebenden Dichter Österreichs, Rudolf Henz, Alma Holgersen, Josef Leitgeb, Alexander von Lernet-Holenia und Paula von Preradović, lasen an mehreren Abenden aus eigenen Werken, während den jüngeren österreichischen Dichtern Walther Toman, Johann Gunert und Ernst Jirgal sowie dem jungen Schweizer Lyriker Kuno Räber ein eigener Abend mit einer Einführung von Rudolf Felmayer gewidmet war. Außerdem las der Engländer Colvin-Smith aus den Werken junger angelsächsischer Dichter und Marcel Beaufils aus Paris junge französische Dichtung.

Die beiden bedeutenden Maler, der in Alpbach lebende Werner Scholz und der Wiener Herbert Boeckl, sprachen über „Europäische Malerei" und zeigten eigene Werke in der ersten größeren Kunstausstellung, die wir veranstalteten.

Die relativ große Anzahl von Künstlern, die dieses Alpbach versammelte, ließ erstmals in größerem Umfang, als es bei der relativ kleinen Zahl von Teilnehmern und insbesondere von anwesenden Künstlern im Jahr 1945 möglich gewesen war, große spontane Kunstdiskussionen völlig außerhalb des offiziellen Programms entstehen. Was später auf allen in Alpbach betriebenen Gebieten heimisch wurde, fand seinen ersten ausgeprägten Kristallisationskern in der 1946 Alpbach belebenden Künstlerszene und den an ihren Rändern angesiedelten künstlerisch interessierten übrigen Teilnehmern. Insbesondere waren es zwei, selbst nicht künstlerisch tätige, aber künstlerisch höchst versierte und gebildete Persönlichkeiten, deren Anwesenheit besonders stimulierend wirkte. Und zwar Minou Bethouart, die Frau des französischen Hochkommissars und Oberkommandierenden in Österreich, General Emile Bethouart, und der französische Intellektuelle und Kunstexperte Jean Rouvier. Frau Bethouart hatte dem Kreis um den französischen Dichter und Flieger Antoine de Saint-Exupéry angehört, mit dem sie persönlich gut bekannt gewesen war und unzählige literarische Gespräche geführt hatte. Jean Rouvier war ein höchst sensibler, umfassend gebildeter und geistreicher Franzose, der blendend Deutsch sprach, zeitweise sogar in Inneralpbach lebte und durch viele Jahre hindurch ein wichtiges intellektuelles Element der Alpbacher Veranstaltungen bildete.

In anderer Weise wurde diese Form der spontanen Diskussionen durch die von mir 1946 zum ersten Mal ins Leben gerufenen „Gespräche junger

Europäer" entriert, bei denen es 1946 in Anlehnung an unsere Diskussion über den „honnêt homme" um „Die Gestalt des jungen Europäers" und die Frage nach der „Europäischen Idee" ging. Diese Gespräche stellten sozusagen den Einstieg in die von uns von da an immer intensiver betriebene Befassung mit geistigen, politischen und wirtschaftlichen Fragen Europas dar. Bei diesen Gesprächen wurde – wenn man von Jean Monnets schon im amerikanischen Exil ausgearbeiteten Vorschlägen, von denen wir aber damals nichts wußten, absieht – erstmals eine europäische Wirtschaftsunion gefordert.

Es war daher nur folgerichtig, daß dann das Jahr 1947 uns mit dem ersten großen in Alpbach gehaltenen Vortrag über die Problematik Europas beziehungsweise mit der Frage nach der Einigung Europas konfrontierte. Vortragender war Julien Benda, einer der bedeutendsten politischen Schriftsteller und Philosophen Frankreichs vor und nach dem Zweiten Weltkrieg. Benda war der erste bekannte ausländische Philosoph, der in Alpbach zu Wort kam, und nach Hermann Keyserling der zweite, den ich persönlich kennenlernte und ausführlich sprach. Sein Buch „La trahison des clercs", das er Mitte der zwanziger Jahre geschrieben hatte und das 1927 erschienen war, das aber eigentlich erst nach dem Zweiten Weltkrieg und nach den so hautnahen Erlebnissen, die Europa mit den großen Diktatoren unterdessen gehabt hatte, in seiner Bedeutung voll erfaßt wurde, beschrieb den Verrat, den der Intellektuelle und Wissenschaftler durch die Rechtfertigung der Ideen und Taten der Diktatoren begeht. Wenn auch dieses Buch, das 1926 im Manuskript beendet wurde, sich vor allem auf die kommunistische Diktatur in der Sowjetunion und die faschistische in Italien bezog – denn Hitler war damals außerhalb Deutschlands und Österreichs weiteren Kreisen überhaupt noch nicht und auch Politikern und Intellektuellen noch kaum bekannt –, so traf seine Beurteilung und Verurteilung der Haltung des Intellektuellen gegenüber den Diktaturen doch hundertprozentig auch auf die späteren Diktaturen in Deutschland selbst und in anderen Ländern Mitteleuropas zu. Benda stand damals im Zenit seines Ruhmes, und sein Vortrag über „Die geistige Einheit Europas – Erziehung und geistige Einheit der Völker" war zweifellos einer der Höhepunkte von Alpbach 1947. Einige der wesentlichen Ideen, die Benda dabei aussprach, haben sicher nicht nur starke Wirkung auf das Publikum dieses Vortrages, sondern auch in mancher Hinsicht auf die Weiterentwicklung Alpbachs gehabt. Ich möchte hier jene Sätze festhalten, die anschließend zu einer besonders intensiven Diskussion führten. Benda sagte unter anderem: „Das Problem der geistigen Einheit der Europäer ist ein autonomes Problem, unabhängig zumindest zum größten Teil von der Frage ihrer politischen Einheit, noch unabhängiger von der ihrer wirtschaftlichen Einheit. Ich betone diesen Punkt besonders, da er von einer ganzen Schule bestritten wird. Sie kennen die sozialistische und vor allem nazistische These: ‚Begründen Sie die ökonomische Einheit Europas', so sagt man uns, ‚und die geistige Einheit wird von selber nachfolgen.' Das ist die Doktrin, die behauptet, daß alle Handlungen des Menschen samt seiner geistigen – daher freiesten – Tätigkeit durch die Herrschaft eines bestimmten wirtschaftlichen Systems determiniert seien. Eine Position, die sehr berechtigt ist vom Standpunkt des Handelns, da ja seine Anhänger vor allem den wirtschaftlichen Zustand der Welt ändern wollen und mithin alles Interesse daran haben, daß nur dieser wichtig ist; unhaltbar ist diese These jedoch vom Standpunkt der Wahrheit, der ganz anders ist als der des Handelns ... Ich sage, daß die These, derzufolge Europas wirtschaftliche Einheit auch die geistige Einheit ipso facto nach sich ziehen muß, vollständig irrig ist und durch alle uns bekannten Tatsachen widerlegt wird ... Die politische Einheit unseres Kontinents, genauer gesagt, seine wirtschaftliche Vereinheitlichung, könnte sehr leicht und in naher Zukunft unter dem Druck der materiellen Notwendigkeit zustande kommen. Sie würde bestimmt in keiner Weise seine geistige Einheit nach sich ziehen. Diese geistige Einheit ist aber unentbehrlich, soll die europäische Legierung wirklich fest und unzerstörbar sein."[16])

Diese Sätze mußten natürlich in Alpbach auf fruchtbaren Boden fallen. Wenn auch meine Vorstellungen über die Einigung Europas 1947 noch nicht so klar und ausgeprägt waren wie einige Jahre später, so war mir doch klar, daß das geistige Konzept, die intellektuelle Vorbereitung auf die Einigung den Vorrang haben mußte. Daher schien mir die Bildung einer Gemeinschaft europäischer Intellektueller – und dieser Antrieb sollte eben von Alpbach ausgehen – als Vorbedingung einer geistigen Einheit, der die wirtschaftliche und politische folgen sollte.

Ich hatte auch persönlich die Konsequenzen aus dieser Überzeugung und Überlegung schon fast zwei Jahre vorher gezogen, als man mir im Herbst 1945 durch Max Jenewein, den damaligen Sekretär des Tiroler Landesrates und führenden Innsbrucker christlichsozialen Politikers Hans Gamper, aus Wien das Angebot machte, stellvertretender Generalsekretär der erst wenige Monate vorher gegründeten „Österreichischen Volkspartei", der Nachfolgeorganisation der „Christlichsozialen Partei", neben dem damaligen Generalsekretär und späteren Unterrichtsminister Felix Hurdes zu werden. Jenewein meinte: „Sie sind einer der ganz wenigen Österreicher, die sich nach dem Krieg schon profiliert haben. Unsere Wiener Zentrale will, daß Sie in die Partei kommen. Der Doktor Hurdes ist bald Minister und vielleicht sogar Bundeskanzler, da werden Sie ziemlich schnell Generalsekretär und möglicherweise auch einmal Minister werden, denn wir haben viel zuwenig Leute, die in Frage kommen."

Das war für einen Siebenundzwanzigjährigen sicher interessant und schmeichelhaft. Aber ich wollte nicht in eine der alten Parteien, weder in eine rechte noch in eine linke, eintreten, deren Delirium in der Zeit vor 1938 in mir jungem Gymnasiasten schon damals die Überzeugung bekräftigt hatte, daß sich neue Kräfte nach dem Ende des Nationalsozialismus formieren müßten. An der Bildung solcher neuer politischer Gruppen wollte ich später einmal arbeiten. Außerdem hatte ich nach der langen Kriegszeit noch viel an Bildung und intensivem Studium nachzuholen. Ich war mir über mein mangelhaftes Wissen – aufgrund der über sechs Jahre, die ich in der Deutschen Wehrmacht auf den verschiedenen Kriegsschauplätzen des Zweiten Weltkrieges und schließlich in der Widerstandsbewegung verbracht hatte – und insbesondere über meine geringe Belesenheit auf philosophischem und naturwissenschaftlichem Gebiet völlig im klaren. Wenn ich vor mir selbst bestehen wollte, mußte ich kritisch genug sein, um das einzusehen, und zunächst primär an meiner Weiterbildung arbeiten. Schließlich war ich, wie schon erwähnt, davon überzeugt, daß in Europa zuerst die geistigen Grundlagen für weitere eventuelle politische und wirtschaftliche Aufgaben gelegt werden müßten. Das sollte eben unter anderem, wenn auch in bescheidenem Ausmaß, in und mit Alpbach geschehen. Ich dankte daher für das Vertrauen und sagte, daß mir eine Mitarbeit in der „Österreichischen Volkspartei" nicht möglich sei.

Alpbach 1947 brachte auch das Erscheinen der ersten „Exilanten-Heimkehrer", das heißt die Rückkehr der ersten bedeutenden Österreicher aus dem Exil nach Flucht oder Vertreibung und Krieg. Wenn man von Roland Nitsche absieht, der schon bei der ersten Schweizer Gruppe 1945 dabei war, so zählten zu den ersten der Nationalökonom und Soziologe Friedrich A. Hayek, der schon vor dem stärkeren Auftreten des Nationalsozialismus in Österreich 1931 an die London School of Economics berufen worden war und insbesondere durch sein 1944 in England erschienenes und 1947 auch in deutscher Sprache publiziertes Werk „Der Weg zur Knechtschaft" bekannt geworden war, und der Dichter Felix Braun, der ebenfalls in England im Exil gelebt hatte.

Felix Braun, dessen fast zerbrechlich wirkende, zarte Gestalt mit seinem ständig Güte ausstrahlenden Wesen völlig übereinstimmte, hatte mit seinem Vortrag über das „Menschenbild bei Stifter" und seiner improvisierten Ansprache „Dank an Alpbach" einen ungeheuren Erfolg. Als er mit seiner leisen und bescheidenen Stimme die Sätze aussprach: „Für drei Wochen waren wir, von woher immer wir ausgegangen, Verwandte. Ich erinnere mich an kaum eine Gestalt, von der man hätte sagen mögen, daß sie die eines Fremden sei...", und dann fortfuhr: „Die Generation, die ich in Alpbach erprobte, dünkte mich eben die, auf die ich ein Leben lang gewartet", erhoben sich spontan die über zweihundert Zuhörer, um ihm einen geradezu stürmischen Beifall zu spenden. Für das bei Vorträgen äußerst kritisch-nüchterne Alpbacher Publikum war dies eine erstmalige und nur ganz selten wiederholte Ovation von großer Emotion.

In diesem Sommer – das Generalthema hieß „Weltbild und Menschenbild" – brillierte Alpbach erstmals mit einer Fülle von weiteren hervorragenden Wissenschaftlern. Neben den schon genannten war Ernesto Grassi wieder gekommen. Werner Heisenberg, den der Ruf begleitete, einer der ersten Physiker der Welt zu sein, sprach über das Weltbild der Physik, der französische Philosoph Jean Wahl über Martin Heidegger und die französische Existentialphilosophie, der bekannte deutsche Rechtswissenschaftler Heinrich Mitteis über das Menschenbild in der Rechtsgeschichte und der Mediziner Viktor Freiherr von Weizsäcker über „Mensch – Arzt – Medizin".

Die Diskussion, die zwischen Heisenberg, dem Innsbrucker Physiker Arthur March, dem Wiener Naturwissenschaftler Hans Thirring und Viktor von Weizsäcker einerseits und den Philosophen Ernesto Grassi, Alois Dempf, Jean Wahl, Simon Moser sowie den Theologen Karl Rudolf und Leopold Soukup andererseits, plus einigen naturwissenschaftlich und philosophisch interessierten weiteren Wissenschaftlern und Studenten, in der Bauernstube des Böglerhofs stattfand, war der Auftakt zu den großen Gesprächen zwischen Naturwissenschaftlern, Philosophen und manchmal auch Theologen, die von nun an alljährlich Alpbach bewegen sollten. Diesmal ging es vor allem um Heisenbergs mit Niels Bohr erarbeitetes Gedankengebäude, das die Verbindungen zwischen moderner Physik und Philosophie beziehungsweise das „Ruhen der Physik in ihrer Tiefe auf philosophischen Grundlagen", wie Heisenberg es ausdrückte, klarlegte. In späteren Jahren sollten Schrödinger, March, Max Hartmann, Popper und verschiedene andere in der Bauernstube des Böglerhofs oder unter dem „Baum der Erkenntnis" – einem riesigen, schattenspendenden alten Baum auf einem Wiesenhang, der bis Ende der fünfziger Jahre ständiger Freilufttreffpunkt von Philosophen und Naturwissenschaftlern war – ähnliche Probleme behandeln.

Mit der Beendigung der Veranstaltungen des Jahres 1947 gingen die ersten drei frühen Pionierjahre zu Ende, in denen das Werk von Alpbach mehr und mehr Gestalt angenommen hatte. Wenn auch das Jahr 1945 zunächst nur als einmalige Veranstaltung geplant worden war und wir die Fortführung erst nach dem großen Erfolg und der stürmischen Forderung der Teilnehmer, die Alpbacher Veranstaltungen fortzusetzen, beschlossen hatten, so wuchsen doch die kommenden beiden Jahre folgerichtig aus dem Beginn des Jahres 1945. Zu Ende der Veranstaltungen des Jahres 1947 war ein gewisses Fundament gelegt und gab es immerhin bereits eine ganze Reihe von Erfahrungswerten, auf denen wir weiter aufbauen konnten. Trotzdem war eine endgültige Struktur der Veranstaltungen noch nicht gefunden worden. Die Jahre 1948 und 1949 sollten einen wichtigen Prozeß in Richtung auf diese endgültige Struktur darstellen. Diese Jahre brachten auch eine ganze Reihe von für die weitere Gestaltung Alpbachs besonders bedeutenden Persönlichkeiten in das kleine Tiroler Dorf. Karl Popper kam 1948 zum ersten Mal und leitete die philosophische Arbeitsgemeinschaft zusammen mit Simon Moser.

1948 war auch zum ersten Mal ein Nobelpreisträger, der britische Mediziner und Biologe Professor E. Chain aus Oxford, in Alpbach anwesend. Chain, einer der beiden Entdecker des Penicillins, war einer der wenigen Ärzte, die in Alpbach zu Wort kamen, da wir im weiteren Verlauf der Alpbacher Veranstaltungen zwecks Eingrenzung unserer Thematik medizinische Veranstaltungen nicht mehr durchführten.

Ein anderer Nobelpreisträger, der österreichische Physiker Erwin Schrödinger, war ein Jahr später, 1949, ebenfalls erstmals erschienen und beteiligte sich an einer Arbeitsgemeinschaft über „Grundlagen und neue Problematik der Quantentheorie", zusammen mit den Professoren Leon Rosenfeld, Felix Ehrenhaft und Arthur March. Auch Gottfried Haberler besuchte uns zum ersten Mal in diesem Jahr und leitete zusammen mit Theodor Pütz und Anatol Murad eine Arbeitsgemeinschaft über theoretische Wirtschaftspolitik.

Eine besonders starke Ausstrahlung ging im Jahr 1949 von dem französischen Jesuiten und Universitätsprofessor Jean Daniélou aus, der zusammen mit dem Wiener Pastor Georg Molin und dem hochintelligenten, humorvollen und vielseitigen Benediktinerpater Leopold Soukup aus dem Stift Seckau eine sehr alpbacherische Arbeitsgemeinschaft über „Die Grenzen zwischen Philosophie und Theologie – Grenzgebiete zwischen philosophischer und theologischer Ethik" leitete. Zwanzig Jahre später sollte Daniélou, dessen Werke über die Geistesgeschichte des frühen Christentums starken Einfluß ausübten, einer der französischen Kardinäle werden, nachdem er in der Zwischenzeit bereits als einer der bedeutendsten katholischen Theologen galt.

Das Jahr 1949 brachte auch den bekannten Philosophen Hans-Georg Gadamer und den damals noch fast unbekannten Sohn Thomas Manns – das einzige Mitglied der Familie Mann, das sich nicht der Dichtung widmete –, den Historiker Golo Mann, nach Alpbach.

Ein großes Symposium über die Architektur des zwanzigsten Jahrhunderts vereinigte eine Reihe hervorragender Architekten zu einem Gespräch über die „Beziehungen zwischen moderner Architektur, Malerei und Plastik". Neben den damals sehr bekannten Architekten Max Bill aus Zürich und Marcel Lods aus Paris richtete sich das Interesse vor allem auf den bedeutenden Ideologen des modernen Bauens dieser Zeit, den Züricher Architekten und Universitätsprofessor Siegfried Giedion, der damals auch Generalsekretär der Internationalen Kongresse für neues Bauen (CIAM) war, und den großen österreichischen Praktiker der Architektur, Professor Clemens Holzmeister, der zwischen den beiden Weltkriegen die damals neue türkische Hauptstadt Ankara in ihren modernen Teilen und vor allem in ihren wesentlichen Profanbauten errichtet hatte. Architekten aus ganz Österreich waren zu diesem erstmals nach dem Zweiten Weltkrieg auf österreichischem Boden durchgeführten internationalen Gespräch über modernes Bauen in Alpbach eingetroffen, und die Diskussionen unter der Leitung des hochintelligenten Siegfried Giedion wurden bis tief in die Nacht hinein geführt.

Einen anderen Schwerpunkt der Veranstaltungen des Jahres 1949 bildete das erste große Politische Gespräch, dessen Titel „Europa - Einigung oder Untergang eines Kontinents" Dr. Zimmer-Lehmann formuliert hatte und das den Beginn der politischen Diskussionen in Alpbach darstellte. Der französische Hochkommisar in Österreich und große Freund unserer Alpbacher Veranstaltungen, General Emil

Bethouart, hatte uns ein Privatflugzeug zur Verfügung gestellt, um von einer Konferenz in Straßburg eine Reihe besonders bedeutender europäischer Politiker und Kulturpolitiker über Innsbruck nach Alpbach zu bringen. Auf diesem Weg gelangten der britische Luftfahrtminister, Chairman der Europäischen Bewegung und Schwiegersohn Churchills, Duncan Sandys, der französische sozialistische Politiker André Philip, der Schweizer Kulturpolitiker und europäische Föderalist Denis de Rougemont und der Exilspanier, Philosoph, Historiker und Romancier Don Salvador de Madariaga nach Alpbach. Mit Duncan Sandys kam auch dessen kleiner Sohn und Enkel Churchills, Julien Sandys, nach Alpbach. Ich holte alle vom Innsbrucker Flugplatz ab und besorgte dem kleinen Churchill-Enkel, der etwa sieben Jahre alt war, auf dessen dringenden Wunsch in Innsbruck „tyrolean leather shorts", nämlich eine echte Lederhose.

In Alpbach hielten die Mitglieder dieser ersten größeren Gruppe westeuropäischer Politiker und Kulturpolitiker verschiedene Vorträge zur politischen und geistigen Lage Europas und richteten schließlich am Ende dieser eineinhalbtägigen Veranstaltung gemeinsam mit dem Vorstand des Österreichischen College und verschiedenen anderen Alpbacher Anwesenden einen Aufruf an das freie Europa, die politische und wirtschaftliche Einigung auf der Basis eines geistigen Sich-näher-Kommens durchzuführen. Diese politische Veranstaltung, bei der zum ersten Mal in Österreich die Europafahne (das grüne E auf weißem Grund) gehißt wurde und in ganz Österreich Aufsehen erregte, stellte für Alpbach in vieler Hinsicht eine wirkliche Zäsur dar. Nicht nur wurde zum ersten Mal eine große politische, internationale Veranstaltung durchgeführt und war dadurch eine Anzahl von führenden Politikern anwesend, sondern es gab auch einige negative Begleiterscheinungen.

An dieser Veranstaltung entzündete sich nämlich eine schon seit zwei Jahren schwelende und immer heftiger werdende Auseinandersetzung innerhalb des Österreichischen College über die Frage, ob die Alpbacher Veranstaltungen „Hochschulwochen" bleiben oder ein großes Zentrum der Auseinandersetzung nicht nur mit wissenschaftlichen, sondern auch mit politischen, wirtschaftlichen und kulturell-künstlerischen Problemen werden sollten. Genaugenommen standen einander gegenüber einerseits die alte Schule der deutschen Wissenschaftler, von denen viele im Grunde auf alle Nicht-Wissenschaftler mit Verachtung oder zumindest mit nachsichtiger Arroganz herabblickten, und andererseits eine Gruppe, bestehend aus meinen engeren Freunden und mir, die dringend eine Erweiterung Alpbachs über das Hochschulwochenniveau und den Hochschulwochenumfang hinaus forderten. Die Durchführung dieses großen Politischen Gesprächs war schon auf harten Widerstand dieser erstgenannten Gruppe gestoßen. Einige Tage nach Beendigung der Veranstaltung, deren Erfolg nicht geleugnet werden konnte, entlud sich die Auseinandersetzung mit einem „Putsch", der die kleine Collegerepublik Alpbach 24 Stunden lang erschütterte.

Es begann damit, daß ungefähr um Mitternacht an meiner Zimmertür im Hotel Böglerhof heftig geklopft wurde und einer meiner engsten Mitarbeiter, der Student der Nationalökonomie und aufmerksame Teilnehmer an Prof. Hayeks und später auch Fritz Machlups Seminaren, der damalige Leiter der Collegegemeinschaft Graz, Heini Pfusterschmid, mir aufgeregt mitteilte, daß er soeben von einigen Collegeleuten in sein Zimmer eingesperrt worden wäre und nur aufgrund seiner Größe von 1,95 Meter durch das relativ niedrig gelegene Fenster im ersten Stock hinausspringen konnte. Er erzählte mir, er glaube, daß ein allgemeiner Aufstand gegen mich und gegen alle, die als meine engsten Mitarbeiter und Freunde angesehen wurden, ausgebrochen sei. Es sei möglich, daß auch schon mein Bruder Fritz, Dr. Zimmer-Lehmann, Dr. Czerwenka, Fritz Hansen-Löve, Carl Rauscher, Wolfgang Pfaundler, Paul Feyerabend und andere „verhaftet" worden seien. In dieser aufregenden Situation schickte ich sofort zu meinen engsten Mitarbeitern und erklärte das Atelier von Architekt Sackenheim, der im Haus des Alpbacher Baumeisters wohnte, als Zentrum unseres Gegenschlages. Erfreulicherweise stellte sich heraus, daß die „Verhaftung" meiner anderen Freunde entweder nicht erfolgt oder nicht gelungen war, und so konnten wir bald im Haus von Baumeister Thomas Lederer unsere Gegenaktion planen. Innerhalb weniger Stunden hatten wir die Macht in Alpbach wieder ergriffen und sämtliche wichtigen Zentren des Ortes, wie es bei solchen Gelegenheiten so schön heißt, wieder in unsere Hand gebracht, besser gesagt, wir waren wieder die Herren der verschiedenen Wirtshäuser und hatten unsere „Hauptgegner", Professor Simon Moser, Dr. Werner Busch und einige andere Professoren und Studenten schachmatt gesetzt. Das Ganze endete damit, daß ich am nächsten Abend meine Anhänger und Anhängerinnen im Gasthof Jakober sammelte und mit allen mir treu gebliebenen Damen Walzer tanzen mußte, was für mich immerhin 25 Walzer ergab, als Zeichen der Anhänglichkeit der wenigen anwesenden Damen.

Wenn das Ganze auch heiter endete, so war es doch einer der Höhepunkte – es gab auch nachher noch zwei oder drei kleinere Kraftakte, teils in Wien, teils in Alpbach – der Auseinandersetzung zwischen meiner Konzeption eines Zentrums europäischer Intellektueller und der Konzeption von Professor Moser, einer Bergakademie für Wissenschaft und Sport.

Für mich stellten diese Auseinandersetzungen auch ein menschliches Problem dar, da ich mich trotz allem mit Professor Moser und Dr. Werner Busch, deren großen Idealismus ich außerordentlich achtete, freundschaftlich verbunden fühlte.

Schon zu Ende der Veranstaltungen des Jahres 1948 hatte ich durchgesetzt, daß über den Namen „Internationale Hochschulwochen Alpbach" der Titel „Europäisches Forum Alpbach" gesetzt wurde. Nach unserem „Sieg" im Jahr 1949 und insbesondere nach der höchst erfolgreichen politischen Veranstaltung setzte sich der Name „Europäisches Forum

Alpbach" immer mehr durch und löste schließlich einige Jahre später die „Internationalen Hochschulwochen" völlig ab.

Wichtiger war aber, daß das universale Grundkonzept, das meine Freunde und ich im Lauf der vorhergegangenen Jahre entwickelt hatten, nämlich Alpbach zu einem Zentrum der Auseinandersetzung mit den wesentlichen Phänomenen der Wissenschaft, Kunst, Politik und Wirtschaft zu machen, sich langsam durchgesetzt hatte. Aus den „Internationalen Hochschulwochen" wurde mehr und mehr auch bis in alle Details das umfassende „Europäische Forum Alpbach", in dem neben Wissenschaftlern auch Politiker, Staatsmänner, Wirtschaftsführer, Künstler und Intellektuelle aller Berufs- und Altersgruppen gleichberechtigt nebeneinander und miteinander arbeiteten.

Nachdem der von Simon Moser von Anfang an so verdienstvoll und ausgezeichnet aufgebaute wissenschaftliche Sektor in Zusammenarbeit mit ihm noch erweitert werden konnte und er als Vizepräsident des Österreichischen College diese wissenschaftliche Arbeit koordinierte, akzeptierte er schließlich in den folgenden Jahren auch die Erweiterung unseres Gesamtkonzeptes um Politik, Wirtschaft und Kunst.

Rückblickend kann man sagen, daß diese jahrelangen und oft höchst erbitterten Auseinandersetzungen um die geistige Struktur und Gestaltung Alpbachs uns letztlich gezwungen haben, an beiden Seiten der Fronten die Konzeptionen immer wieder neu zu überprüfen und zu verbessern. Toleranz, jenes in Alpbach so groß geschriebene Wort, durften wir nicht nur von den anderen verlangen, wir mußten auch selbst bereit sein, Toleranz auszuüben. Simon Mosers und meine Anhänger und wir beide selbst erkannten, daß Alpbach ohne den jeweiligen Teil der Konzeption, die die anderen vor allem für wichtig und bedeutsam hielten und beizustellen hatten, nur ein Torso wäre. So wurde ein auf hohem Niveau arbeitender wissenschaftlicher Sektor einem immer mehr ausgebauten politisch-künstlerisch-wirtschaftlichen Veranstaltungsteil integriert. Das Ergebnis war eine zwar zweifellos mit vielen Mängeln behaftete, aber im Grunde doch einmalige Struktur einer universalen Zusammenarbeit von Wissenschaft, Kunst, Politik und Wirtschaft, von Theorie und Praxis, von essentiell sehr verschiedenen menschlichen Persönlichkeiten in einer Sphäre der Kontemplation und Verständigungsbereitschaft.

Natürlich hatten viele Teilnehmer von diesen Auseinandersetzungen, die mehr oder weniger den inneren Führungskreis des Österreichischen College und dessen engere Anhängerschaft und Mitarbeitergruppen betrafen, nicht viel bemerkt. Jedenfalls war Alpbach 1949 trotz allem sichtlich ein Erfolg und ein wichtiger Schritt auf dem Weg zum Aufbau eines umfassenden geistigen Zentrums. Wie eindrucksvoll Alpbach damals für manche der Neuankömmlinge war, geht aus dem folgenden Bericht hervor.

Die Schriftstellerin Dr. Christiane van Briessen – die damalige junge Studentin Christl Bottomore – schildert die Eindrücke, die ihr der erste

Besuch in Alpbach vermittelte: „In einem abgeblätterten Eisenbahnwaggon mit Holzbänken ratterte ich 1949 erstmals durch die Nacht von Wien nach Alpbach. Meine Schuljahre waren gekennzeichnet gewesen von ideologischen Verengungen, und ich hatte keine Ahnung von aktuellen geistigen Strömungen in anderen Nationen, von den Dimensionen des kulturellen Vermögens der Menschheit schlechthin und keinerlei Vorstellung von meinem eigenen Potential. Der erste Tag in dem legendären Gebirgsdorf unter mehreren hundert bedeutenden Wissenschaftlern, Philosophen, Künstlern und Politikern aus mehreren Ländern war ein Aha-Erlebnis völliger Verblüffung. Die Menge und Qualitäten der Persönlichkeiten, Fachrichtungen und Meinungen entzückten mich. Es taten sich völlig neue Horizonte auf. Zuerst erlebte ich Alpbach als Erlebnis der Vielfalt. Dann als Erlebnis der Herausforderung, meine Wahrnehmungssinne und meinen Verstand anzuwenden. Danach begann ich den grundsätzlichen Jugendwunsch nach Auseinandersetzung über Methoden des Erkennens, des Nutzens und der Anwendung des Erkannten zu begreifen und auch die Einmaligkeit dieses Alpbacher Erfüllungsortes, der Toleranz gegenüber gegensätzlichen Auffassungen. Ich begriff die, meines Wissens keiner anderen Jugendgruppe irgendwo anders gebotene Chance, durch direkte Begegnung mit den großen Geistern der Zeit auf schnell verkürztem Weg und auf höchstmöglicher Auseinandersetzungsebene den Zugang zu Erkenntnismethoden und ihren politischen Anwendungsbereichen zu finden. Ich gewann die Dimensionen eines Weltbildes und in deren Rahmen das Verständnis für die Bedeutung der europäischen kulturellen Identität. Allmählich verstand ich mich selbst als Europäerin und willens, als mündige Bürgerin, als Mensch einer Heimat, eines Kontinents und der weiten Welt mitzusprechen und mitzuverantworten. Es wurde mir bewußt, daß ich in Alpbach der Verwirklichung einer unwahrscheinlichen Idee beiwohnte und daß Ideen, zum rechten Zeitpunkt und mit dem rechten Beharrungsvermögen angepackt, in der Folge sehr viel mehr organische Wirklichkeit hervorbringen als technokratische Reißbrettplanung.

Vier Anwesende fielen mir besonders auf: der breitbandig streitlustige Student Paul Feyerabend, der rational-artikulierte Professor Karl Popper, der kompetente und weitgespannte Professor Friedrich von Hayek und der Physik und Philosophie verwebende Professor Erwin Schrödinger. Ich überlegte mir, wie jeder der vier Herren sich zur Gretchenfrage einer jungen Frauensperson verhalten würde, und meine Wahl traf Schrödinger. Da saß er auf der Bank in der Sonne, die dünnen Beine in mächtigen Bergschuhen, mit aufmerksamen Augen. Ich legte ihm sein eben herausgekommenes Buch ‚Die Natur und die Griechen' auf die Knie. ‚Sie beschreiben die Annäherung an Universalität', sagte ich. ‚In der Universität heißt es aber, man müsse sich auf einen Fachbereich und die Methode dieses Bereichs einpendeln. Universalität sei seit Leibniz wegen der Menge und der Vielfalt der Erscheinungen nicht mehr möglich. Ist Universalität in unserer Zeit noch erreichbar?' – ‚Meinen Sie ob oder wie?' fragte er zurück. ‚Beides. Wenn Sie in dieser Sache das ›ob‹ beantworten können, müssen Sie auch ein Prinzip des ›wie‹ kennen.' Schrödinger schmunzelte, machte ‚hm' und schwieg eine Weile. ‚Ja', formulierte er dann kurz und exakt. ‚Im Prinzip ja, unter drei Bedingungen. Eine Methode, Wesentliches zu erkennen, eine methodische Ergänzung von Verstand und Sinnen und eine Methode der intuitiven Assoziation komplizierter Kenntnisse.' Obwohl diese Antwort auf der Hochebene angesiedelt war und ich mir nachher ausrechnete, wie viele Dutzend Assistenzmethoden nötig wären, um die geforderte Methodologie zu erfüllen, schien sie mir adäquat: weder zu groß, noch zu klein und in ihrer Anregung genial."

Vom Künstlerischen her wurde das Jahr 1949 durch die Lesungen dreier Autoren gekennzeichnet, die zu den bedeutendsten deutschen Dichtern jener Zeit neben Thomas Mann, Hermann Hesse, Hans Carossa und Ernst Jünger zählten. Werner Bergengruen, Frank Thiess und Stefan Andres hatten vorgelesen und nachher an einer großen Diskussion über deutsche Dichtung der Gegenwart mitgewirkt. Vor allem Werner Bergengruen und Stefan Andres waren mehrmals Teilnehmer an den Alpbacher Veranstaltungen und hatten vielfache Beziehungen zu unserem Werk. Werner Bergengruen als alter Bekannter und Gesprächspartner der Dichterin Paula von Preradović, die ja durch viele Jahre in Alpbach anwesend war, und auch mir als oftmaliger Besucher im Hause meiner Eltern persönlich gut bekannt, Stefan Andres durch seine Freundschaft mit Fritz Wotruba. Die beiden letzteren – Andres und Wotruba – liebten nicht nur die nächtelangen Alpbacher Diskussionen, an denen sie in für uns höchst wichtiger und erfreulicher Weise intensiv teilnahmen, sondern auch den anderen „Geist von Alpbach", nämlich den Himbeergeist, dem sie gerne zusprachen. So gerne, daß eines Nachts ein Alpbacher Gendarm mich aufweckte und mir mitteilte: „Otto, do schlofn zwei vorm Eingang vom Böglerhof am Bodn. Sicher sein s' sehr wichtige Professoren, deswegn möcht i s' net verhoftn, oba i glaub, sie sein betrunkn!" Als ich mit dem Gendarmen zum Lokalaugenschein kam, fand ich Fritz Wotruba friedlich auf dem Boden und Stefan Andres ebenso friedsam auf einer Bank neben dem Eingang des Böglerhofs schlummern. Der Gendarm sah ein, daß er so bedeutende Mitglieder unserer Veranstaltungen nicht verhaften könne, um so mehr, als sie sich ja nur „geistig" betätigt hatten. Am nächsten Morgen sahen die beiden zwar ein bißchen mitgenommen aus, waren aber ansonsten ganz munter. Ihr Pech war gewesen, daß das Haustor des Böglerhofs um 24 Uhr geschlossen wurde.

Das Jahr 1950 brachte eine beachtliche Anzahl hervorragender Wissenschafter nach Alpbach, darunter nicht nur wieder den Nobelpreisträger Erwin Schrödinger, der sich bereits langsam in Alpbach zu Hause fühlte, sondern auch den bedeutenden, in Wien lehrenden katholischen Ethnologen Wilhelm Koppers, den deutschen Rechtshistoriker Heinrich Mitteis, der schon in einem der vorangegangenen Jahre in Alpbach gesprochen hatte, den berühmten Philosophen der New School of Social Research in

New York, Karl Löwith, sowie den Altphilologen der Columbia University in New York, Professor Kurt von Fritz.

Karl Löwith, der zu den bedeutendsten Philosophen der Nachkriegszeit zählte, stellte einen der Mittelpunkte dieser Alpbacher Veranstaltungen dar, die unter dem Generalthema „Natur und Geschichte" standen. Löwith, der die Entwicklung des europäischen Denkens unter der Prämisse darstellte, daß der Mensch als reines Naturwesen zu sehen sei, dem jede Beziehung zu einer jenseitigen Transzendenz unmöglich sei, war vor allem durch seine beiden Werke „Von Hegel zu Nietzsche" und „Weltgeschichte und Heilsgeschehen" bekannt geworden. Für Alpbach war Karl Löwith einer der großen Anreger in der ersten Hälfte der fünfziger Jahre.

Die Tatsache, daß es mir gelungen war, ihn anläßlich eines Treffens in London dazu zu bringen, eine Professur in Wien anzunehmen, wenn sie ihm angeboten würde, hatte mich mit besonderer Freude erfüllt, um so mehr als die Wiener Philosophische Fakultät in diesen Jahren eher dürftig besetzt war und die meisten bekannten Ausländer oder Exilösterreicher es aufgrund der geringen Bezahlung und der Schwierigkeiten, auch nur eine halbwegs passende Wohnung zu finden, ablehnten, nach Wien zu kommen. Ich war daher höchst enttäuscht, als der damalige Unterrichtsminister, dem ich die Bereitschaft Löwiths mitteilte, zwar freudig nickte, aber keinerlei Schritte unternahm, um diese einmalige Möglichkeit zu nützen, einen so hervorragenden Philosophen nach Wien zu bringen, noch dazu, wenn er aus reinem Idealismus bereit war, trotz der äußeren schlechten Bedingungen zu kommen. Es stellte sich bald heraus, daß der liberale Atheist Löwith für das katholische Unterrichtsministerium sichtlich nicht tragbar erschien. Meiner Ansicht nach wurde damit eine große Chance vertan, das Niveau der Geisteswissenschaften an der Wiener Universität in den Nachkriegsjahren merkbar zu heben.

Nach dem Durchbruch des Jahres 1949 betreffend die Präsenz von Politik und Wirtschaft in Alpbach brachte das Jahr 1950 zum ersten Mal in größerem Umfang und vor allem unbehindert einen eigenen Sektor von Veranstaltungen unter dem Titel „Europäische Gespräche". Das eine dieser Gespräche war der Situation des europäischen Intellektuellen gewidmet. Der Romanist und Historiker und Leiter des Collège d'Europe in Brügge – eines damals zur wissenschaftlichen Bearbeitung der historischen, geistigen und politischen Grundlagen Europas neu gegründeten Instituts – Hendrik Brugmans, der bekannte dänische Soziologe Theodor Julius Geiger und Denis de Rougemont sprachen über diese für uns in Alpbach besonders aktuelle und interessante Thematik.

An einem anderen Tag wurde das Wirtschaftsgespräch unter dem Titel „Wege zur europäischen Wirtschaftsunion" durchgeführt. Dazu sprachen der bekannte Basler Nationalökonom Edgar Salin, der Stellvertretende Generalsekretär der Bundeskammer der gewerblichen Wirtschaft und spätere Finanzminister Reinhard Kamitz und der Nationalökonom der Universität Erlangen, Georg Weippert. Ebenso wie beim ersten Alpbacher Wirtschaftsgespräch im Jahr 1949, an dem unter anderem der damalige Minister Krauland und die Professoren Gottfried Haberler und Friedrich A. Hayek teilgenommen hatten, wurde auch dieses Wirtschaftsgespräch wieder von der Diskussion zwischen Theoretikern und Praktikern beherrscht. Schon bei diesem zweiten Wirtschaftsgespräch zeigte sich, daß das Interesse für diese Form der Auseinandersetzung zwischen Theorie und Praxis anhand von ganz aktuellen Wirtschaftsproblemen enorm war.

Neben den Europäischen Gesprächen war es vor allem eine theologische Plenarveranstaltung, die großes Interesse erweckte und die unter dem Titel „Das Reich Gottes als historische Mächtigkeit" eine Reihe von bekannten Theologen, wie den Probst Asmussen aus Kiel, den katholischen Ordenspriester Eucharius Berbuir aus Bonn, den französischen Jesuiten Père Louis Philippe Ricard, den Theologen Lampert aus Oxford und vor allem den bekannten protestantischen Theologen und Universitätsprofessor Adolf Keller aus Zürich vereinigte. Es kam im Anschluß an diese Veranstaltungen zu einer noch tagelang sich in kleineren Gruppen hinziehenden Diskussion zwischen Theologen und Historikern, in die auch die anwesenden Philosophen immer wieder eingriffen.

Nach den ersten sechs Jahren hatte Alpbach seine mehr oder weniger endgültige Struktur gefunden. Die heftigen Auseinandersetzungen um Geist und Gesicht Alpbachs, die 1949 in Alpbach und 1950 in Wien ihre Höhepunkte erlebten, hatten schließlich zu einer Synthese geführt, die aus den gegensätzlichen Standpunkten erwuchs. Wenn aber auch das Konzept nun fertiggestellt war, innerhalb dessen und nach dem sich die Alpbacher Arbeit abspielen sollte, so durfte diese Arbeit doch nicht unbeweglich, statisch und starr jährlich neue Abziehbilder der Jahre 1949 oder 1950 liefern. Die als richtig und notwendig gefundenen geistigen, kulturpolitischen, interdisziplinären und gruppendynamischen Strukturen und Konzepte mußten und müssen vielmehr jeden Sommer dynamisch und elastisch mit neuem Leben erfüllt und der jeweils neuen Gegenwart gerecht werden. Andererseits konnte aber nur durch eine die Grundideen bewußt bejahende, erhaltende und fortführende Gemeinschaft von Alpbach geistig und institutionell tragenden Intellektuellen jene erstaunliche Kontinuität geschaffen werden, die ein Werk von so großer Kraft zur Selbstregeneration nun schon über dreieinhalb Jahrzehnte ermöglichte.

Die Struktur war schon 1949 und 1950, teils bewußt, teils unterschwellig und getragen von der Dynamik des Werkes von Alpbach, auf eine lange Zukunft geplant gewesen. Es waren sozusagen die Gewänder eines Erwachsenen, die einem Halbwüchsigen angefertigt wurden, aber der Halbwüchsige wurde schnell zum Erwachsenen und die Kleidung paßte bald ausgezeichnet. Aus der Veranstaltung, deren Teilnehmerkreis bis zur Mitte der fünfziger Jahre mehrheitlich aus Studenten bestand, wurde folgerichtig durch die teilweise Veränderung der Inhalte und Zielsetzungen ein Intellektuellenkongreß, ein großes geistiges Symposium, an dem neben vielen anderen Berufs- und Altersgruppen auch eine begrenzte Zahl ausgesuchter älterer Studenten teilnehmen kann.

Alpbach wurde vielschichtiger und schwerer erklärbar. Wer nicht mehrere Tage in Alpbach wirklich mitarbeitet, das heißt vormittags an einer Arbeitsgemeinschaft teilnimmt, nachmittags die Plenarveranstaltungen mit ihren Vorträgen und großen Diskussionen besucht, am Abend bei künstlerischen Vorführungen dabei ist und zwischendurch oder am späten Abend im kleineren Kreis in den Bauernstuben der Gasthöfe oder an freien Nachmittagen auf den Wiesen diskutiert oder zumindest aufmerksam zuhört, kann nicht in die Großfamilie der „Alpbacher" integriert werden und unsere Arbeit nicht wirklich verstehen, geschweige denn mitvollziehen. Besucher, die für einige Stunden oder anderthalb Tage nach Alpbach kommen, auf den Hotelterrassen herumsitzen und eventuell für eine halbe Stunde in einen für sie aus dem Ganzen der Veranstaltung herausgerissenen Vortrag gehen und dann aber Artikel über Alpbach schreiben oder Erklärungen abgeben, können fast immer nur mit Fehlinformationen aufwarten. Wer nicht einige Tage wirklich mitarbeitet, wer nicht integrationswillig und integrationsfähig ist, wer nicht um des intellegere willens, das heißt um der von tiefem Ernst getragenen Einsicht in die wesentlichen geistigen Phänomene willen, nach Alpbach kommt, sollte es lieber bleibenlassen.

Das Jahr 1951 brachte in mancher Hinsicht eine Zäsur. Es war nun, wie schon erwähnt, die endgültige Struktur Alpbachs im großen und ganzen geschaffen und der Weg offen, um die Alpbacher Veranstaltungen großzügig auszubauen und zu einem Ausgangspunkt neuer Ideen und Anregungen werden zu lassen. Als äußeres Zeichen dieser immer stärkeren Fundierung des Werkes von Alpbach wurde in diesem Jahr der erste Spatenstich zu einem geplanten Kongreßhaus des Österreichischen College in Alpbach durchgeführt. Mit dem Größerwerden der Alpbacher Veranstaltungen war es schon seit 1948 klar, daß der damals noch sehr kleine Ort Alpbach, dem alle notwendigen baulichen Installationen für einen wachsenden Kongreß fehlten, nur weiterhin das Zentrum des „Europäischen Forums Alpbach" bleiben konnte, wenn ein eigenes Kongreßhaus gebaut würde. Wir hatten uns in den ersten Jahren damit beholfen, daß wir die Arbeitsgemeinschaften, sofern diese nicht bei schönem Wetter überhaupt im Freien tagen konnten, in verschiedenen Stuben der Gasthöfe und in den wenigen Räumen der damals noch kleinen Volksschule unterbrachten. Je größer die Alpbacher Veranstaltungen wurden, desto schwieriger wurde es aber, die wachsende Zahl der Arbeitsgemeinschaften unterzubringen und Räume für Ausstellungen und Sonderveranstaltungen zu finden. Der einzige im ganzen Dorf vorhandene Saal, der für größere Vorträge geeignet war, der schöne alte Bauernsaal des Gasthofs „Post", konnte die zunehmende Zahl der Teilnehmer nicht mehr fassen und den steigenden Ansprüchen nicht mehr entsprechen. So hatten wir 1949 beschlossen, ein Kongreßhaus zu bauen. Es war mir gelungen, auf verschiedenen Wegen die Mittel hiefür

aufzutreiben. Diese Mittel kamen teils vom ERP-Fonds, teils von der luxemburgischen Regierung, die in außerordentlich entgegenkommender Weise mithalf, teils durch die Firma Swarovski, deren damaliger Juniorchef Daniel Swarovski dank seiner weit gespannten geistigen Interessen uns in wertvoller Weise unterstützte, und von anderen Spendern.

1950 wurde ein Architektenpreisausschreiben von uns gestartet, welches Vorschläge für den Bau des Kongreßhauses bringen sollte. Dieses Preisausschreiben, an dem eine größere Anzahl österreichischer Architekten teilnahm, darunter auch der später weit über Österreich hinaus bekannt gewordene Architekt Karl Schwanzer und unser enger Mitarbeiter im Österreichischen College, Architekt Hans Sobotka, gewann der junge moderne Architekt Ferdinand Kitt, dessen Entwurf in ausgezeichneter Weise die vom Österreichischen College gewünschten Notwendigkeiten mit der in Alpbach üblichen Bauweise vereinte. In den langen Jahren, in denen unser Kongreßhaus gebaut wurde – der Bau mußte immer wieder aus Geldmangel eingestellt werden – wurde Architekt Kitt zu einem unserer engsten Freunde und Mitarbeiter.

Als am 25. Mai 1951 die Dichterin Paula von Preradović starb, beschloß der Vorstand des Österreichischen College, das vor Baubeginn stehende Haus als Dank für die unterdessen weithin bekannt gewordene „Alpbacher Elegie" „Paula-Preradović-Haus" zu nennen. Anläßlich der Alpbacher Veranstaltungen von 1951 erschien zum ersten Mal ein österreichischer Bundespräsident in Alpbach, nämlich General Theodor Körner, und nahm den ersten Spatenstich zum Bau des Paula-Preradović-Hauses in Gegenwart des amerikanischen und des stellvertretenden französischen Hochkommissars vor. Im Jahr 1956 konnten wir dann erstmals das Paula-Preradović-Haus für unsere Tätigkeit benützen.

1951 brachte im übrigen zwei für unsere Arbeit der kommenden Jahre besonders wichtige Wissenschaftler erstmals nach Alpbach, nämlich den Naturwissenschaftler Max Hartmann und den Nationalökonomen Fritz Machlup. Beide wurden, wie schon erwähnt, schnell zu engen Freunden und wichtigen Mitarbeitern an unserer Arbeit.

Erstmals war auch ein Wissenschaftler in Alpbach, der zwar noch ziemlich unbekannt war, dem aber der Ruf voranging, interessante Methoden zur Erforschung der Problematik des tierischen Verhaltens erarbeitet zu haben. Er hieß Dr. Konrad Lorenz, hatte ein Haus in Greifenstein bei Wien und leitete in Alpbach eine Arbeitsgemeinschaft und hielt außerdem einen Vortrag. Dieser Wissenschaftler, damals Professor der Tierpsychologie an der Universität Münster, sollte in den folgenden Jahrzehnten einer der berühmtesten Gelehrten seiner Zeit werden und im Jahre 1973 den Nobelpreis erhalten.

Ein anderer bedeutender und schon sehr bekannter Wissenschaftler war der Forschungsleiter des C.-G.-Jung-Instituts in Zürich, Professor Karl Kerenyi, der einen Vortrag über „Die Wiederentdeckung der Mythologie" hielt und von nun an mehrmals nach Alpbach kommen und zusammen mit seiner Frau Magda bald zu unseren engen Freunden zählen sollte. Mit der Verbindung zur Familie Kerenyi wurde auch erstmals ein Kontakt zu den „Eranos"-Tagungen, die alljährlich in Ascona am Lago Maggiore abgehalten wurden und die sich vor allem mit kulturphilosophischen und psychologischen Fragen befaßten, hergestellt.

Das Wirtschaftsgespräch im Rahmen der Europäischen Gespräche wurde in diesem Jahr weiter ausgebaut und brachte Vorträge des Generalsekretärs der Benelux-Gruppe, Jaspar, des französischen Generaldelegierten beim Europarat, André Philip, und des damaligen Abgeordneten und späteren französischen Ministers, Maurice Schumann. Die Veranstaltung, die der „Koordination der europäischen kulturellen, politischen und wirtschaftlichen Institutionen" gewidmet war, wurde von Bundeskanzler Figl eröffnet und von Hendrik Brugmans durch einen Vortrag über die Frage „Gibt es eine europäische Geschichtsauffassung?" eingeleitet. Außerdem sprachen bei dieser sehr alpbacherischen, universalen Thematik der Herausgeber der „Frankfurter Hefte" und bedeutende deutsche Europapolitiker, Eugen Kogon, und der französische Intellektuelle Pierre Lyautey, der Sohn des Generalresidenten von Marokko und letzten großen französischen Kolonisators, Marschall Hubert Lyautey. Pierre Lyautey war durch sein Buch „Lyautey, l'Africain" über Frankreich hinaus bekannt geworden und sprach über ein Problem, das wenige Jahre später besonders aktuell werden sollte, nämlich über „Europäische Strukturen in Nordafrika und Besonderheiten einer Verständigung zwischen Mohammedanern und Franzosen innerhalb der wirtschaftlichen, sozialen und politischen Strukturen". Sozusagen am Vorabend des Endes der großen europäischen Kolonialreiche und, was Frankreich betrifft, wenige Jahre vor dém Beginn des blutigen Kampfes zwischen den pro- und antifranzösischen Gruppen Marokkos und des Aufstandes in Algerien einerseits und der so folgenschweren jahrelangen Auseinandersetzungen zwischen den Algerienfranzosen, der antigaullistischen, hauptsächlich von französischen Offizieren getragenen Geheimorganisation OAS (Organisation de l'Armée Secrète) und de Gaulle andererseits, stellte dieser Vortrag eine außerordentlich interessante Information über die Situation in den großen französischen Kolonialgebieten Nordafrikas dar.

Das Jahr 1951 schloß mit einer Lesung damals jüngerer europäischer Dichter ab. Und zwar lasen die Österreichin Ilse Aichinger, der Schweizer Friedrich Dürrematt, die finnische Dichterin Sinikka Kallio-Visapää und der deutsche Dichter Jürgen Rausch. Mit ihnen war bereits jene Dichtergeneration angetreten, die den literarischen Zugang zu den Dichtern der Nachkriegszeit öffnen sollte.

Das Jahr 1952 brachte die Befassung mit dem Historismusproblem, das nicht nur in einer Arbeitsgemeinschaft, gemeinsam getragen von den Professoren Carlo Antoni aus Rom, Paul Böckmann und Karl Löwith aus Heidelberg und dem jungen Wiener Historiker Adam Wandruszka, sondern auch in mehrtägigen Aussprachen über die Thematik des Historismus, dessen Krise und die Frage des Sinnes der Geschichte behandelt wurde. Während in der Bauernstube des Böglerhofs die großen

Historismusgespräche vor sich gingen, wurde im Gasthof Jakober unter der Leitung des berühmten Religionswissenschaftlers Mircea Eliade, des französischen Jesuiten Paul Henry und des uns „Alpbachern" schon wohlbekannten Mythologen und Psychologen Karl Kerenyi über „Mythos und Religion", Fragen der religiösen Symbolik und die Beziehungen zwischen Tiefenpsychologie und Religionsgeschichte, intensiv diskutiert.

Außerdem begann dieses Alpbach sich erstmals ausgiebig mit der Frage der Universitäten in Europa zu befassen. Vor allem die Bildungskrise der Universität und die ganzheitliche Funktion der europäischen Universitäten interessierte uns besonders. Der Bonner Philosoph Erich Rothacker, der Schwede Erik Loennroth, der Schweizer Donald Brinkmann und der Tscheche Jan Bělehrádek diskutierten unter der Leitung des Schweizers Hans Zbinden über diese Problematik.

Auf dem Platz vor der alten Alpbacher Kirche wurde Ernst Křeneks Oper „Orpheus und Eurydike" mit dem Text von Oskar Kokoschka konzertant in einigen Szenen aufgeführt und damit unsere erste Bekanntschaft – wenn auch zunächst noch nicht persönlich, sondern nur durch eines seiner Werke – mit Ernst Křenek eingeleitet.

1953 brachte wieder eine große Gruppe neuer bedeutender Wissenschaftler nach Alpbach, das sich mittlerweile in Westeuropa und auch in den USA den Ruf verschafft hatte, ein eigenartiges Zentrum europäischer Intellektueller zu sein, wo in undogmatischer und unorthodoxer Weise auf hohem Niveau wissenschaftlich gearbeitet wird und gleichzeitig Theoretiker und Praktiker einander gegenübergestellt werden. So war es wohl dieser gute Ruf, der es – trotz mancher Mängel, die Alpbach zweifellos anhaften und die oft deutlich hervortreten – erreichte, daß eine immer größere Zahl von Wissenschaftlern und Politikern uns mitteilten, daß sie gerne nach Alpbach kommen würden, um dort mitzuarbeiten.

Arnold Bergstraesser, der Kulturhistoriker und Soziologe, nach dem später in Deutschland ein eigenes Institut für wissenschaftliche Politik und Soziologie benannt werden sollte, den wir schon im Jahr 1952 kennen- und aufs höchste schätzengelernt hatten und der damals als Professor in Chicago und in Erlangen wirkte, leitete in diesem Jahr eine Arbeitsgemeinschaft zusammen mit dem Rektor der Hamburger Universität, Bruno Snell, dem bedeutenden Nationalismusfachmann Hans Kohn und dem jungen amerikanischen Dichter und Historiker Peter Viereck über „Die Idee des Menschen im Wandel der Geschichte". Der große Religionsphilosoph Paul Tillich, der über „Die christliche Lehre vom Menschen im Lichte der existentialistischen Problematik" gesprochen hatte, diskutierte nächtelang mit Bergstraesser sowie mit dem Jesuiten Jacques Mulders und den Philosophen Helmuth Plessner und Arnold Gehlen über die Bestimmung des Menschen in christlicher Sicht. Einer der heute bedeutendsten Wissenschaftler unserer Zeit, der Paläontologe Professor G. H. R. von Koenigswald von der Universität in Utrecht, entfachte mit seinem Vortrag über „Typen des Vormenschen" eine weitere Serie von Diskussionen im Rahmen des Generalthemas dieses Jahres: „Was ist der Mensch?" Koenigswald hatte, vor allem aufgrund seiner Funde in Java und seiner Zusammenarbeit mit dem berühmten, in Kenia geborenen und arbeitenden amerikanischen Paläontologen Louis Leakey, die direkte Abstammung des Menschen vom Affen widerlegt und auf die vielen Zwischenphasen in der Entwicklung des Menschen hingewiesen. Das war ein gefundenes Fressen vor allem für Theologen, Anthropologen und Philosophen. Als mir Koenigswald dann 1955 sein soeben erschienenes Buch „Begegnungen mit dem Vormenschen" sandte und ich es in zwei Nächten wie einen spannenden Kriminalroman las, wurde mir die große Bedeutung seiner Arbeiten vollends klar.

Die Dichterlesungen waren 1953 von Amerikanern und Engländern beherrscht, denn Wystan H. Auden, Nora Purtscher-Wydenbruck, Stephan Spender und Peter Viereck lasen aus eigenen Werken und besprachen die Persönlichkeit und das Werk T. S. Elliots.

Eine der stärksten Persönlichkeiten innerhalb der österreichischen Regierung zwischen 1945 und 1953 war der 1945 kaum sechsunddreißigjährige Außenminister Dr. Karl Gruber, ein Innsbrucker, den ich durch den Widerstandskampf kennengelernt hatte und der – zunächst als erster Landeshauptmann von Tirol bis zum Herbst 1945 – mich bei der Durchführung der ersten Alpbacher Veranstaltungen sowohl durch die Überlassung von Lebensmitteln aus einem im Alpbachtal von der SS angelegten Lager als auch durch die zeitweise Überlassung von zwei Personenautos höchst dankenswert unterstützt hatte. Als Minister hielt er immer wieder in Alpbach Vorträge über die internationale Lage und appellierte an die Alliierten, die Teilung Österreichs zu beenden. Als er aufgrund einer Auseinandersetzung mit Bundeskanzler Raab die Regierung verließ, verloren wir einen unserer besten Freunde in der Bundesregierung und Österreich einen der bedeutendsten Vorkämpfer für den Staatsvertrag zur Wiederherstellung der völligen Einheit und Freiheit des Landes.

Anläßlich der Zehnjahrfeier der Alpbacher Veranstaltungen im Sommer 1954 hatte Gottfried von Einem die Alpbacher Tanzserenade „Glück, Tod und Traum" geschrieben, deren Welturaufführung vor der Alpbacher Kirche in der Choreographie von Yvonne Georgi, der damals bedeutendsten deutschen Choreographin, erfolgte. Die Aufführung unter Einbeziehung der Kirche und des besonders schönen alten Alpbacher Dorffriedhofs, aus dem die Tänzer in schwarzen und weißen Kostümen auftauchten und nach der für das Jahr 1954 ziemlich radikal modernen Musik von Gottfried von Einem tanzten, machte einen außerordentlich starken Eindruck auf die vielen hundert rund um die Freiluftbühne auf den Balkonen der Bauernhäuser, im Gras und auf der kleinen Dorfstraße Sitzenden und Stehenden.

Aber auch ansonsten war dieser Sommer voll von interessanten Veranstaltungen. Zum ersten Mal kam Arthur Koestler nach Alpbach, um dann viele Jahre mehr oder weniger hier zu leben.

Im gleichen Jahr erfolgte in Alpbach, wie sich der spätere Leiter des Instituts für Zeitgeschichte, Professor Ludwig Jedlicka, ausdrückte, „die Geburt der Zeitgeschichte in Österreich" in Gestalt der von dem damals jungen Ludwig Jedlicka gemeinsam mit dem Deutschen Walter Rohn und dem italienischen Politologen und Politiker Altiero Spinelli geleiteten Arbeitsgemeinschaft „Probleme der politischen Einigung Europas von Versailles bis heute". Diese Arbeitsgemeinschaft, die den Zeitraum von 1919 bis etwa 1953 behandelte, gab Jedlicka, wie er mir sagte, den letzten, entscheidenden Anstoß, sich später ganz der Zeitgeschichte zu widmen. Im weiteren Verlauf seiner Befassung mit dieser Materie wurde er später der erste Ordinarius für Zeitgeschichte in Österreich.

Im selben Jahr sprachen Hayek, Popper, Friedrich Heer, Denis de Rougemont und Arthur Koestler zur Frage von Gegenwart und Wissenschaft, während Gottfried von Einem, Helmut Fiechtner, Rolf Liebermann, Nicolas Nabokov, Kurt Rapf, Oskar Fritz Schuh und H. H. Stuckenschmidt über das musikalische Theater der Mitte der fünfziger Jahre diskutierten.

Zum ersten Mal wurde in diesem Jahr ein großes Bankengespräch über „Die Bank – Eine Lebensader der europäischen Wirtschaft" durchgeführt. Es war der Anfang der von da an mit großem Erfolg alljährlich durchgeführten Alpbacher Bankenseminare, die jeden Sommer einen immer größeren Kreis von führenden Bankleuten der westlichen Welt versammeln. Der bedeutendste deutsche Bankier, Hermann Abs, der Präsident der Bank von Brüssel, Louis Camus, und der erste Generaldirektor der Creditanstalt der Zweiten Republik, Josef Joham, diskutierten unter der Leitung von Edmond Giscard d'Estaing, dem Präsidenten des französischen Komitees der internationalen Handelskammer und Vater des späteren französischen Staatspräsidenten Valerie Giscard d'Estaing.

Vom Jahr 1955 an erschienen in immer größerem Ausmaß bekannte Wissenschaftler, Künstler, Politiker und Wirtschaftsführer in Alpbach, während gleichzeitig auch die Zahl der Teilnehmer, die bis dahin seit 1948 pro Sommer zwischen 250 und 300 betragen hatte, merkbar stärker anstieg. Zwei bedeutende österreichische Politiker, die in den kommenden Jahren neben Finanzminister Kamitz zu den intellektuell wichtigsten Köpfen der österreichischen Bundesregierung zählen sollten, waren anläßlich der feierlichen Eröffnung der Alpbacher Veranstaltungen in diesem Jahr zum ersten Mal anwesend. Es waren dies der neue Unterrichtsminister Dr. Heinrich Drimmel und der Staatssekretär im Bundesministerium für Auswärtige Angelegenheiten, Dr. Bruno Kreisky. Beide waren nicht nur durch ihre geistige Potenz für Alpbach von Wichtigkeit, sondern unterstützten von da an die Alpbacher Veranstaltungen in jeder ihnen möglichen Weise. Der große Ernst, mit dem Minister Drimmel unsere Arbeit behandelte und viele Jahre an ihr teilnahm, und das starke Interesse, das Staatssekretär Kreisky, der mehrmals auch an Arbeitsgemeinschaften in Alpbach mitwirkte, unserer Problematik entgegenbrachte, stellten für uns eine höchst erfreuliche Tatsache dar. Dr. Kreisky hat dieses Interesse an der intellektuellen Arbeit in Alpbach auch später als Außenminister und dann als Bundeskanzler immer wieder unter Beweis gestellt.

Besonderes Interesse erweckten in diesem Jahr der bekannte Wiener Psychiater Prof. Dr. Hans Hoff und der deutsche Psychologe Alexander Mitscherlich, die einer Arbeitsgemeinschaft über die Frage von Körper und Seele in den medizinischen Theorien und über psychosomatische Arbeitshypothesen vorstanden, an der eine große Zahl von Ärzten, Psychologen und auch Philosophen teilnahm.

Zugleich leitete der italienische Kunsthistoriker Giulio Carlo Argan – von 1978 bis 1980 sollte er später als Unabhängiger auf einer kommunistischen Liste Bürgermeister von Rom sein – eine Arbeitsgemeinschaft über „Idee und Werk in den bildenden Künsten", die sich vor allem mit den Kunsttheorien der Moderne vom Impressionismus zum Kubismus und zum Neuklassizismus befaßte.

Eine weitere große Arbeitsgemeinschaft über „Idee und Realität der europäischen Einigungsbestrebungen" stand unter der Leitung von Eugen Kogon, dem Herausgeber der „Frankfurter Hefte", sowie einem meiner besten Freunde, dem hochbegabten Herausgeber der deutschen Zeitschrift „Europa-Archiv", Spiritus rector der deutschen Gesellschaft für Außenpolitik und gebürtigen Österreicher Wilhelm von Cornides, und dem Internationalen Sekretär der holländischen Partei der Arbeit, Alfred Mozer. In dieser Arbeitsgemeinschaft sowie auch in einigen der damit zusammenhängenden Vorträge zeigte sich immer mehr die Bestrebung Alpbachs, die Einigung Europas voranzutreiben und diesbezüglich neue Ideen zu entwickeln und Anstöße zu geben.

Die dominierende Veranstaltung des Jahres 1955, das unter dem Generalthema „Erkenntnis und Aktion" stand, war aber die große Plenarveranstaltung „Die pädagogische Aufgabe der Universität". Hier hielten Minister Drimmel, der bedeutende Psychologe der Universität Utrecht, M. J. Langeveld, und Arnold Bergstraesser sowie ich selbst die Hauptvorträge neben mehreren anderen Referaten. Es ging hier darum, eine Analyse der Situation der europäischen Universitäten durchzuführen, deren Problematik sozusagen in vorbereitender Weise schon im Sommer 1952 behandelt worden war. Dabei sollten die pädagogischen Aufgaben umrissen und Vorschläge für eine grundlegende Reform der europäischen Universitäten ausgearbeitet werden. Neben der öffentlichen Plenarveranstaltung vor dem gesamten Plenum fand eine mehrstündige Klausurkonferenz zwischen den Vortragenden und einigen weiteren Fachleuten, darunter dem pädagogisch höchst erfahrenen Leiter der Studienstiftung des deutschen Volkes, Heinz Haerten, statt, in der ein Grundlagenpapier zu dieser Thematik entwickelt wurde. Es ging vor allem darum, die Arbeit der Universitäten in Europa aufzulockern, kleinere und lebendigere Seminare zu fordern und insbesondere ein Studium generale auch an den technischen und sonstigen Spezialhochschulen in die Wege zu leiten. Die von dieser Veranstaltung ausgehenden

Einflüsse und Anregungen haben zweifellos Einfluß auf die Entwicklung der Universitäten in verschiedenen europäischen Ländern, insbesondere aber im deutschsprachigen Raum, genommen.

Einige Tage später versammelte eines der größten bis dahin durchgeführten Wirtschaftsgespräche über die Thematik des gemeinsamen Marktes und das Kernproblem der Wirtschaftsintegration Europas den ehemaligen italienischen Ministerpräsidenten Giuseppe Pella, der damals Präsident der Gemeinsamen Versammlung der Europäischen Gemeinschaften war, sowie René Sergent, den Generalsekretär der OEEC, der Vorläuferorganisation der heutigen OECD, den deutschen Bundesminister Hans-Joachim von Merkatz, den österreichischen Finanzminister Reinhard Kamitz und den bekannten spanischen Wirtschaftstheoretiker Jesus Prados-Arrarte zu Vorträgen und einer großen Diskussion.

Der folgende Sommer des Jahres 1956 war für uns auch insofern interessant, als unser alter Freund und langjähriger studentischer Mitarbeiter Paul Feyerabend erstmals selbst eine Arbeitsgemeinschaft in Alpbach leitete, und zwar über die Thematik „Stetige und unstetige Veränderungen in der Natur". Paul Feyerabend war seit einiger Zeit Lektor an der Universität Bristol, und wir alle freuten uns, daß er sozusagen als werdender Universitätsprofessor nach Alpbach zurückkehrte, nachdem er so viele Jahre als Student durch seine Diskussionen die Philosophen in Alpbach in Atem gehalten hatte.

Im selben Jahr leiteten Gottfried von Haberler und Carlo Argan wieder Arbeitsgemeinschaften, während im Rahmen der kulturellen Veranstaltungen die junge Pianistin Gertrud Spat-Pfaundler mit einem ausgezeichneten Konzert Aufsehen erregte.

1957 war gekennzeichnet durch das erstmalige Erscheinen des berühmten deutschen Philologen und Soziologen Theodor Adorno und des deutschen Staatssekretärs im Auswärtigen Amt und späteren ersten Präsidenten der Europäischen Gemeinschaften, Walter Hallstein. Der außerordentlich vielseitige Adorno, der nicht nur Philosoph und Soziologe, sondern auch Musiktheoretiker war, sprach über ein Musik und Philosophie umfassendes Thema, nämlich „Die Funktion des Kontrapunktes in der neuen Musik – Zum Verhältnis künstlerischer Technik und philosophischer Problematik". Die darauffolgende Diskussion zwischen Musiktheoretikern und Philosophen, an der aber auch Soziologen und viele Musiker teilnahmen, stellte ein wirkliches Unikum im Rahmen der vom Sommer 1981 aus gesehenen bisherigen 36 Alpbacher Veranstaltungen dar. Der außerordentlich gescheite und umfassend gebildete und interessierte Adorno, der noch mehrmals in Alpbach anwesend war und zusammen mit Max Horkheimer die sogenannte „Frankfurter Schule" der Philosophie und Soziologie an der Frankfurter Universität begründete, war immer wieder eine unerschöpfliche Quelle interessanter und umfassender Diskussionen in größeren und kleineren Kreisen.

Außerdem hatte in diesem Jahr Walter Hallstein mit dem Titel seines Vortrags „Klein- und Großeuropa" eine faszinierende Debatte über die

Der Student und später bekannte Philosoph Paul Feyerabend bei einer der zahlreichen Diskussionen im kleinen Kreis. (Photo Pfaundler.)

Rechts: Die beiden bedeutendsten Bankiers ihrer Zeit in Österreich und in der Bundesrepublik (von links nach rechts): Josef Joham und Hermann Abs. Abs gründete das Deutsche Nationalkomitee für das Europäische Forum Alpbach. Dahinter Guido Schmidt, Österreichs letzter Außenminister vor dem Einmarsch Hitlers. (Photo Pfaundler.)
Unten: Der französische katholische Dichter und Philosoph Gabriel Marcel in der Buchausstellung. (Photo Pfaundler.)

Helmut Qualtinger – noch ziemlich unbekannt – bei einem Alpbacher Abendgespräch. (Photo Pfaundler.)

Der Philosoph, Soziologe und Mitbegründer der „Frankfurter Schule" Theodor Adorno und die Wiener Journalistin Barbara Coudenhove-Kalergi. (Photo Pfaundler.)

Ballettprobe auf dem Friedhof zu Gottfried von Einems „Alpbacher Tanzserenade". (Photo F. M. Salus.)

Erstes Notenblatt der „Alpbacher Tanzserenade". (Photo F. M. Salus.)

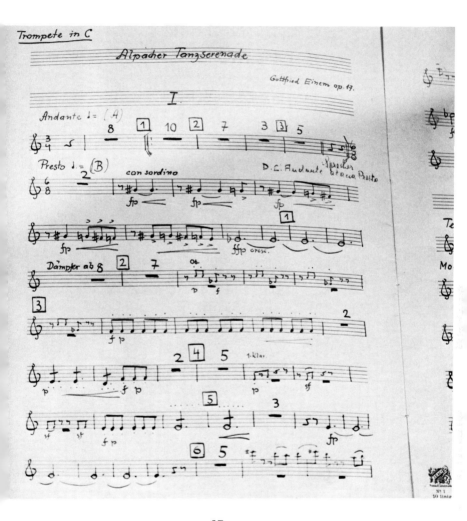

Der marxistische Philosoph Ernst Bloch mit seiner Frau auf dem Balkon vor dem Böglerhof. (Photo F. M. Salus.)

Hans Albert, deutscher Philosoph und wissenschaftlicher Hauptberater des Österreichischen College, mit dem Psychologen Norbert Bischof. (Photo F. M. Salus.)

Der französisch-österreichische Schriftsteller und Dichter Manès Sperber (im weißen Anzug) neben seiner Frau bei einer Alpbacher Dichterlesung. (Photo Österreichisches College.)

Auf der Balustrade sitzend Georg Zimmer-Lehmann, Generalsekretär des Österreichischen College, verantwortlich für die Alpbacher Wirtschaftsgespräche. (Photo F. M. Salus.)

Bundeskanzler Josef Klaus bei einer Gedenkfeier für Nobelpreisträger Erwin Schrödinger auf dem Alpbacher Friedhof. Dahinter Botschafter Willfried Gredler, Otto Molden und Fritz Czerwenka. (Photo Österreichisches College.)

Bundeskanzler Bruno Kreisky und der damalige luxemburgische Ministerpräsident Gaston Thorn. (Photo Österreichisches College.)

Oben: Österreichische Dichter: Peter Turrini mit Frau und Peter Henisch. (Photo Alpenbild.)
Unten: Moshe Efratis israelisches Experimentalballett bei einer Vorführung im Saal des Hotels Alpbacher Hof. (Photo Alpenbild.)

Anläßlich der Dreißigjahrfeier des Europäischen Forums Alpbach enthüllt der Tiroler Landeshauptmann Wallnöfer, der sich vielfach für das Werk von Alpbach einsetzte, eine Gedenktafel am Hotel Böglerhof. (Photo Österreichisches College.)

Zusammenkunft der „Alt-Alpbacher" anläßlich der Dreißigjahrfeier (von links nach rechts): Univ.-Prof. Zdarzil, Staatsopernsängerin Laurence Molden-Dutoit, Denis de Rougemont, Maria Meinl-Gerngroß, Otto Molden, Elisabeth („Pippa") Waltz-Urbancic, Univ.-Prof. Simon Moser, Bundesminister Hertha Firnberg und (stehend) Jean Courtois. (Photo Österreichisches College.)

Problematik der kommenden Europäischen Gemeinschaften sozusagen als Nukleus innerhalb eines größeren europäischen Raumes ausgelöst. Daneben sprach Arthur Koestler über „Literatur und Ideologie", und Eugen Kogon entwickelte die Frage der „Modernen Demokratie als produktive Utopie", die in einer umfassenden Diskussion zusammen mit den Thesen von Koestler behandelt wurde.

In Verbindung mit diesen beiden Vorträgen, wenn auch unabhängig davon, stand die Diskussion über den Vortrag des berühmten französischen Dichters und Philosophen Gabriel Marcel, der die Frage von „Philosophie und Drama im Bereich des Mythos" behandelte, während der Österreicher Ernst Topitsch über „Mythos und Staat in den archaischen Hochkulturen" sprach. Topitsch, der bereits als junger Wissenschafter immer wieder in Alpbach war, hatte unterdessen eine Professur für Philosophie an der Universität Wien bekommen und begann seine Laufbahn, die ihn zu einem der wichtigen Philosophen im deutschen Sprachraum machen sollte.

Im Jahr 1957 bezogen wir zum ersten Mal in größerem Umfang die außerordentlich schöne Alpbacher Dorfkirche, einen gotischen Bau, der aber innen ganz barockisiert wurde, in unsere Veranstaltungen ein. Der schon ziemlich bekannte Organist Anton Heiller und die junge, ausgezeichnete lyrische Sopranistin der Wiener Staatsoper, Laurence Dutoit, führten gemeinsam in der Kirche Werke von Buxtehude, Scheidt, Schütz und Bach auf. Dieses erste Konzert hatte einen solchen Erfolg, daß Anton Heiller und Laurence Dutoit in den darauffolgenden Jahren mehrmals geistliche Musikabende in der Alpbacher Kirche veranstalteten.

Ein weiterer Abend stellte eine Reihe im Kommen begriffener junger österreichischer Komponisten vor: darunter befanden sich unter anderem Gösta Neuwirth, Otto Zykan, Erich Urbanner, Anestis Logothetis und Friedrich Cerha, während Robert Wallenborn einen Klavierabend mit Werken von Hindemith und Strawinsky gestaltete.

Die Sommer 1958 und 1959, die die Generalthemen „Bilanz der Freiheit" und „Politik und Kultur" behandelten, führten eine Reihe der in den vorangegangenen Jahren in Alpbach gewesenen Mitarbeiter wieder in das Tiroler Dorf. Außerdem traten in diesen Jahren mehrere für uns bis dahin noch unbekannte Wissenschafter und Politiker in Alpbach auf. Zum ersten Mal führte zusammen mit Karl Popper der Londoner Philosoph J. W. Watkins eine Arbeitsgemeinschaft durch, während der bekannte französische Soziologe Alain Touraine, der in den folgenden beiden Jahrzehnten einer der bedeutendsten Soziologen Frankreichs werden sollte, ebenfalls eine Arbeitsgemeinschaft übernommen hatte.

Die eigentliche Grundlagenproblematik für das Freiheits-Thema wurde von dem Seminar „Was ist Freiheit?" behandelt, das der überaus diskussionsfreudige, junge Göttinger Philosoph Hermann Wein leitete. Er versuchte den Freiheitsbegriff im philosophischen Denken dieser Jahre, insbesondere mit Bezug auf Sartre, Camus, Malraux, Karl Jaspers und Arnold Gehlen, zu behandeln. Die Freiheit als Gefahr der Verführung zur Unfreiheit und die Flucht vor der Freiheit wurden als zwei Möglichkeiten insbesondere der Versuchung des Intellektuellen dargelegt und an mehreren Abenden diskutiert. Niemand wußte damals, wie aktuell diese Fragen in den folgenden Jahrzehnten werden sollten und wie prophetisch die Warnung vor dem Mißbrauch der Freiheit war.

1958 erschienen auch zum ersten Mal in größerer Zahl italienische Wissenschaftler in Alpbach. So leiteten Franco Lombardi und Guido Calogero eine Arbeitsgemeinschaft über den Begriff der Freiheit als Spezifikum der antikeuropäischen Tradition, während Rosario Assunto ein Seminar über die Freiheit in der Literatur durchführte. Vincenzo Piano Mortari hatte eine Arbeitsgemeinschaft über Freiheit und Gerechtigkeit übernommen. Über die gleiche Problematik der Freiheit vom Politischen her gesehen sprachen der französische Innenminister Maurice Faure und der Präsident der Kommission der Europäischen Wirtschaftsgemeinschaft, Walter Hallstein, während Ernst Topitsch die Freiheit der Forschung in den fünfziger Jahren analysierte.

Fast nahtlos ging die Problematik des Jahres 1958 in die des Jahres 1959 über, wenn auch diesmal der Schwerpunkt mehr auf Politik und Kultur lag. Erstmals kam in diesem Jahr der zweite der beiden führenden Köpfe der Frankfurter Schule – nachdem Theodor Adorno schon mehrmals in Alpbach gewesen war –, nämlich Max Horkheimer, nach Alpbach, um die Leitung der Arbeitsgemeinschaft über „Die Rolle des Politischen im spekulativen Denken Europas" zusammen mit dem schon im vergangenen Jahr in Alpbach gewesenen italienischen Moralphilosophen Franco Lombardi, zu übernehmen. Horkheimer, der zu den bedeutendsten deutschen Philosophen und Soziologen in der Mitte dieses Jahrhunderts zählte, war nach seiner 1933 erfolgten Emigration aus Deutschland im Jahr 1934 Direktor des Institute of Social Research in New York geworden und einige Jahre nach dem Kriegsende wieder nach Deutschland zurückgekehrt. Seit 1949 war er erneut Professor an der Frankfurter Universität, lehrte aber zugleich in Chicago. Vor allem auf Schopenhauer, Freud und Marx basierend, entwickelte er, zeitweise in Zusammenarbeit mit Theodor Adorno, eine kritische Gesellschaftstheorie und Anthropologie. Knapp zehn Jahre später sollte die Frankfurter Schule, ebenso wie Herbert Marcuse, geistig starken Einfluß auf die antiautoritäre Studentenrevolte der späten sechziger Jahre in Frankreich und Deutschland ausüben.

In diesem Jahr wurde in Alpbach auch erstmals ausführlich auf eine damals neu heraufsteigende Frage hingewiesen, die später zu einem der politisch und wirtschaftlich wichtigsten Probleme der Welt werden sollte, nämlich auf die Problematik der Entwicklungsländer. Mit der fortschreitenden Entkolonialisierung vor allem weiter Teile Afrikas, die im Jahr 1960 ihren Höhepunkt erreichte, mußte die Frage der technischen und wirtschaftlichen Hilfe für die plötzlich unabhängig gewordenen Gebiete höchst aktuell erscheinen. Wir widmeten daher eines der „Europäischen Gespräche" diesem Problemkreis. Im Vordergrund stand die westliche Wirtschaftshilfe für die Entwicklungsgebiete. Der damalige österreichische Handelsminister Fritz Bock, Finanzminister Kamitz und einer der bekanntesten Politiker Westeuropas zwischen 1935 und 1960, der belgische Ministerpräsident, mehrmalige Außenminister und Vorkämpfer der europäischen Einigung, Paul van Zeeland, sowie Dr. Zimmer-Lehmann hielten Referate, denen eine intensive Diskussion über dieses vielen damals noch fast unbekannte Thema folgte.

Am 26. August 1959 wurde, wie schon einige Male in früheren Jahren, einigen besonders um unsere Arbeit verdienten Mitarbeitern im Paula-Preradović-Haus die Goldene Ehrennadel des Österreichischen College verliehen. Mit vielen anderen nahm auch Arthur Koestler an dieser Feier teil, obwohl er selbst als „junger Alpbacher", das heißt als erst wenige Jahre Mitwirkender, keine Ehrennadel erhalten hatte. Anschließend kam er zu mir und überreichte mir ein Buch. Ich nahm an, es sei ein neues, soeben erschienenes Werk von ihm, schaute kurz hinein und sah, daß er hineingeschrieben hatte „Otto Molden zur Abendlektüre, Arthur Koestler, Alpbach, am 26. 8. 1959". Als ich es einige Stunden später tatsächlich „zur Abendlektüre" benützen wollte, bemerkte ich, daß es – in japanischer Sprache gedruckt war. Es war die wenige Wochen vorher erschienene japanische Übersetzung von Koestlers weltbekanntem, 1941 erschienenem Werk „Darkness at Noon", das 1948 unter dem Titel „Sonnenfinsternis" auch in deutscher Sprache publiziert worden war. Neben „Der Yogi und der Kommissar" und „Diebe in der Nacht" galt es als sein bedeutendstes Werk. Da Koestler natürlich wußte, daß ich kein Wort Japanisch verstand, war die „Abendlektüre" ein humorvoller Reinfaller für mich. Zum Trost hatte er mir aber auf der leeren Rückseite ein Poem in deutscher Sprache gewidmet, das die Verleihung der Ehrennadeln behandelte. Immerhin ein – da soeben geschriebenes – bis dahin zweifellos unveröffentlichtes, lustiges Koestler-Gedicht:

Bei feierlichem Kerzenschein
Zog die alte Garde ein.
Die kriegte Orden, alle golden,
Überreicht von Otto Molden.
Das Gesicht voll Neid und Trauer,
Stand dabei der Koestler-Bauer,
Weil er erst nach 15 harten
Jahren gleiches darf erwarten.
Dann ließ ich armer Tropf, schon blau,
Auf ein Gespräch mich ein sehr schlau.
Und fragte einen, der seriös
Die Mähne schwenkte, ziemlich bös:
Wer bist denn Du, Du Schelm, Du loser?
Ich bin Professor Simon Moser.
Das Klassische ist mir geläufig
Darum zitiere ich auch häufig
Vergilius und Cicero
Zur Hebung vom Gesamtniveau.

Wir alle waren das Durch-den-Kakao-Ziehen schon von den meist sehr lustigen Schlußfesten, die seit 1945 fast jeden Alpbacher Kongreß abschlossen, gewohnt. Insbesondere Simon Moser und ich, aber auch viele andere unserer Mitarbeiter, wurden dabei mit Witzen und oft scharfen, aber immer lustigen Bemerkungen bedacht. So lachten Simon Moser und ich auch selbst am allermeisten über die „Abendlektüre" und den „losen Schelm". Die Väter der Schlußfeste waren zumeist Willfried Gredler, der auch als Österreichs Vertreter in Straßburg und später in Bonn den Humor keineswegs verlor, sowie Hannes Kar – dessen blendende Fernsehfilme über Alpbach zu den besten Dokumentationen über unsere Symposien gehören – und mein Bruder Fritz, der mit seinem unerschöpflichen Schatz an Witzen auch das seriöseste Publikum stundenlang unterhalten kann.

Am 1. März 1960 hatte ich, wie schon erwähnt, meine Funktion als Präsident des Österreichischen College zurückgelegt, da ich einige Monate vorher die „Europäische Föderalistische Partei Österreichs" gegründet hatte und zu deren Parteiobmann gewählt worden war. Mein Freund und engster Mitarbeiter Alexander Auer übernahm nun die Leitung des Österreichischen College. Ich selbst nahm zwar in den folgenden zehn Jahren manchmal nur einige Tage an den Alpbacher Veranstaltungen teil, verfolgte deren Entwicklung aber ganz genau.

Die Jahre 1960 bis 1963 brachten auf musikalischem Gebiet vor allem das Erscheinen des berühmten österreichischen, aber in Amerika lebenden Komponisten Ernst Křenek und des ebenfalls sehr bekannten Komponisten und Musikwissenschaftlers Egon Wellesz. An einem Liederabend, der zu den musikalischen Höhepunkten der Alpbacher Veranstaltungen zählte, sang der bekannte Wiener Opernsänger Julius Patzak aus Ernst Křeneks Werk „Reisetagebuch aus den österreichischen Alpen", Anton Heiller und Laurence Dutoit trugen in der Kirche Werke von Paul Hindemith, Johann Nepomuk David und Anton Heiller vor. Das musikalische Hauptereignis dieser Jahre war aber der Ballettabend, an dem vor der Alpbacher Kirche das soeben von Ernst Křenek geschaffene „Alpbach-Quintett" unter persönlicher Leitung des Komponisten in der Choreographie von Yvonne Georgi uraufgeführt wurde. Am gleichen Abend erfolgte die Wiederaufführung von Gottfried von Einems zur Alpbacher Zehnjahrfeier geschriebener „Alpbacher Tanzserenade", ebenfalls in der Choreographie von Yvonne Georgi. Wir alle waren sehr glücklich darüber, daß zwei der bedeutendsten österreichischen Komponisten, die in der ganzen Welt Ansehen genossen, aufgrund ihrer Zuneigung zu unserem Werk von Alpbach eigene Kompositionen für uns verfaßt hatten.

Ernst Křeneks erstmalige persönliche Anwesenheit in Alpbach war allerdings schon 1960, zwei Jahre vor der Uraufführung seines „Alpbach-Quintetts", erfolgt und hatte ihn zu dieser Komposition veranlaßt. Er hatte damals zusammen mit den bekannten Soziologen René König und Alphons Silbermann eine Arbeitsgemeinschaft über „Sprache – Gesellschaft – Musik" durchgeführt, in der die drei Wissenschaftler – Křenek war damals Professor der Musikwissenschaft in Kalifornien – versuchten, den Standpunkt des schaffenden und ausübenden Künstlers gegenüber der Gesellschaft zu erläutern, wobei die Gesamtgesellschaft in eine kleine produzierende und eine große konsumierende Gruppe geteilt wurde.

Im Bereich der wissenschaftlichen Arbeit dieser Jahre war es vermutlich der Problemkreis, der sich mit den Fragen von Wissenschaft und Zukunft und der Wissenschaft als Instrument zur Vorhersage und zur Gestaltung der Zukunft befaßte, der am meisten die Gemüter bewegte und zu mehrere Jahre hindurch weiterverfolgten Diskussionen führte. Hier leitete der bekannte Philosoph Herbert Feigl, der dem sogenannten „Wiener Kreis" um Moritz Schlick angehört hatte und der durch seine Identitätstheorie versuchte, die Zusammenhänge von psychischen Eindrücken und physischem Verhalten zu erklären, zusammen mit W. W. Bartley von der London School of Economics eine Arbeitsgemeinschaft. Das Hauptziel der beiden Philosophen war es, die Grundlogik und Methodologie vor allem unter Berücksichtigung der Fragen der wissenschaftlichen Vorhersage und der etwaigen zukünftigen Entwicklung der reinen und angewandten Wissenschaften zu behandeln. Die Kriterien der Rationalität, die Probleme der induktiven Folgerung, die Vorhersage und Extrapolation in den Natur- und Sozialwissenschaften, die Struktur der wissenschaftlichen Theorien und schließlich der Zusammenstoß der zukünftigen Technologie mit den menschlichen Verhältnissen standen im Mittelpunkt ihrer Erörterungen. Insbesondere Herbert Feigl machte mit seiner spontanen und explosiven Art ebenso wie durch sein außerordentlich großes Wissen starken Eindruck vor allem auf die jüngeren Teilnehmer.

Herbert Feigl führte im darauffolgenden Jahr, 1964, in einer Arbeitsgemeinschaft, die sich vor allem mit Grundlagenforschung und Einzelforschung befaßte, gemeinsam mit Paul Feyerabend, der unterdessen Professor für Philosophie und Wissenschaftstheorie an der Universität von Kalifornien in Berkeley geworden war, in mancher Hinsicht die Diskussionen des vergangenen Jahres fort. Diesmal standen allerdings die Grundprinzipien und Kriterien der wissenschaftlichen Forschung mit besonderer Berücksichtigung der modernen Physik sowie die Logik der wissenschaftlichen Erklärung und der Aufbau der Theorien im Mittelpunkt der Erörterungen der beiden Philosophen.

Parallel zu dieser Arbeitsgemeinschaft behandelte ein anderes Seminar die Fragen von Materialismus, Idealismus und Positivismus. Der damals noch kaum bekannte polnische marxistische Philosoph und Kritiker der katholischen Dogmatik an der Universität Warschau, Jeszek Kolakowski, der – nachdem er 1968 aus Polen nach Kanada emigriert war – in der zweiten Hälfte der siebziger Jahre zu einem der bekannten politischen Philosophen der Gegenwart und zu einem der radikalsten Kritiker des Marxismus und der kommunistischen Staaten werden sollte, leitete die oben genannte Arbeitsgemeinschaft zusammen mit dem Göttinger Privatdozenten Harald Delius und dem Philosophen Günther Rohrmoser von der Pädagogischen Hochschule in Münster in Westfalen.

Das Problem Materialismus, Idealismus und Positivismus stand während dieser Veranstaltung auch im Mittelpunkt einer großen zweitägigen Round-table- und Plenardiskussion, zu deren Beginn der erstmals in Alpbach erschienene berühmte marxistische Philosoph Ernst Bloch, der damals Professor in Tübingen war, zusammen mit Herbert Feigl das Wort ergriff.

Ernst Bloch – er war damals neunundsiebzig Jahre alt –, dessen große Gestalt mit dem eindrucksvollen Kopf, der von dichten weißen Haaren wie von einer Mähne umgeben war, seine bedeutende Persönlichkeit eindrucksvoll unterstrich, besaß eine starke Ausstrahlung. Bloch war als überzeugter Kommunist 1933 ins Exil gegangen, und zwar in die USA. 1948 hatte er dann eine Lehrkanzel in Ostdeutschland an der Universität Leipzig übernommen. Da er sich trotz seiner marxistischen Überzeugung nicht liniengetreu verhielt, wurde er von den DDR-Behörden zur Emeritierung gezwungen und ging 1961 in die Bundesrepublik Deutschland. Von da an lehrte er bis zu seinem Tod im August 1977 in Tübingen. Seine marxistische „Philosophie der Hoffnung" war ebenso von Aristoteles und Hegel wie von jüdischen religiösen Ideen beeinflußt. Natürlich gab es nicht nur bei den offiziellen Diskussionen, sondern auch im kleinen Kreis ständig heftige Debatten mit Bloch. Eine der interessantesten war zweifellos die mit Arthur Koestler, der als junger Mann ein begeisterter Kommunist gewesen, aus Idealismus 1932 als Traktorführer in die Sowjetunion gegangen war und schließlich als Journalist auf der Seite der Republikaner und Kommunisten im Spanischen Bürgerkrieg kämpfte. Er hatte sich 1938, da er allzuviel kommunistische inhumane Wirklichkeit und politische Realität erlebt hatte, vom Kommunismus abgewandt und war nach dem Hitler-Stalin-Pakt 1939 zum heftigen Antikommunisten geworden.

Über das Gespräch zwischen Ernst Bloch und Arthur Koestler im August 1964 berichtet der dritte Teilnehmer an dieser Aussprache, Alexander Auer:

„Über Wunsch von Arthur Koestler habe ich den anläßlich eines Vortrages in Alpbach anwesenden Ernst Bloch zu einem ersten Kennenlernen zu Koestler begleitet. Zwischen Bloch und Koestler bestand ein sehr deutliches Mißtrauen, das sich vor allem aus ihrer politischen Vergangenheit ableitete. Sowohl Bloch wie Koestler waren in den zwanziger und frühen dreißiger Jahren überzeugte Kommunisten gewesen, wobei Koestler ja bekanntlich sogar mehrere Jahre in der Sowjetunion zubrachte und von dort aus nach Spanien ging, um im Rahmen der internationalen Brigaden auf republikanischer Seite mitzukämpfen.

Bei dem nun stattfindenden Gespräch, das von Koestlers Seite von allem Anfang an in ziemlich aggressiver Haltung geführt wurde, warf Koestler Bloch vor allem vor, daß er trotz seiner Erfahrungen mit dem Stalinismus sich nicht gänzlich vom Marxismus gelöst hätte. Besonders nach der großen Tschiska hätte Bloch doch erkennen müssen, daß sich die sowjetische Form des Marxismus in eine totalitäre Tyrannei verwandelt hätte. Es sei daher unerklärlich und nach Koestlers Auffassung unverantwortlich von Bloch gewesen, nach dem Ende des Zweiten Weltkrieges in ein Land – nämlich die DDR – zurückzukehren, dessen Regime sich den Stalinismus zum Vorbild genommen habe. Außerdem gab Koestler seiner Verwunderung darüber Ausdruck, daß Ernst Bloch es nicht vorgezogen habe, als er Nazi-Deutschland verließ, in die Sowjetunion auszuwandern, statt nach den USA zu gehen. Offenbar hätte er doch, zumindest dort, wo es um seine eigene Person gehe, Bedenken gehabt, sich der Gefahr einer Liquidierung auszusetzen.

Bloch widersprach diesen Angriffen in sehr dezidierter, aber durchaus höflicher Form. Zunächst bemerkte er, daß er deshalb in die USA gegangen sei, weil er von dort eine Einladung zur Arbeit erhalten hätte. Ein derartiges Angebot sei ihm niemals von irgendeiner sowjetischen Stelle gemacht worden, und deshalb hätte er gar keine Veranlassung gehabt, in den dreißiger Jahren in die Sowjetunion zu übersiedeln. Das Argument der Beweiskräftigkeit der großen Tschiska bezüglich der unter Stalin herrschenden Rechtlosigkeit in der Sowjetunion wies Bloch mit der Bemerkung zurück, er hätte zur Zeit der Tschiska von diesen Vorgängen nur durch die bürgerliche amerikanische Presse Kenntnis erhalten, was in ihm den Eindruck hervorgerufen habe, daß es sich bei der Darstellung dieser Vorgänge um eine nicht wahrheitsgemäße Darstellung des Klassenfeindes gehandelt habe. Eine verläßliche marxistische Analyse dieses Geschehens gäbe es bis heute nicht, weshalb Bloch die Meinung vertrat, man müsse in der Beurteilung des gesamten Vorganges sehr vorsichtig und zurückhaltend sein. Im Grundsätzlichen trat er aber vor allem der Koestlerschen These entgegen, daß die stalinistische Entartung eine notwendige Entwicklungsrichtung der marxistischen Herrschaft in der Sowjetunion gewesen sei. Bloch betonte demgegenüber seinen Standpunkt, daß man nicht aus einer bestimmten, durch spezielle historische Bedingungen hervorgerufenen Entwicklung des Marxismus den Schluß ziehen dürfe, daß diese zwangsläufig auch unter anderen Verhältnissen eintreten müsse. Er hielte nach wie vor den Marxismus für die einzig richtige Grundlage seiner politischen Haltung, eine Auffassung, an der er auch nach seiner Emigration aus der DDR festhalte.

Ganz im Gegenteil zu Koestler sieht Bloch das Phänomen des Stalinismus gerade dadurch bedingt, daß man in der Sowjetunion den marxistischen Weg verlassen habe. Was heute als sowjetische Form des Marxismus gelte, hätte mit dem Marxismus fast gar nichts mehr zu tun. Eine Renaissance des Marxismus könne nur außerhalb des sowjetischen Machtbereichs vollzogen werden, wobei man die Hoffnung nicht aufgeben dürfe, daß dieser reformierte Marxismus irgendwann einmal auch in der Sowjetunion bzw. in derem Machtbereich wieder zu Einfluß kommen werde.

Demgegenüber vertrat Koestler seinen schon von Beginn des Gespräches an sehr nachdrücklich geäußerten Standpunkt, daß in einer freien Gesellschaft die Alleinherrschaft irgendeiner Ideologie – sei es nun der Marxismus oder sonst eine Richtung – nicht wünschenswert sei und daß eben die Freiheit nur in einem weltanschaulichen Pluralismus möglich sei.

Das Gespräch schloß eher frostig, ohne daß einer der beiden Gesprächspartner dem Standpunkt des anderen nähergekommen zu sein schien."

Im Herbst des Jahres 1964 war Alexander Auer, da er in das Bundesministerium für Auswärtige Angelegenheiten eintrat, als Präsident des Österreichischen College zurückgetreten. An seiner Stelle übernahm Dr. Felix Pronay die Leitung des Österreichischen College.

1966 behandelte, nachdem sich Alpbach 1965 mit dem Problemkreis „Europa und die Vereinigten Staaten von Amerika" befaßt hatte, die Problematik „Gesellschaft versus Wissenschaft". Die große Diskussion über den Marxismus, die die Veranstaltung von 1964 durch die Anwesenheit Ernst Blochs beherrscht hatte, wurde nun in etwas anderer Form weitergeführt. Es war Herbert Marcuse, der damals an der Universität von Kalifornien in La Jolla lehrte und der mit dem ausgezeichneten österreichischen Hegelkenner Professor Erich Heintel und dem Prager Philosophen Jindrich Zeleny über die Frage „Hegel zwischen Ost und West" diskutierte. Er dominierte die Veranstaltung zumindest in ihren philosophisch-politologischen Sektoren. Das Problem, warum Hegel im Marxismus wieder aktuell wurde, sowie die marxistische Hegelkritik und die Theorien vom revolutionären Bruch im Denken des 19. Jahrhunderts waren die Grundlagen dieser Arbeitsgemeinschaft.

Herbert Marcuse, der 1898 in Berlin geboren war, war 1933 zuerst nach Genf und dann nach New York emigriert und hatte von da an ständig an amerikanischen Universitäten gelehrt. Zugleich gehörte er aber auch der Frankfurter Schule Horkheimers und Adornos an. Er unterschied sich allerdings von seinen Kollegen in der Frankfurter Schule sowohl durch sein starkes Interesse an Heidegger als auch durch seine ständigen Aufrufe zu praktischer politischer Tätigkeit. Seine Kriegserklärung gegen den Spätkapitalismus versuchte er durch die Verwendung verschiedener Gedanken von Freud, die, wie er meinte, der Entlarvung des Kapitalismus dienen sollten, zu bereichern.

Zu gleicher Zeit leitete der Theologe Adolf Holl, der sich später zu einem heftigen Kritiker an den Einrichtungen der katholischen Kirche entwickeln sollte, zusammen mit dem Züricher Studentenpfarrer Eduard Wildbolz eine Arbeitsgemeinschaft über die Stellung der Kirche in der gegenwärtigen und zukünftigen Gesellschaft. Vielfach gab es Diskussionen zwischen Marcuses und Heintels Arbeitsgemeinschaft und dem Seminar von Holl und Wildbolz, insbesondere über den Dialog zwischen den christlichen Kirchen und dem Marxismus.

Unser alter Freund Fritz Machlup eröffnete mit der Arbeitsgemeinschaft „Reform der internationalen Währungsordnung" die Serie der großen monetären Gespräche und Arbeitsgemeinschaften, die bis heute

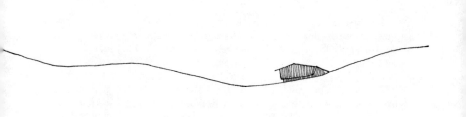

ein fast alljährlicher Bestandteil der Alpbacher Veranstaltungen geblieben sind.

Im gleichen Jahr war auch Martin Esslin zum ersten Mal in Alpbach, um zusammen mit dem Direktor der Bibliothèque de l'Arsenal in Paris, André Veinstein, eine Arbeitsgemeinschaft über das europäische Theater zu leiten. Esslin erwies sich als ausgezeichneter Diskussionsredner, so daß die Problematik dieser Arbeitsgemeinschaft, nämlich das Theater als politische Anstalt und Theater und öffentliche Meinung, Mittelpunkt größerer Diskussionen auch außerhalb seiner Arbeitsgemeinschaft wurde.

Die Jahre 1967 bis 1970 führten wieder eine Reihe bedeutender und teilweise für Alpbach bis dahin noch unbekannter Persönlichkeiten unserer Arbeit zu. Vor allem der Professor für Nachrichtenverarbeitung und Nachrichtenübertragung von der Technischen Universität Karlsruhe, Karl Steinbuch, der nun in mehreren Jahren nach Alpbach kam, stellte einen ausgezeichneten Mitarbeiter und scharfen Beobachter des Phänomens von Alpbach dar. Steinbuch, der später durch verschiedene politische Bücher auch weit über sein Fachgebiet hinaus bekannt wurde, führte 1967 eine Arbeitsgemeinschaft über technische Modelle in der Biologie zusammen mit unserem alten Freund Wolfgang Wieser durch, der mittlerweile von Wien an die Universität Innsbruck als Professor für Zoologie übersiedelt war. 1969 sprach Steinbuch zur Einführung in das Generalthema „Zukunft – Vision – Forschung – Planung". Die Anwesenheit dieses kritischen Denkers führte immer wieder zu großen und oft scharfen Diskussionen auf den verschiedensten Gebieten, wobei Steinbuch ebenso deutlich seine eigenen Sympathien und Antipathien zeigte, wie er auch in gleicher Weise seine Gegenüber zu deutlichen Pro- und Kontraäußerungen betreffend seine Vorstellungen veranlaßte. Mich hat stark beeindruckt, wie klar Karl Steinbuch das Wesen und die Aufgabe Alpbachs erkannte, was er ja auch, wie bereits erwähnt, in einem seiner Bücher festhielt, als er von Alpbach als einem Platz geistiger Kontemplation sprach und es „ein modernes Kloster" nannte, zwar nicht im geistlichen, aber im geistigen Sinn.

Ein anderer bedeutender Wissenschaftler, der von nun an ebenfalls immer wieder nach Alpbach kommen sollte und in ähnlicher Weise wie Karl Steinbuch die Aufgaben Alpbachs schnell erkannte, war der Soziologe Peter Atteslander, der damals noch an der Universität Bern lehrte, später aber nach Augsburg übersiedelte. Atteslander, ein besonderer Spezialist für Bevölkerungsplanung und Fragen der Überbevölkerung, wurde später einem weiteren Kreis insbesondere durch das 1971 publizierte Buch „Die letzten Tage der Gegenwart" und sein ausgezeichnetes Werk „Die Grenzen des Wohlstandes" bekannt, das 1981 erschien.

Das Jahr 1968 brachte nicht nur Ernst Bloch wieder nach Alpbach, wo er zusammen mit dem Fundamentaltheologen Johannes Metz eine Arbeitsgemeinschaft über säkularisierte und christliche Moral hielt, sondern auch den Politologen Kurt Sontheimer, dessen Werk „Das Elend unserer Intellektuellen" in der zweiten Hälfte der siebziger Jahre beträchtliches Aufsehen erregte. Sontheimer, der zusammen mit dem Historiker Wolfgang Mommsen das Problem der Macht bei Macchiavelli und Max Weber behandelte, geriet, wie vorauszusehen war, immer wieder in heftige Diskussionen mit Ernst Bloch. Diese Auseinandersetzungen zwischen dem großen marxistischen Philosophen und dem ausgezeichneten nichtmarxistischen Politologen, denen sich auch Simon Moser und der in diesem Jahr ebenfalls in Alpbach mitarbeitende berühmte Nationalökonom Friedrich A. Hayek anschlossen, beherrschten weitgehend Alpbach 1968. Immer mehr rückte das Verhältnis von Moral und Ideologie in der modernen Gesellschaft ins Zentrum der heftigen Debatten, die auch außerhalb des offiziellen Programms fast allabendlich mit großer Brisanz weitergeführt wurden.

Zur Auflockerung dieser intensiven politisch-philosophischen Diskussionen trug wesentlich André Heller bei, der bei diesem seinem ersten Auftritt in Alpbach unter dem Titel „Zwischen Café Central und Café Hawelka" eine Lesung aus Werken von Peter Altenberg und H. C. Artmann veranstaltete. André Hellers Charme und sein starkes Einfühlungsvermögen in die von ihm vorgetragenen Werke gewannen schnell die Symphathien der Alpbacher Zuhörer.

1969 brachte neben vielen anderen wieder Karl Steinbuch und Peter Atteslander nach Alpbach. Der spätere deutsche Innenminister Werner Maihofer, damals Rektor der Universität Saarbrücken und Professor für Rechts- und Sozialphilosophie, leitete zusammen mit dem Präsidenten der westdeutschen Rektorenkonferenz, Professor Hans Rumpf, eine Arbeitsgemeinschaft über Forschungszukunft und Hochschulreform.

Dieses Jahr brachte auch einen der bekanntesten französischen Wissenschaftler dieser Zeit, nämlich Bertrand de Jouvenel, nach Alpbach, der sich als Professor an der Sorbonne besonders mit der Theorie der politischen Aktion und der Macht befaßte. Der rechtsstehende Jouvenel, Sohn des in der Zwischenkriegszeit bekannten konservativen Politikers Henri de Jouvenel, stellte in mancher Hinsicht ein Gegengewicht zu Herbert Marcuse dar, der ähnliche Gedanken von der marxistischen Seite her dargelegt hatte. War Herbert Marcuse 1966, kurz vor den zum Teil von ihm mit ausgelösten Studentenunruhen im Jahr 1968, in Alpbach gewesen, so war es nun besonders interessant, ein Jahr nach dem vor allem in Paris und Nanterre sich sehr heftig auswirkenden Studentenaufstand, der beinahe de Gaulle in Schwierigkeiten gebracht hatte, Bertrand de Jouvenel zu dieser so aktuellen Thematik zu hören.

Bei dem Wirtschaftsgespräch dieses Jahres war zum ersten Mal Otto Wolff von Amerongen, einer der führenden deutschen Industriellen, in Alpbach anwesend. In den kommenden Jahren sollte Otto Wolff von Amerongen, dessen weit über wirtschaftliche Fragen hinausgehende Interessen ihn zu einer der bedeutenden Persönlichkeiten Deutschlands machten, sich immer mehr mit unserem Werk anfreunden, bis er schließlich, nach dem Rücktritt von Hermann Abs, auf meine Bitte hin die Präsidentschaft des Deutschen Nationalkomitees für das Europäische

Forum Alpbach, dessen Ehrenpräsident Hermann Abs wurde, übernahm.

Ein besonderes Symposium über die gemeinsame Verantwortung der Industrieländer für die Lösung von Weltproblemen der Zukunft eröffnete der damalige Bundeskanzler Dr. Josef Klaus, den ich schon seit vielen Jahren kannte und der sich bereits als Landeshauptmann von Salzburg stark für die Alpbacher Veranstaltungen interessiert hatte. Neben Bundeskanzler Klaus nahm auch Aurelio Peccei, der später durch die Gründung des Club of Rome bekannt wurde, an diesem Symposium teil.

Das Jahr 1970 sollte zu einem Krisenjahr des Österreichischen College werden und damit auch des Werkes von Alpbach. Eine immer größere Schuldenlast, die das Österreichische College zu tragen hatte, und ein Nachlassen der inneren Spannkraft des lange Zeit so dynamischen Werkes von Alpbach führten dazu, daß in diesem Jahr kein Generalthema mehr zustande kam und das Programm trotz einzelner ausgezeichneter Sprecher auf viele einen etwas dürftigen Eindruck machte. Das alles brachte am Ende dieser Veranstaltungen starke Auseinandersetzungen vor allem innerhalb des Vorstandes des Österreichischen College mit sich. Besonders die außerordentlich bedrohliche finanzielle Situation trug dazu bei, daß ein Kreis meiner Freunde inner- und außerhalb des Vorstandes des Österreichischen College mich aufforderte, die Präsidentschaft wieder zu übernehmen. Am Tag nach der Beendigung der Veranstaltung von 1970, am 6. September, wurde ich, nachdem ich mich bereit erklärt hatte, zu versuchen, die kritische Situation zu wenden, mit großer Mehrheit neuerlich zum Präsidenten des Österreichischen College gewählt. Die Mobilisierung aller uns nahestehenden Freunde und insbesondere die außerordentlich freundschaftliche Hilfe des Landeshauptmannes von Tirol, Eduard Wallnöfer, der das Paula-Preradović-Haus durch das Land Tirol ankaufen ließ, es aber für unsere Kongresse vertraglich zur Verfügung stellte, erlaubte mir, die Schuldenlast des Österreichischen College abzubauen. Abgesehen von den genannten finanziellen Schwierigkeiten, die das Österreichische College 1970 beinahe an den Rand des Abgrundes gebracht hatten, hatte sich aber auch herausgestellt, daß die jahrelange Vernachlässigung der in den ersten 16 Jahren von mir intensiv betriebenen ständigen inneren Durchformung der Veranstaltung böse Folgen zeigte. Und zwar insofern, als der starke seinerzeitige innere Zusammenhalt der großen Alpbacher Familie darunter zu leiden begann, daß den gruppendynamischen Notwendigkeiten des Werkes von Alpbach keinerlei Aufmerksamkeit mehr geschenkt wurde.

Dazu muß zusammenfassend einiges gesagt werden, was an verschiedenen Stellen dieses Buches schon – wenn auch weniger dezidiert – erwähnt wurde. Die starke gruppen- und gemeinschaftsformende Kraft, die Alpbach fast vom ersten Tag an entwickelte, schuf, je öfter die Alpbacher Veranstaltungen durchgeführt wurden, eine immer größere Gruppe von „Alpbachern", die sich meist eng verbunden fühlten und fühlen. Diese seit 1945 ständig größer werdende Gemeinschaft ist der Garant der gesunden Kontinuität eines echt gewachsenen Werkes. Auf dem Boden dieser „Familie der Gegensätze", deren Mitglieder aus den verschiedensten geistigen, politischen, nationalen und religiösen Lagern kommen, ist jedes offene und freundschaftliche Gespräch, ebenso wie jede berechtigte Kritik, in einer Atmosphäre möglich, die nur in einer langsam gewachsenen Gemeinschaft entstehen kann. Eine solche in Jahrzehnten gebildete Gruppierung von meist ausgeprägten Persönlichkeiten ist relativ leicht in der Lage, neue Kräfte, die jährlich zur Alpbacher „Familie" dazustoßen, so zu integrieren, daß eine ständige Erneuerung ohne größere Eruptionen und Gefahren für das Ganze vor sich gehen kann.

Es ist allerdings das Zeichen jeder freien geistigen Gemeinschaft, daß sie nur solche Persönlichkeiten aufzunehmen bereit ist, die das Gesamtkonzept ihrer Arbeit im Prinzip bejahen und – im Falle Alpbachs – daran trotz aller zweifellos Alpbach anhaftenden Mängel positiv mitzuarbeiten bereit sind. Outsider, die das geistige Gesamtkonzept von Alpbach entweder nicht verstehen oder gar nicht verstehen wollen oder solche, die nur ein Teil des Ganzen interessiert, können nicht integriert werden. Sie sind es meist, die verkehrte Urteile über ein Phänomen abgeben, das sie einfach zuwenig genau untersucht haben.

Erneuerung und Kontinuität sind in der Alpbacher Gemeinschaft so verschwistert, daß sie bei behutsamer Arbeit am Ganzen des Alpbacher Werkes auf Dauer weder Cliquenbildung noch Revoluzzertum entstehen lassen.

Das Funktionieren des Organismus, den die Alpbacher Gemeinschaft darstellt, erfolgt weder selbstverständlich noch von selbst. Es muß vielmehr, wie schon erwähnt, ständig bewußt an ihm gearbeitet werden. Das heißt soviel, wie dauernd die Hand am Puls sowohl der Alpbacher Gesamtgemeinschaft als auch der Einzelgemeinschaften, die die große Familie von Alpbach bilden, zu halten. Fehlentwicklungen müssen erkannt und rechtzeitig entschärft, für die Gesamtarbeit besonders wertvolle neue Teilnehmer herausgefunden und zur Mitarbeit gewonnen werden. Dies alles bedarf ständiger Aufmerksamkeit durch solche Persönlichkeiten, die selbst schon viele Jahre in Alpbach mitgearbeitet haben und bereit sind, die ständige Gemeinschaftsbildung laufend zu analysieren und positiv zu beeinflussen.

Ich bildete daher, einige Jahre nachdem ich die Leitung des Österreichischen College im Herbst 1970 wieder übernommen hatte, ein eigenes Gremium, das sich speziell diesen Aufgaben widmen sollte und das wir „Kreis für innere Formung" nennen. In dieser Gruppe befinden sich durchwegs Persönlichkeiten, die Alpbach sehr genau kennen, da sie seit vielen Jahren in Alpbach mitarbeiten. Sie treffen einander jeden zweiten oder dritten Tag während der Alpbacher Veranstaltungen, um laufend die gruppendynamische Situation in Alpbach zu besprechen und fallweise zu beschließen, ob neue Teilnehmer stärker zur Mitarbeit herangezogen werden sollen. Außerdem können sich sämtliche Teilnehmer jeden Tag zu einem bestimmten Zeitpunkt an die Mitglieder dieses „Kreises für innere

Formung" wenden, falls sie Auskünfte benötigen oder Vorschläge und Kritik vorbringen wollen. Daneben wurde von dieser Gruppe ein Fragebogen ausgearbeitet, der ein weiteres Mittel zum ständigen Kontakt mit den Teilnehmern darstellt, um deren Wünsche genauer kennenzulernen. Beide Maßnahmen führten schnell zu einer deutlich merkbaren Verbesserung des zwischen 1968 und 1971 etwas gestörten Gemeinschaftsklimas in Alpbach.

So wie sich zu Beginn der siebziger Jahre das innere Klima Alpbachs schlagartig wieder verbesserte – heute kann es zweifellos für eine derartige Gemeinschaft im großen und ganzen als vorbildlich bezeichnet werden –, überwand Alpbach auch schnell das Programmtief des Jahres 1970. Zwischen 1971 und 1976 wurde das Programm qualitativ und quantitativ ganz wesentlich verbessert und in seiner Basis erweitert. Gab es im Jahr 1970 nur mehr sechs Arbeitsgemeinschaften, so wuchs deren Zahl und damit die Vielfalt der behandelten Themen in den folgenden Jahren rasch wieder auf zwischen elf und fünfzehn an. Seit der Mitte der siebziger Jahre wurde daneben auch noch ein Workshop eingeführt, der sich mit künstlerischen Fragen befaßt und während der Dauer der Veranstaltung eine Ballettchoreographie oder ein Theaterstück entwickelt, das dann an einem der letzten Tage vor dem gesamten Plenum aufgeführt wird. In diesen Workshops sind meistens fünf bis sechs Fachleute, das heißt entweder Tänzer und Choreographen oder Schauspieler und Regisseure, tätig, die das jeweilige Stück zusammen mit interessierten Teilnehmern erarbeiten, wobei bei der Schlußaufführung meist auch einige Laien mitwirken. Außerdem werden seit Ende der siebziger Jahre am Ende der Veranstaltungen auch meist ein bis zwei sogenannte Kurzarbeitsgemeinschaften durchgeführt, die vom Österreichischen College gemeinsam mit einer anderen Institution ausgearbeitet werden und Spezialthemen behandeln, die sich zwar im Rahmen des Generalthemas bewegen, aber meist sehr spezielle Fragen betreffen.

Wenn auch in den siebziger Jahren natürlich viele unserer alten Freunde und Mitarbeiter immer wieder als Mitwirkende in Alpbach figurierten, so gab es doch eine große Gruppe von neuen Persönlichkeiten, die von Alpbach angezogen wurden und von nun an auf den verschiedensten Gebieten mit uns zusammenarbeiteten. So kamen im Rahmen der Arbeitsgemeinschaft „Neue Linke – Neuer Föderalismus" im Jahr 1971 der bekannte französische Staats- und Völkerrechtler und Fachmann für ethnische Fragen Europas, Univ.-Prof. Guy Heraud, und der Leiter der Arbeitsstelle „Politik Chinas und Ostasiens" am Otto-Suhr-Institut der Freien Universität Berlin, Jürgen Domes, nach Alpbach, um zusammen mit dem Pariser Soziologen Hervé Fischer das damals aktuelle Problem der Neuen Linken ebenso wie das des heraufsteigenden modernen Föderalismus zu besprechen. Guy Heraud als einer der wichtigsten Föderalisten Westeuropas legte ein Konzept dar, das er selbst mit mir und anderen europäischen Föderalisten im Rahmen der „Europäischen Föderalistischen Parteien" entwickelt hatte. Unsere Gedanken zu einem modernen Föderalismus als Gestaltungsmöglichkeit eines neu heraufsteigenden Europa wurden in der darauffolgenden Diskussion in Gegensatz zu den Thesen der damaligen Neuen Linken gesetzt und in heftigen Debatten mehrere Tage hindurch besprochen.

Über „Politik in der Literatur und Literatur in der Politik" sprach der österreichisch-französische Schriftsteller Manès Sperber, der zur Gruppe jener bedeutenden Schriftsteller Europas zählt, die wie Arthur Koestler und André Malraux als engagierte Kommunisten in der Zwischenkriegszeit begonnen hatten und vielfach aktive oder sogar führende Rollen in den kommunistischen Parteien spielten, sich aber aufgrund ihrer ernüchternden Erlebnisse mit dem Kommunismus nicht nur vom Marxismus-Leninismus und dessen kommunistischen Systemen abwandten, sondern zu aktiven Gegnern des Kommunismus wurden, den sie in ihren zum Teil weltberühmten Werken aus ihrer Intimkenntnis der kommunistischen Lebensweise außerordentlich realistisch angriffen.

Ein großes Kulturgespräch vereinigte 1971 eine ganze Reihe bedeutender deutschsprachiger Kulturexperten und Kulturpolitiker beziehungsweise Künstler. Und zwar sprachen über die Frage der Beziehungen von Kunst und Gesellschaft Gottfried von Einem, der Wiener Kulturpolitiker und bedeutende Schriftsteller Friedrich Heer, Arthur Koestler, der katholische Kunstkritiker Monsignore Otto Mauer, der bekannteste Kunstmäzen Österreichs, Manfred Mautner Markhof sen., der Maler und Bildhauer Oswald Oberhuber, der damalige stellvertretende Intendant der Deutschen Oper Berlin, Egon Seefehlner, der Generalintendant der Deutschen Oper Berlin, Gustav Rudolf Sellner, Alexander Auer, Manès Sperber und Fritz Wotruba. Es war eine Zusammenstellung von hervorragenden Persönlichkeiten der Kunst- und Kulturszene des deutschen Sprachraumes, wie sie sicher nur selten vorher und nachher zusammenkam.

Im gleichen Jahr sprachen auch zum ersten Mal der damalige neue österreichische Finanzminister Hannes Androsch in Alpbach über Fragen der Geldentwertung, und sein Vorgänger als Finanzminister, Stephan Koren. Sowohl Hannes Androsch als auch Stefan Koren sollten von nun an nicht nur fast alljährlich wichtige Sprecher im Rahmen unserer großen Wirtschaftsgespräche sein, sondern sie wurden darüber hinaus durch ihre vielseitigen Interessen, die über ihr Fachgebiet hinausgingen, zu wertvollen Mitarbeitern des Gesamtwerkes von Alpbach, das sie auch im Rahmen ihrer vielfachen Möglichkeiten in verschiedenster Hinsicht unterstützten.

Das Jahr 1972 brachte auch eine andere, für die österreichische Wissenschaft und Forschung von nun an bedeutsame Persönlichkeit nach Alpbach: den neuen Bundesminister für Wissenschaft und Forschung, Hertha Firnberg. Frau Firnberg respektierte und unterstützte, ebenso wie ihre Vorgänger, die verschiedenen Unterrichtsminister der ÖVP, aber auch die verschiedenen Bundeskanzler Österreichs zwischen 1945 und 1980, die Finanzminister von Reinhard Kamitz bis Hannes Androsch und Herbert Salcher und die Landeshauptleute von Tirol, stets in vorbildlicher

Weise die Unabhängigkeit des Österreichischen College und des Werkes von Alpbach sowie dessen liberale, nach allen Seiten offene Programmgestaltung. Mit Hertha Firnberg entwickelte sich bald eine freundschaftliche und fruchtbare Zusammenarbeit, die zweifellos in den vielen Jahren, in denen sie bisher als Minister wirkte, für alle Seiten wertvolle und wichtige Ergebnisse brachte.

Im selben Jahr kam Ernst Bloch zum dritten und letzten Mal nach Alpbach. Unsere Tätigkeit stand im Jahr 1972 unter dem Generalthema „Die Krise der städtischen Gesellschaft". Bloch sprach über Architektur und Utopie, sein sympathischer junger Assistent, der damalige Lehrbeauftragte für Philosophie in Wuppertal, Burghard Schmidt, hielt ein Referat zur gleichen Thematik. Wieder entwickelten sich viele Diskussionen sowohl offizieller als auch inoffizieller Natur um Bloch und dessen verschiedene Thesen. Einige Jahre später sollte Burghard Schmidt, der an einer Sammelausgabe der Werke Blochs arbeitete und mittlerweile an eine Wiener Hochschule übersiedelt war, nach dem Tod Ernst Blochs eine Gedenkrede in Alpbach für diesen halten.

Im Rahmen der Gesamtthematik fand ein internationales Gespräch von europäischen Bürgermeistern in Alpbach statt, das der Innsbrucker Bürgermeister Alois Lugger, durch die Durchführung von zwei Olympischen Winterspielen unterdessen weit über Österreich hinaus bekannt geworden, einleitete und bei dem die Bürgermeister von Turin, Mailand, Grenoble, München und Wien zu Worte kamen. Der Münchner Bürgermeister Hans-Jochen Vogel sollte einige Jahre später von Bundeskanzler Schmidt in die deutsche Bundesregierung und schließlich 1981 kurz vor den Berliner Wahlen nach Westberlin berufen werden.

1972 fanden außerdem im Rahmen des Politischen Gespräches große Vorträge Bruno Kreiskys über „Betrachtungen eines Österreichers zur europäischen Integration" und Gaston Thorns, der damals luxemburgischer Außenminister war, über die „EWG zwischen den USA und der Sowjetunion" statt. Diesem Gespräch, das durch den damaligen Präsidenten der Österreichischen Nationalbank, Wolfgang Schmitz – den langjährigen Vorsitzenden des Österreichischen Nationalkomitees für das Europäische Forum Alpbach –, eröffnet und geleitet wurde, folgte eine ausführliche Diskussion, die dadurch besonders an Interesse gewann, daß mit Bruno Kreisky einer der Wortführer der europäischen Neutralen und mit Gaston Thorn einer der intelligentesten Sprecher der EWG, der heutigen Europäischen Gemeinschaft, zu Wort kamen.

Das Jahr 1973 brachte mit dem Generalthema „Forschung und Bildung in der industriellen Gesellschaft" eine Alpbach besonders vertraute Thematik, mit der sich 14 Arbeitsgemeinschaften befaßten. Der Exilungar Imre Lakatoš von der London School of Economics behandelte gemeinsam mit dem Göttinger Philosophen Erhard Scheibe Fragen von Erkenntnisprogrammen und Wissenswachstum, während der deutsche Philosoph Gerhard Radnitzky organisatorische und institutionelle Bedingungen des Erkenntnisfortschritts diskutierte. Der ausgezeichnete junge deutsche

Psychologe Kurt Stapf von der Universität Marburg leitete zusammen mit einem anderen Marburger Psychologen, Theo Herrmann, die mit besonderem Interesse beobachtete Arbeitsgemeinschaft über Motivationsprobleme von Forschen und Lernen, während der Präsident der Universität Hamburg, Fischer-Appelt, und der Politologe Graf Peter Kielmannsegg sich mit einer für Alpbach besonders legitimen Frage herumschlugen, nämlich mit dem Problem der Hochschulstruktur und Hochschulreform. Diese Veranstaltung gab zweifellos nicht unwesentliche Denkanstöße für die Problematik des zu diesem Zeitpunkt in den ersten Ansätzen im Entstehen begriffenen österreichischen Universitätsorganisationsgesetzes, an dessen Vorbereitung einige Jahre später in Alpbach noch viel ausführlicher gearbeitet werden sollte.

Eines der großen Europäischen Gespräche befaßte sich im Zusammenhang mit dem Generalthema mit der Bildungsfunktion der Massenmedien. Eine Reihe von interessanten Persönlichkeiten aus der europäischen Medienwelt kamen hier ausführlich zu Wort. So sprach der schon oftmals in Alpbach teilnehmende Generalintendant des ORF, Gerd Bacher, über die Bildung oder Halbbildung durch die Massenmedien, während der stellvertretende Chefredakteur des Sunday Telegraph und Herausgeber verschiedener historischer Werke über die österreichische Zeitgeschichte, Gordon Brook-Shepherd, die Bildungsfunktion der Tagespresse behandelte und der ehemalige Programmdirektor des französischen Rundfunks und berühmte Schriftsteller, Manès Sperber, sich mit der Bildungsfunktion des Buches befaßte. Verschiedene Medienspezialisten wie der Chefredakteur der Züricher „Weltwoche", Hans Staub, der damalige Chefredaktur des ORF, Alfons Dalma, und der Schweizer Medienspezialist Theodor Bucher wirkten unter der Leitung meines Bruders, des Verlegers Fritz Molden, bei dieser Veranstaltung mit, die über den Teilnehmerkreis von Alpbach hinaus ein zahlreiches Publikum aus Österreich, Deutschland und der Schweiz angezogen hatte.

Anläßlich eines Abends über junge österreichische Dichtung, den Friedrich Torberg leitete, lasen Peter Henisch, Alois Schöpf und Peter Turrini, während unter der Leitung des bekannten Schweizer Verlegers Peter Keckeis zwei junge Schweizer Dichter, nämlich Beat Brechbühl und Jürg Federspiel zu Wort kamen.

1974 fand die dreißigste Veranstaltung des „Europäischen Forums Alpbach" statt. Dreißig Jahre einer mehr oder weniger doch sehr kontinuierlich durchgeführten Veranstaltung europäischer Intellektueller in dem umfassenden Ausmaß von Alpbach hatte es bisher in Europa nicht gegeben. Wenn auch die Jahre 1968 bis 1970 sozusagen ein Zwischentief innerhalb der Gesamtveranstaltung darstellten, so war doch die fortlaufende systematische Arbeit, die wir in Alpbach seit dem Jahr 1945 durchführten, nicht unterbrochen worden. Das Zentrum, das in Pontigny von Paul Desjardins aufgebaut worden war, hatte von 1910 bis 1914 und nach dem Ersten Weltkrieg von 1919 bis 1939 bestanden, das heißt, es war durch 24 Jahre durchgeführt worden, hatte sich aber, wie schon eingangs erwähnt, fast ausschließlich mit Literatur und Philosophie befaßt und außerdem mit wenigen Ausnahmen nur französische Intellektuelle zu seinen Teilnehmern gezählt. Die umfassende Weite Alpbachs, die Natur- und Geisteswissenschaften in gleicher Weise wie Kunst, Politik und Wirtschaft in sich schloß, hatte es in Pontigny niemals gegeben. Außerdem war der Kreis der bei den Dekaden von Pontigny Teilnehmenden ein wesentlich kleinerer gewesen. Alpbach als geistiges Symposium hatte auch mehr Aufgaben zu erfüllen als das Zentrum von Pontigny, da es bestrebt war, einerseits verschiedene von der deutschen Jugendbewegung entwickelte Ideen in einer der zweiten Nachkriegszeit angepaßten Form weiterzuführen und andererseits eine Internationale europäischer Intellektueller zu bilden, die den Grundstock der heraufsteigenden Einigung Europas bei aller Respektierung der Vielfalt der Völker und geistigen Strömungen Europas bilden sollte. Außerdem sollten in Alpbach jeweils wichtige geistige, politische und wirtschaftliche Probleme erörtert und Theorie und Praxis miteinander konfrontiert werden. Trotz der vielen Schwierigkeiten, vor denen Alpbach immer wieder stand, und trotz der Mängel, an denen es stets leidet, hatte doch ein ähnliches Experiment von diesem Umfang und dieser Bedeutung bisher nicht existiert.

Einer der bekannten österreichischen Historiker, Univ.-Prof. Adam Wandruszka, der wie ich selbst aus der deutschen Jugendbewegung kam und schon als junger Wissenschaftler und Journalist viele Jahre in Alpbach mitgearbeitet hatte, schrieb anläßlich der dreißigsten Durchführung von Alpbach über unsere Arbeit:

„Die dreißig Alpbacher Kongresse seit dem Sommer 1945, die außerordentliche Vielfalt ihrer Einzelveranstaltungen und deren Ergebnisse zu beobachten, führt unmittelbar zu einer Betrachtung der geistigen Ausstrahlung einer Veranstaltung, bei der hohes intellektuelles Niveau sich mit einer das Erbe der Jugendbewegung fortführenden Tendenz zur Natürlichkeit und Ungezwungenheit in einzigartiger und unorthodoxer Weise verband und verbindet. Otto Molden, Nachfahre und Fortsetzer der letzten Welle der Jugendbewegung und ihrer Ausformung in der Widerstandsbewegung, den zugleich die Erzählungen seines Vaters Ernst Molden von dessen Lehrtätigkeit im Budapester ‚Eötvös-Kollegium' und das Beispiel der angelsächsischen Colleges beeindruckt hatte, sowie Simon Moser, der Sohn des nahen Unterinntales und für alle neuen geistigen Strömungen aufgeschlossene Philosoph, den Maurice Besset, damals Direktor des Französischen Kulturinstitutes und Organisator der intellektuellen Skilager in St. Christoph am Arlberg, einmal treffend einen ‚echten Liberalen' nannte, ergänzten einander gerade wegen der großen Wesensunterschiede und gaben damit Alpbach von Anfang an einen weltoffenen, aufgeschlossenen und undogmatischen Charakter, der die ähnlichen Unternehmungen und Institutionen allzu leicht drohende Gefahr der sektiererischen Abkapselung und dogmatischen Versteinerung von vornherein ausschloß.

Nahezu alle dominierenden geistigen Strömungen, Tendenzen und auch Moden der Zeit nach dem Ende des Zweiten Weltkrieges, beginnend mit der Welle des deutschen und französischen Existentialismus, haben daher Alpbach erreicht, hier eine Rolle gespielt, das geistige Klima in einem oder auch in mehreren Jahren geprägt oder zumindest beeinflußt; sie haben aber nie eine dominierende oder monopolartige Stellung erringen können. Das gilt auch vom logischen Positivismus Karl R. Poppers und dem Neoliberalismus, wie ihn in Alpbach vor allem Friedrich von Hayek vertrat. Im Gegenteil, gerade diese beiden Persönlichkeiten, die in den ersten Nachkriegsjahren, aber auch dann noch in der Folgezeit auf das geistige Klima Alpbachs einen sehr wesentlichen Einfluß ausübten, haben dazu beigetragen, daß dieses Klima stets zugleich offen und aufgeschlossen und – lange bevor dies zu einem Modewort wurde – ‚kritisch‘ gegenüber allen Anregungen, woher immer sie auch kamen, blieb. Daß Alpbach entscheidend dazu beitrug, führende Gelehrte, allen voran den Nobelpreisträger Erwin Schrödinger, wieder in die Heimat zurückzubringen, sei nur am Rande erwähnt.

Man übersieht oft, daß von Alpbach ganz entscheidende Impulse zu einer echten Reform des akademischen Lebens, zur Aufbrechung und Erneuerung veralteter oder erstarrter Lehrmethoden und Strukturen ausgingen, ohne daß es dabei zu verkrampften Frontstellungen zwischen den Generationen kam. Der von ‚etablierter‘ akademischer Seite gelegentlich gegen Alpbach vorgebrachte Einwand, daß die Hochschulinstitute und Bibliotheken nicht gegründet worden wären, wenn man das gleiche auch auf einer Bergwiese leisten könne, ist ein typisches Scheinargument. Denn der ‚normale‘ akademische Lehrbetrieb sollte durch die ‚Alpbacher Hochschulwochen‘ – wie das ‚Europäische Forum Alpbach‘ in den ersten Jahren genannt wurde – ja nicht ersetzt, sondern im Gegenteil befruchtet und angeregt werden; und immer wieder haben bedeutende Gelehrte, die oft und gerne nach Alpbach kamen und kommen, bekannt, daß gerade die Befreiung vom ‚Apparat‘ und die Diskussion zwischen Menschen, die sich dabei nur auf ihr Präsenzwissen stützen können, ihnen besonders wertvoll erschien. Wenn man bedenkt, wie viele ‚Alt-Alpbacher‘ im Laufe der Jahre und Jahrzehnte zu akademischer Lehrtätigkeit in Österreich, in der Bundesrepublik, aber auch in anderen europäischen Ländern gelangten, so wird man den stillen, aber wirksamen Beitrag Alpbachs zu einer echten Hochschulreform gewiß nicht gering veranschlagen.

Ebenso sollte man nicht vergessen, daß in Alpbach die ersten Ausstellungen moderner Kunst nach dem Zweiten Weltkrieg durchgeführt wurden, daß hier zum ersten Mal die politischen Lager Österreichs nach den Jahren des Bürgerkrieges und des Dritten Reiches einander in toleranter Diskussion begegneten, daß wesentliche Anregungen für die europäische Zusammenarbeit von hier ausgingen und daß schließlich die Alpbacher Wirtschaftsgespräche zu einem der bedeutendsten alljährlichen Treffen der europäischen Wirtschaft wurden. Es ist wahrscheinlich kaum abzusehen, was diese ständige Konfrontation von Wissenschaft, Kunst,

Politik und Wirtschaft, in einer für die damalige Zeit völlig unorthodoxen Weise durchgeführt, für die Entwicklung neuer Gedanken bedeutete und bedeutet.

Daß sich schon sehr bald in allen österreichischen Hochschulorten Collegegemeinschaften bildeten und daß andere Hochschulwochen aufgrund des Alpbacher Vorbildes entstanden oder von diesen Anregungen ausgingen, ist bekannt. Weniger bekannt dürfte es sein – um nur ein konkretes Beispiel zu nennen –, daß sich etwa an der Universität Köln am Ende der fünfziger Jahre um den damaligen Dozenten Hans Albert, einem begeisterten ‚Alpbacher‘, eine ‚Alpbacher Collegegemeinschaft‘ bildete, die unter dem Vorsitz des Autors dieser Zeilen durch fast ein Jahrzehnt als ‚eingetragener Verein‘ bestand und die sich erst nach der Berufung von Hans Albert nach Mannheim auflöste. Ähnliche Zentren geistiger Arbeit in enger Verbundenheit mit Alpbach und dem Österreichischen College bildeten und bilden sich immer wieder in verschiedenen europäischen Staaten, was den starken Einfluß Alpbachs weit über Österreich hinaus immer wieder unter Beweis stellt."

Die Dreißigjahrfeier der Alpbacher Veranstaltungen, die unter dem Titel „30 Jahre Alpbach – Vorstellung und Ziel Europa" stand, brachte außer Vorträgen, die von Simon Moser und mir als den beiden Gründern Alpbachs gehalten wurden, Reden von Denis de Rougemont mit Vorschlägen zu einer europäischen Kulturpolitik und einer Überschau über „30 Jahre kulturelle Entwicklung in Europa" und von Karl Popper über „Wissenschaft und Kritik". Außerdem sprach Otto Wolff von Amerongen über „Europas Wirtschaft im Strudel der weltwirtschaftlichen Veränderungen". Damit hatten drei unserer bedeutendsten und engsten Mitarbeiter über die Entwicklung Europas seit 1945 gesprochen und Alpbach als einen Katalysator dieser Entwicklung auf verschiedenen Gebieten behandelt. Den Abschluß der Dreißigjahrfeier stellten Reden von Bundeskanzler Kreisky und Bundespräsident Kirchschläger und die Lesung der „Alpbacher Elegie" von Paula von Preradović durch Axel Corti dar. Am Vormittag hatte der Landeshauptmann von Tirol, Eduard Wallnöfer, bereits eine Tafel am Hotel Böglerhof zur Erinnerung an die 30 Jahre der Alpbacher Veranstaltungen mit einer Ansprache über Alpbachs Funktion im geistigen Leben Europas enthüllt.

Auch das übrige Programm dieses Jahres führte eine Reihe bedeutender Persönlichkeiten nach Alpbach. So unseren alten Freund Gottfried von Einem, der zusammen mit dem Pariser Musikkritiker Antoine Golea und dem Wiener Universitätsprofessor Heinz Zemanek an einer großen Diskussion über „Neue Musik und ihre Erlebbarkeit" unter der Leitung unseres musikalischen Beraters Günther Theuring teilnahm. Diese Diskussion führte einen Kreis weiterer Spezialisten und Musikinteressierter zur Teilnahme an diesem Gespräch nach Alpbach. Einen Tag später fand eine andere Diskussion unter dem Titel „Options for Mankind" statt, an der eine ganze Reihe von mit den Problemen der Überlebensfähigkeit der Menschheit in den nächsten Jahrzehnten befaßte Persönlichkeiten teilnahm. So wurden kurze Vorträge vom Präsidenten des Club of Rome, Aurelio Peccei, von einem prominenten Mitglied des Club of Rome, Eduard Pestel, von Peter Atteslander, von dem Linzer Sozialwissenschaftler Kurt Rothschild, dem in Wien unterrichtenden marxistischen Philosophen und Soziologen Adam Schaff, dem New Yorker Naturwissenschaftler Paul A. Weiss und dem damaligen Staatssekretär Ernst Veselsky gehalten, während die Diskussionsleitung der bekannte Wiener Wissenschaftler Gerhart Bruckmann innehatte. Am Tag darauf sprach der kurz zuvor aus der Tschechoslowakei emigrierte Nationalökonom und Soziologe Ota Šik über „Kapitalismus und Sozialismus", während das Wirtschaftsgespräch von den Vorträgen von Hannes Androsch und dem Sprecher des Vorstandes der Dresdner Bank, Jürgen Ponto, beherrscht wurde.

So hatte die 30. Alpbacher Veranstaltung nicht nur eine breitgefächerte Überschau über das Werk von Alpbach gebracht, sondern auch eine Fülle von Vorträgen und Diskussionen, die wieder verschiedene, für uns neue bedeutende Persönlichkeiten mit Alpbach bekannt gemacht hatten.

Das Jahr 1975 befaßte sich mit einem für Alpbach seit Beginn unserer Veranstaltungen außerordentlich wichtigen Generalthema, nämlich „Rationalität und Entscheidung". Im Rahmen dieser Thematik sprachen die bekannten amerikanischen Philosophen Noretta Koertge und Alan Musgrave.

Über Möglichkeiten, Grenzen und Ziele der Ideologie hielten die beiden Italiener Vincenzo Cappelletti und Carlo Mongardini eine Arbeitsgemeinschaft. Beide sind hervorragende Wissenschaftler der Universität Rom. Mongardini ist Politologe und politischer Philosoph, dessen auch in deutscher Sprache erschienenes Werk über Wilfredo Pareto Aufsehen erregt hatte. Professor Cappelletti, der sowohl ein medizinisches Doktorat besitzt und auch mehrere Jahre ausübender Mediziner gewesen war, sich aber später mehr und mehr der Philosophie zugewandt hatte und nun einen Lehrstuhl am Institut für Geschichtswissenschaften der Universität Rom innehat, ist zugleich Generaldirektor des Instituto della Enciclopedia Italiana, der wichtigsten italienischen Enzyklopädie und eines der größten enzyklopädischen Verlage der Welt. Nach der Bildung des Italienischen Nationalkomitees für das Europäische Forum Alpbach übernahm Professor Cappelletti dessen Vizepräsidentschaft und wurde 1981 dessen Präsident. Er hat wesentlich dazu beigetragen, den italienischen Kulturraum im Werk von Alpbach fest zu verankern. Die große Vielseitigkeit seiner Interessen und Begabungen hat ihm nicht nur in Alpbach den Beinamen „italienischer Leibniz" eingebracht, sondern auch eine besonders gute Beziehung zwischen ihm und den weitgespannten Interessengebieten von Alpbach geschaffen.

Im gleichen Jahr sprach einer unserer besten Freunde, der stellvertretende Landeshauptmann von Tirol, Professor Fritz Prior, über die Stellung Alpbachs zu den Fragen der Rationalität und Frau Minister Firnberg zur Problematik von Rationalität und Entscheidung.

In dieses Jahr fiel auch die erste große juridische Plenarveranstaltung seit langer Zeit, die eine Reihe von ähnlichen, von unserem Freund und Mitarbeiter Fritz Czerwenka durchgeführten Veranstaltungen in den folgenden Jahren eröffnete. Justizminister Christian Broda, der Erste Generalanwalt des Gerichtshofes der Europäischen Gemeinschaften in Luxemburg, Alberto Trabucchi, der Wiener Staatsanwalt Michael Neider und die beiden österreichischen Juristen Friedrich Nowakowski und Günther Winkler nahmen unter anderen an der großen Alpbacher Diskussion über rationale Rechtspolitik und die Rechtsübereinstimmung in Europa teil.

Mit einer der wesentlichsten in Europa vor sich gehenden strukturellen Wandlungen befaßte sich die Plenarveranstaltung „Das Europa der Regionen". Schon Anfang der sechziger Jahre hatte die von mir damals gegründete Föderalistische Internationale der „Europäischen Föderalistischen Parteien" eine große „Flurbereinigung in Europa", wie ich es immer wieder ausgedrückt habe, gefordert, das heißt die Bereinigung der noch aus den Zeiten der großen nationalistischen Kriege in Europa bestehenden völkischen Ungerechtigkeiten und Unterdrückungen und der Diskriminierung unzähliger Minderheiten. Wir hatten freie Volksabstimmungen für alle jene Gebiete gefordert, in denen große Minderheiten oder ganze Völker in einem Zustand leben, der ihnen nicht wünschenswert erscheint und der ihre nationale Persönlichkeit behindert oder unterdrückt. Um zu verhindern, daß Europa ein drittes Mal in einem großen innereuropäischen nationalistischen Krieg, wie es letztlich der Erste und Zweite Weltkrieg gewesen waren, in die Luft fliegt, schien mir die Bereinigung dieser Fragen von absolut vorrangiger Bedeutung für die Bildung eines neuen gesamteuropäischen Raumes. Die Einwände, daß es sich dabei um das Heraufsteigen eines neuen europäischen Nationalismus handle, sind natürlich völlig ungerechtfertigt. Es handelt sich im Gegenteil bei einer solchen Neustrukturierung Europas um den Versuch der Beseitigung der Folgen des europäischen Nationalismus der letzten Jahrhunderte und um die Erreichung der gleichberechtigten Stellung der noch bis heute diskriminierten Völker und Volksgruppen. Außerdem sollte damit der Zentralismus der großen europäischen Zentralstaaten, insbesondere Frankreichs, Spaniens und Italiens in föderalistische Systeme umgewandelt werden und die eventuelle Gefahr der Bildung eines möglichen kommenden gesamteuropäischen Zentralstaates durch die konsequente Föderalisierung Europas von vornherein ausgeschlossen werden. Schließlich verlangte die in den letzten Jahrzehnten immer amorpher werdende Massengesellschaft, die alle natürlichen innergesellschaftlichen Bindungen und Gruppierung mehr und mehr zerstörte und durch eine gesichtslose Masse ersetzte, die Entwicklung neuer Strukturen.

Professor Guy Heraud sprach in diesem Zusammenhang über das Europa der Regionen, während der frühere europäische Sekretär der holländischen Partei der Arbeit, Alfred Mozer, der österreichische Staatsrechtler Felix Ermacora, der holländische Wissenschaftler Verloren van Themaat vom Europa-Institut der Universität Utrecht und andere über die Frage der grenzüberschreitenden Regionen diskutierten.

Bei dem Politischen Gespräch über alternative Formen der Demokratie und repräsentative Demokratie und kommunistische Parteien sprachen Karl Steinbuch, der bekannte Berliner sozialdemokratische Wissenschaftler Richard Löwenthal, der Leiter der Kulturabteilung der Kommunistischen Partei Italiens, Aldo Tortorella, und Felix Ermacora, an der anschließenden großen Diskussion über dieses sehr brisante Thema nahmen außerdem Peter Atteslander, Botschafter Willfried Gredler, Guy Heraud und der Wiener Abgeordnete zum Nationalrat, Franz Karasek, unter der Diskussionsleitung von Alfred Mozer teil.

Im Rahmen der künstlerischen Veranstaltungen lasen nach einer Einleitung durch eine der Kulturredakteurinnen des ORF, Koschka Hetzer, der Grazer Autor Peter Daniel Wolfkind und der Kärntner Humbert Fink sowie der Schweizer Plinio Martini und der bedeutende tschechische Exilschriftsteller Ota Filip.

An der Wende vom Jahr 1975 zum Jahr 1976 war eine Umgestaltung des Vorstandes des Österreichischen College erfolgt. Nachdem schon 1974 Simon Moser als Vizepräsident und wissenschaftlicher Leiter des Österreichischen College aus Altersgründen zurückgetreten war, wurden nun Fritz Neeb, Fritz Czerwenka und mein Bruder Fritz P. Molden zu Vizepräsidenten gewählt, während Georg Zimmer-Lehmann das Generalsekretariat des Österreichischen College übernahm.

Der Titel eines wissenschaftlichen Leiters wurde abgeschafft und an dessen Stelle Hans Albert zum wissenschaftlichen Hauptberater des Österreichischen College berufen. Weitere Mitglieder des Vorstands wurden neben Hans Albert Alexander Auer, die Universitätsprofessoren Dieter Bökemann, Felix Ermacora, Hans Klecatsky und Simon Moser, der damit weiterhin im Vorstand verblieb, auch wenn er als Vizepräsident und wissenschaftlicher Leiter zurückgetreten war, sowie Günther Theuring und Felix Pronay. Außerdem gehörten wie bisher die Vorsitzenden der Collegegemeinschaft Wien, Linz und Innsbruck dem Vorstand an. 1980 wurden, nachdem Felix Ermacora und Hans Klecatsky aus Zeitgründen zurückgetreten waren, Staatsanwalt Michael Neider, Universitätsprofessor Rainer Sprung und der Generalsekretär des Bankenverbandes, Fritz Diwok, neu in den Vorstand gewählt.

Das Jahr 1976 stand unter dem Generalthema „Grenzen der Freiheit" und behandelte in vier Seminargruppen die „Grundlagen der Freiheit", die „Sicherung der Freiheit", „Freiheit und Wirtschaft" und „Freiheit und Kunst". Über den „Schutz der Grundfreiheiten durch internationale Organisationen und Vereinbarungen" sprach der damalige Leiter des Verfassungsdienstes des Bundeskanzleramts, Willibald Pahr, der bereits als Außenminister designiert war und kurz darauf in die österreichische Bundesregierung eintrat.

Die amerikanischen Philosophen Walter Kaufmann und John Watkins behandelten die Frage nach der Freiheit der Person und den moralischen

Gesetzen, während der westdeutsche Wirtschafts- und Sozialwissenschaftler Hans Georg Monissen und der amerikanische Nationalökonom von der Universität Dallas, Svetozar Pejovich, eine Arbeitsgemeinschaft über „Eigentumsrechte, Freiheit und ökonomische Effizienz" leiteten. Der deutsche Politologe Martin Greiffenhagen und der Leiter des Instituts für Europäische Studien der Universität Loughborough, Roger Morgan, führten die Arbeitsgemeinschaft für Kriterien der politischen Freiheit.

Eine Neueinführung in diesem Jahr war ein Kunstworkshop, der 1976 dem Theater gewidmet war und von dem jungen Wiener Regisseur Hans Gratzer und seinen Mitarbeitern durchgeführt wurde. Am Ende dieser Veranstaltungen führte Gratzers Truppe Teile des Schauspiels „Joseph II. – Grenzen der Freiheit" mit einem gemischten Team von Berufsschauspielern und Laien mit großem Erfolg in der Halle des Hotels Böglerhof auf. Außerdem führte „Vienna's English Theatre", das sich in den letzten Jahren zur originellsten und erfolgreichsten englischsprachigen Bühne auf dem europäischen Festland entwickelt hatte, unter Leitung von Franz Schafranek und der blendenden Schauspielerin Ruth Brinkmann das Stück „Spoon River" des berühmten amerikanischen Dichters Edgar Lee Masters vor. Ein Experiment stellte die Arbeitsgemeinschaft „Video – Metasprache der Wirklichkeit" dar, die von dem Grazer Künstler und Industriemanager Horst Gerhard Haberl durchgeführt wurde und mehrere, mit großem Interesse aufgenommene Videovorführungen gestaltete.

Eine weitere Neuheit bei diesen Alpbacher Veranstaltungen stellte die Standortbestimmung des Generalthemas dar, die am Beginn der Veranstaltungen die wesentlichen Aufgaben des Generalthemas in dessen zeitlicher und geistiger Umgebung darlegen sollte. Sie wurde von nun an ständiger Bestandteil der Alpbacher Veranstaltungen. In diesem Rahmen sprach Vincenzo Cappelletti zur Frage des Freiheitsbegriffes, der deutsche Philosoph Hermann Lübbe über „Politisierte und freie Wissenschaft", der Stuttgarter Politologe Martin Greiffenhagen über „Gleichheit als Bedingung und Grenze der Freiheit" und der geistig vielseitig interessierte Wiener Bankfachmann und Generaldirektor der Österreichischen Kontrollbank, Helmut Haschek, über Markt- und Planwirtschaft. Das Kulturgespräch, das „Die Bedrohung der Freiheit des Wortes" behandelte, brachte den Leiter des Suhrkamp-Verlags, Siegfried Unseld, den Leiter der Verlagsgruppe Langen-Müller/Herbig, Herbert Fleissner, die Schriftstellerin Karin Struck sowie den englischen Schriftsteller David Pryce-Jones zu einer sehr intensiven und zeitweise heftig geführten Aussprache zusammen. Am Tag nach dem Kulturgespräch fand eine der vermutlich interessantesten Veranstaltungen, die in Alpbach bisher durchgeführt wurden, als Nachtgespräch statt. Sie trug den Titel „Zur geistigen Situation in Osteuropa und Rußland". Eine Reihe der bedeutendsten dissidenten Intellektuellen aus der Sowjetunion und aus verschiedenen osteuropäischen Staaten war nach Alpbach gekommen, um an dieser Veranstaltung teilzunehmen. Einleitend sprach ich selbst über die

Problematik, die sich aus der derzeitigen Situation in Osteuropa und in der Sowjetunion ergibt. Dann sprach Ota Filip zur geistespolitischen und literarischen Situation in Osteuropa, anschließend der wenige Wochen vorher aus der Sowjetunion emigrierte bekannte politische Kritiker des Sowjetsystems, Andrej Amalrik, über die geistige und politische Entwicklung in der Sowjetunion in den kommenden Jahren. Nach ihm referierte die sowjetische Lyrikerin und Schriftstellerin Natalja Gorbanevskaja über die literarische Situation in der Sowjetunion. Den Höhepunkt schließlich bildete der große Vortrag eines der heute bedeutendsten russischen Dichter, Wladimir Maximows, der zur geistespolitischen Lage in der Sowjetunion sprach. An die verschiedenen Referate schloß sich eine mehrstündige Diskussion, an der außer den Vortragenden der aus der DDR emigrierte Epiker Horst Bienek, der ungarische Schriftsteller Gyula Borbandi und die Schriftsteller Georg von Schlippe und Pavel Tigrid unter der Diskussionsleitung von Fritz P. Molden teilnahmen. Obwohl diese Veranstaltung erst um ein Uhr nachts beendet wurde, war der größte Saal des Paula-Preradović-Hauses so überfüllt, daß die Zuhörer in den Gängen und an den Fenstern standen und saßen. Im Anschluß daran sang in einer improvisierten Veranstaltung der berühmte russische Protestsänger Alexander Galitch politische Protestlieder aus der Sowjetunion. Einige Tage später versammelte das Politische Gespräch zur Problematik von „Freiheit zwischen Diktatur und Anarchie" abermals eine Gruppe von ausgezeichneten Sprechern, nämlich den Generalsekretär des Europarates, Georg Kahn-Ackermann, den Direktor der London School of Economics, Ralf Dahrendorf, den Vorsitzenden des portugiesischen „Centro Democratico Social" und späteren portugiesischen Außenminister, Diogo Freitas do Amaral, Bundeskanzler Bruno Kreisky, den Abgeordneten zum Nationalrat Sixtus Lanner, Univ.-Prof. Norbert Leser, den englischen Europafachmann Roger Morgan, den Berliner sozialdemokratischen Politologen Alexander Schwan, den Bundesparteiobmann der ÖVP, Josef Taus, sowie zwei weitere Engländer, nämlich den juridischen Berater von „Amnesty International", Nigel Rodley, und den Leiter der Europäischen Bewegung in Großbritannien, Ernest Wistrich. Auch diesem Gespräch wurde ein außerordentlich starkes Interesse entgegengebracht, das sich darin äußerte, daß sich ähnlich wie bei dem vorangegangenen Nachtgespräch zusätzlich zu den normalen Teilnehmern zahlreiche Zuhörer aus Südbayern und Westösterreich einfanden.

In all diesen vielen Jahren war uns eine große Anzahl von Alpbachern – Bergbauern, Handwerker, Geschäftsleute, Gastwirte und Hoteliers – dank ihrer ständigen Hilfsbereitschaft und manche auch aufgrund ihres Interesses an unserer Arbeit sehr ans Herz gewachsen. Im Böglerhof waren das vor allem Bürgermeister Alfons Moser – dessen energischer Regierung die Gemeinde Alpbach so viel zu verdanken hat – seine Frau Midl, deren Schwester Leni und Alfons Mosers Tochter Carin, die, als ich nach Alpbach kam, als schüchternes kleines Mäderl herumlief, heute aber weit weniger schüchtern als schöne und energische Besitzerin des Böglerhofs waltet. Carin Moser-Duftner und ihr Mann, der Innsbrucker Juwelier Hans Duftner, bemühen sich redlich, das immer schwierige Österreichische College zu verstehen und richtig zu behandeln. Die vielen Jahre der Zusammenarbeit mit der Familie Moser und nun auch mit der Familie Duftner haben uns zu guten Freunden werden lassen, auch wenn es manchmal kleine Meinungsverschiedenheiten gibt. Ähnliches gilt für André Bischofer, den Besitzer des Hotels Alpbacher Hof, den ich zusammen mit seinem Bruder Luggi Bischofer, dem heutigen Besitzer des Gasthofs Messner, schon im Jahr 1945 – damals waren sie noch junge Burschen – gut kennenlernte. Das Hotel Alpbacher Hof bestand damals noch lange nicht, und der Messner war ein kleiner Gasthof ohne Zimmervermietung. Ich erinnere mich noch gut, wie ich der besonders netten Moidl Bischofer, der Mutter von Andre und Luggi, im Jahr 1946 gut zureden mußte, sie sollte doch etwas mehr Geschirr kaufen, um mehr Leute verköstigen zu können, denn viele unserer Teilnehmer mußten in den ersten Jahren zu Mittag nach Inneralpbach gehen und später fahren, weil es in Alpbach selbst nicht genügend Eßmöglichkeiten gab, und wie ich sie außerdem dringend ersuchte, doch ein paar Zimmer als Unterkünfte herzurichten. Damals erwiderte mir die Moidl: „Jo mei, Otto, do müßt i jo Matrotzn und Tuchentn kaufn und des lohnt si lei goa ned." Die liebe Moidl hat dann aber doch Geschirr, Matrazen und Tuchenten gekauft, und es sollte sich bald herausstellen, daß es sich sehr wohl gelohnt hat, denn heute ist der Messnerwirt nicht nur ein großes Gasthaus, sondern auch ein Betrieb mit vielen Fremdenzimmern, der sichtlich sehr gut geht. Ein anderer unserer Freunde schon der ersten Jahre war Othmar Radinger – in ganz Alpbach nur als „der Othmar" bekannt –, der Besitzer des Gasthofs Jakober, eines der ältesten Bergknappenhäuser von Alpbach, in dessen schönen alten Bauernzimmern ich selbst viele Jahre lang gewohnt habe, und der, ebenso wie seine ganze Familie, mit uns von Anfang an freundschaftlich verbunden war. Das Zimmer 1 im Gasthof Jakober, in dem ich nicht nur wohnte, sondern das auch mein Büro darstellte, von dem aus ich die Veranstaltung leitete, spielte daher in den fünfziger Jahren eine gewisse Rolle. Da es noch kaum Telephone in Alpbach gab, hatten wir eine Lautsprecheranlage im ganzen Ort angelegt, über die wir wichtige Nachrichten und Aufforderungen zu Sitzungen und Besprechungen übermittelten. Bei einem der Schlußfeste – in denen die College-Leitung meist verulkt wurde –, das damals unter dem Motto „Alpbach in fünfzig Jahren" stand, hieß es in Anspielung darauf: „Der Heilige Vater und der Präsident der Vereinigten Staaten werden dringend gebeten, sich sofort zur Seminarleiter-Sitzung im Zimmer 1 des Jakober einzufinden." Ein anderes Mal mußte ich zwei junge Studenten auffordern, auf das Zimmer 1 zu kommen, weil der aufgebrachte Wirt eines anderen Gasthofs in der Früh bei mir erschienen war und behauptete, zwei nicht mehr ganz nüchterne Mitglieder von „de College" hätten in der vergangenen Nacht bei ihm das Fenster der versperrten Eingangstür eingeschlagen und ihn dann mit einem Messer bedroht. Die beiden, die ziemlich bedrückt vor mir saßen, waren auch durchaus geständig, das Fenster eingeschlagen zu haben, wenn auch „nur durch Zufall", leugneten aber jegliche Messerbedrohung des Gastwirtes. Nachdem ich ihnen erklärte, daß in Alpbach Gastwirte nicht nur aus humanitären Gründen, sondern auch aus Gründen der Zweckmäßigkeit, nämlich zwecks Aufrechterhaltung der Ernährung und Unterkunft, nicht erdolcht werden dürften und daß bei einer zweiten Kollision mit einem Fenster ich sie leider bitten müßte, Alpbach zu verlassen, zogen sie, durchaus sympathisch und voll Verständnis nickend, aber sichtlich zerknirscht wieder ab. Mir waren die beiden damals völlig unbekannt, später sollten sie bekannte Künstler werden. Sie hießen: Helmut Qualtinger und Erich Neuberg.

Einer der ersten Alpbacher, der aufopfernd bei uns mitarbeitete und bald ein wirklich guter Freund von uns allen wurde, ist Koni Moser. Er, der als ganz junger Bursch noch Aufklärungsflieger der deutschen Luftwaffe im Zweiten Weltkrieg war, ist ein Allround-Könner, der ebenso jede Radio- oder Telephonanlage richten kann, wie er mit den Honoratioren von Innsbruck, wenn sie nach Alpbach kommen, fallweise für uns verhandelt und überall einspringt, wo es nötig ist. Ein ähnlicher Fall wie „der Koni" ist „der Luggi", nämlich Luggi Mayrhofer, der ebenfalls auf vielen Gebieten bewandert ist und mit größter Geschicklichkeit und Intelligenz immer bereit ist, zu helfen und mitzuarbeiten. Beide gehören längst zum Kern unserer Alpbacher Familie. Sie sind die beiden Nothelfer, wenn irgendwo auf technischem Gebiet etwas schiefzugehen droht und die verdienstvollen Leiter unseres technischen Sekretariats, Architekt Hans Sobotka und Johannes Kaiser, mit sorgenvollem Kopfschütteln erklären, „da muß der Koni oder der Luggi her". Immer hilfsbereit sind auch die Familien, die die beiden großen Geschäfte Margreiter und Reichssöllner besitzen, und der Direktor der in den letzten 36 Jahren groß gewordenen Alpbacher Schule, Josef Steinlechner, dessen Schulräume uns jedes Jahr in freundlicher Weise für Sekretariate und Arbeitsgemeinschaften zur Verfügung gestellt werden. Zu unseren ältesten Freunden gehört auch der stets um das Wohl von Alpbach besorgte Gemeindesekretär Josef Kostenzer, der allerdings den meisten nur als „Gemeinde-Sepp" bekannt ist. Der neue Alpbacher Bürgermeister, Oswald Moser – den ich schon als ganz jungen Burschen kannte, ebenso wie seine Frau, die ich noch als junges Mädchen beim Hösltanz* bewunderte –, der Vizebürgermeister Wastl Moser, der mir, als ich die Ehrenbürgerschaft von Alpbach erhielt, einen hervorragenden selbstgebrannten Schnaps schenkte, und der zweite Vizebürgermeister und Baumeister, Hans Jörg Lederer, dessen Vater das Paula-Preradović-Haus unter Leitung von Architekt Kitt baute und der selbst nun als Baumeister Alpbach betreut, gehören ebenso zu unseren alten Freunden wie viele

---

* Einer der alten Volksbräuche im Alpbachtal.

andere, die ich leider nicht alle nennen kann. Lediglich einer muß last not least genannt werden, einer, der zwar kein gebürtiger Alpbacher ist, sondern aus dem Stubaital stammt, aber längst eingemeindet ist, nämlich Hans Jenewein, der Neffe jenes von mir schon eingangs genannten Max Jenewein, der eine Zeitlang als Sekretär von Landesrat Hans Gamper fungierte, bevor er österreichischer Diplomat wurde. Hans Jenewein kam vor vielen Jahren nach Alpbach und pachtete den Böglerkeller, in dem sich lange Zeit allein das Alpbacher Nachtleben, wenn man es so nennen will, abspielte. Später baute er das Hotel Alphof als drittes Hotel in Alpbach, zu unserer großen Freude, da wir immer zuwenig Hotelbetten haben, um die stets größer werdende Teilnehmerzahl unterzubringen. Er und seine Grazer Frau gehören ebenfalls zu unseren einsichtigen Alpbacher Freunden.

Die kommenden Jahre brachten ein fast explosives Anwachsen der Zahl bedeutender Mitwirkender bei den Alpbacher Veranstaltungen. 1977 leitete der jugoslawische marxistische Philosoph der Belgrader Praxisgruppe, Svetozar Stojanović, zusammen mit dem Amerikaner Gordon Tullock eine Arbeitsgemeinschaft über soziale Konflikte und das Problem der sozialen Ordnung im Rahmen des Generalthemas „Konflikt und Ordnung". Eine große Arbeitsgruppe über Forschung zwischen Konflikt und Konsens, die in Zusammenarbeit mit dem Bundesministerium für Wissenschaft und Forschung Grundlagen für eine kommende gesetzliche Regelung von Forschungsfragen erarbeiten sollte, stand unter der Leitung des Vizepräsidenten der deutschen Forschungsgemeinschaft, Gerd Roellecke, des bekannten Wiener Wissenschaftlers Fritz Paschke und des Sektionschefs im Wissenschaftsministerium und verdienstvollen Mitglieds der Widerstandsbewegung gegen Hitler, Wilhelm Grimburg. Neben den drei Leitern nahm noch eine größere Anzahl von Wissenschaftlern, darunter der damalige Rektor der Universität Wien, Franz Seitelberger, an der Arbeitsgemeinschaft teil. Im engen Zusammenhang damit stand auch die Plenarveranstaltung „Die Zukunft der Forschung", bei der unter anderen der österreichische Wissenschaftsminister, Hertha Firnberg, der für Forschung und Wissenschaft zuständige Schweizer Innenminister Hans Hürlimann, der Präsident der österreichischen Akademie der Wissenschaften, Herbert Hunger, und der UNO-Direktor für Wissenschaft und Forschung, Klaus-Heinrich Standke, sprachen. Die große Forschungsdiskussion, an der sich weit über die genannten Persönlichkeiten hinaus eine beträchtliche Anzahl von Wissenschaftlern aktiv beteiligte, fand nicht zuletzt wegen ihrer Bedeutung für das entstehende Forschungsgesetz größtes Interesse.

Eine andere Arbeitsgemeinschaft, die außerordentlich aktuelle Probleme behandelte, war das Seminar über Steuerungsmechanismen in alternativen sozialen Strukturen, das von dem Basler Sozialwissenschaftler Peter Bernholz und dem Konstanzer Wirtschaftswissenschaftler Bruno Frey geleitet wurde. Beide Wissenschaftler, deren Bedeutung unumstritten ist, wurden erfreulicherweise engere Mitarbeiter unseres Alpbacher Werkes.

Zwei große wirtschaftswissenschaftliche Arbeitsgemeinschaften vereinigten in diesem Jahr eine umfangreiche Gruppe von Theoretikern und Praktikern der Wirtschaft Westeuropas, darunter unter anderen den stellvertretenden Generaldirektor der Girozentrale, Walter Fremuth, den britischen Wissenschaftler Stephen Frowen, den Präsidenten der Vereinigung Österreichischer Industrieller in Tirol, Fritz Heiss, den Generalbevollmächtigten der Dresdner Bank, Kurt Richebächer, den Grazer Universitätsprofessor Schachner-Blazizek, den damaligen stellvertretenden Generaldirektor der Creditanstalt-Bankverein, Franz Vranitzky, und den Zentralsekretär der Gewerkschaft Metall-Bergbau und Energie, Sepp Wille. Schließlich nahmen zusätzlich am Wirtschaftsgespräch über die Frage „Wirtschaft zwischen Staatsmacht und Sozialoffensive" noch das Mitglied des Vorstandes der Deutschen Bank, Alfred Herrhausen, der Präsident der Vereinigung Österreichischer Industrieller, Hans Igler, der Präsident der Bank für Arbeit und Wirtschaft, Fritz Klenner, und der Secrétaire Conféderal der CGT Force Ouvrière, Antoine Lavel, aus Paris teil. Den Hauptvortrag zu dieser Thematik hielt Vizekanzler und Finanzminister Hannes Androsch, der Staatssekretär im französischen Handelsministerium, Antoine Rufenacht, sprach über freie Wirtschaft und Planifikation in Frankreich und der Präsident der Schweizer Bankgesellschaft, Philippe de Weck, über die Bedrohung der Marktwirtschaft. Geleitet wurde die Veranstaltung vom Präsidenten des deutschen Industrie- und Handelstages, Otto Wolff von Amerongen, zusammen mit Georg Zimmer-Lehmann.

Das Politische Gespräch über Strategien zur internationalen Konfliktregelung brachte Vorträge des luxemburgischen Ministerpräsidenten Gaston Thorn über den Konflikt um das geteilte Europa und eine Rede des früheren israelischen Ministerpräsidenten Yitzhak Rabin über die Möglichkeit für eine politische Lösung des arabisch-israelischen Konfliktes. Unter den Podiumsteilnehmern befanden sich unter anderen der außenpolitische Sprecher der konservativen Partei Großbritanniens, Geoffrey Rippon, und der bekannte deutsche Journalist Carl Gustav Ströhm.

Den kulturellen Mittelpunkt des Sommers 1977 stellte das Kulturgespräch über das Phänomen der literarischen Kreativität dar, das eine Problematik behandelte, die mich seit langer Zeit interessierte, nämlich die Frage, wieso in einem bestimmten Raum zu einem bestimmten Zeitpunkt eine besondere Kreativität, sei es nun auf literarischem oder auf dem Gebiet der bildenden Kunst, im musikalischen oder auch in verschiedenen wissenschaftlichen Bereichen, zu beobachten ist. Herausragende Beispiele für diese Fragestellung mögen insbesondere die holländischen und flämischen Maler des 16. und 17. Jahrhunderts darstellen oder aber auch das Phänomen der literarischen Kreativität im Raum zwischen Wien, Prag und Czernowitz zwischen dem ausgehenden 19. und der Mitte des 20. Jahrhunderts. Dieser letzteren Frage, in Verbindung mit der Frage nach der Ursache der derzeitigen erfreulich großen Anzahl von literarischen Begabungen in Kärnten und der Steiermark, war unser Kulturgespräch im Sommer 1977 gewidmet. Ich selbst versuchte dabei die gesamte Problemstellung einer starken Kreativität auf einem bestimmten Gebiet kultureller Tätigkeit in einem geographisch begrenzten Raum klarzulegen, während der Triestiner Literaturwissenschaftler Claudio Magris über das Thema „Der unauffindbare Sinn – Konflikt und Ordnung im Dreieck Wien–Prag–Czernowitz", der Landeshauptmann von Kärnten, Leopold Wagner, über „Das Phänomen der literarischen Kreativität in Kärnten" und der Grazer Schriftsteller Peter Daniel Wolfkind über „Das Erwachen zur Wirklichkeit – Die neue Literatur in der Steiermark" sprachen. Der Londoner Germanist Peter Stern befaßte sich im Zusammenhang damit mit der aktuellen Frage von Literatur und Ideologie.

In Verbindung mit dieser Veranstaltung sprach auch der Wiener Germanist Wendelin Schmidt-Dengler und lasen aus eigenen Werken der Grazer Schriftsteller Wolfgang Bauer, der Klagenfurter Gert Jonke, der Wiener György Sebestyén und der insbesondere durch seine „Maghrebinischen Geschichten" bekanntgewordene Dichter Gregor von Rezzori.

Eine besondere Note erhielten die künstlerischen Veranstaltungen des Sommers 1977 auch durch den originellen israelischen Choreographen und Tänzer Moshe Efrati, der mit seiner Ballettgruppe einen Workshop durchführte. An einem der letzten Tage der Veranstaltung schloß er den Workshop mit einer allgemein zugänglichen, ausgezeichneten, von Koschka Hetzer interpretierten Ballettvorführung ab.

Wolfgang Pfaundlers hervorragender Film „Die Alpbacher Lebensuhr" und Peter Kubelkas Analyse des Mediums Film rundeten ebenso wie die von Horst Gerhard Haberl und Hartmut Skerbisch durchgeführte Video-Film-Installation-Show das künstlerische Programm ab.

Der Frühsommer 1978 brachte zunächst eine neue Veranstaltung des Österreichischen College, nämlich den ersten der sogenannten „Dialogkongresse", die von nun an alljährlich in der zweiten Hälfte des Juni durchgeführt werden. Es war schon seit langer Zeit mein Plan gewesen, die großen, mehr oder weniger innereuropäischen Dialoge des „Europäischen Forums Alpbach" durch einen Dialog des gesamten westeuropäischen Raumes mit einem anderen Kultur- und Wirtschaftsraum zu ergänzen. Nach Besprechung mit Bundeskanzler Kreisky, Wissenschaftsminister Hertha Firnberg, Landeshauptmann Wallnöfer und Bundeskammerpräsident Sallinger, die an dem Gedanken, solche Dialoge auf österreichischem Boden durchzuführen, aus den verschiedensten Gründen interessiert und bereit waren, eine derartige Initiative zu unterstützen, konnte der erste Dialogkongreß zwischen Westeuropa und Schwarzafrika im Juni 1978 durchgeführt werden. Im Gegensatz zu den viel größeren Kongressen des „Europäischen Forums Alpbach" handelt es sich hier um reine Expertenkongresse mit etwa 250 bis 280 Mitwirkenden, an denen lediglich ausgesuchte Fachleute für die kulturelle, politische, wirtschaftliche und soziale Zusammenarbeit der jeweils zwei Kultur- und Wirtschaftsräume sowie Experten für die historische Entwicklung der gegenseitigen Beziehungen teilnehmen. Von europäischer Seite nehmen meist Experten aus zehn bis zwölf an dem anderen Kulturraum besonders interessierten Ländern teil, während der außereuropäische Kulturraum, sofern er nicht durch eine einzige Nation, wie im Fall Japans oder der USA, repräsentiert wird, von meist fünf bis acht Nationen vertreten wird. Der über alle Erwartungen große Erfolg des „Dialogkongresses Westeuropa – Schwarzafrika" bestärkte uns in der Überzeugung, daß diese Dialogkongresse für beide Seiten außerordentlich nützlich und wichtig seien, um die gegenseitigen Beziehungen zu verbessern, zu intensivieren, und von etwaigen Ressentiments zu befreien. Dem Dialog mit Schwarzafrika folgten ähnliche Dialogkongresse mit Lateinamerika, Japan und den Vereinigten Staaten von Amerika. Es zeigte sich bald, daß die durch diese neuen Expertenkongresse hergestellten weltweiten Beziehungen sich auch in vieler Hinsicht für das „Europäische Forum Alpbach" als fruchtbar und nützlich erwiesen.

Die Jahre 1978 bis 1980 brachten eine Reihe von wichtigen Plenarveranstaltungen und Europäischen Gesprächen, die unsere bisherige Arbeit ergänzten. So fand 1978 ein umfassendes Gespräch über „Die Macht des Geistes – Eine neue Lösung des Leib-Seele-Problems" statt, das von dem Philosophen Sir Karl Popper und dem Gehirnphysiologen und Nobelpreisträger Sir John Eccles getragen wurde, während der Wiener Neurologe Franz Seitelberger die außerordentlich anregende Diskussion leitete. Dieses Gespräch stellte sozusagen den öffentlichen Abschluß einer schon seit mehreren Jahren vor sich gehenden Gemeinschaftsarbeit von Popper und Eccles dar.

Zwei Tage später sprachen der Generalsekretär der Vereinten Nationen, Kurt Waldheim, und der österreichische Außenminister Willibald Pahr über die Problematik von Weltpolitik und Macht und erörterten sowohl die Möglichkeiten eines neutralen Staates im machtpolitischen Spannungsfeld als auch die schwierigen Aufgaben der Vereinten Nationen im internationalen Kräftespiel.

In diesem Jahr wurde auch zum ersten Mal am Eröffnungstag des „Europäischen Forums Alpbach" der vom Österreichischen College und vom Fritz-Molden-Verlag gestiftete „Paula-von-Preradović-Preis für junge österreichische Literatur" verliehen. Aufgrund des Beschlusses einer Jury, bestehend aus Germanisten, Literaturkritikern und den Vorsitzenden der Österreichischen Gesellschaft für Literatur und des PEN-Clubs, wurde dieser Preis im Jahr 1978 der Grazer Dichterin Roswitha Hamadani überreicht, im Jahr 1980 – dieser neue Literaturpreis wird alle zwei Jahre verliehen – erhielt ihn die junge Oberösterreicherin Maria Anastasia Druckenthaner.

1979 brachte einen für unsere Arbeit wichtigen und grundlegenden Vortrag des bekannten israelischen Psychologen Hans Kreitler zu den gruppendynamischen Aufgaben und Möglichkeiten Alpbachs. Kreitler, der Alpbach schon ziemlich gut kannte und verschiedentlich interessante Vorschläge in den vergangenen Jahren gemacht hatte, sagte dazu unter

Hannes Androsch, damaliger österreichischer Finanzminister und Vizekanzler, langjähriger Mitarbeiter und Freund Alpbachs, hält den Einleitungsvortrag für das Wirtschaftsgespräch 1974. Links sitzend Präsident Wolfgang Schmitz und Georg Zimmer-Lehmann. (Photo Alpenbild.)

Links oben: Otto Wolff von Amerongen, führender deutscher Industrieller und Präsident des Deutschen Nationalkomitees für das Europäische Forum Alpbach. *(Photo Alpenbild.)*
Links unten: Der Wissenschaftler und politische Schriftsteller Karl Steinbuch und der Politologe und Philosoph Alexander Schwan sowie der Wiener Vizebürgermeister Erhard Busek. *(Photo Alpenbild.)*
Unten: Martin Esslin, Schriftsteller und Theaterwissenschaftler, und der tschechische Dichter Ota Filip. *(Photo Alpenbild.)*

Das große Alpbacher Dissidentengespräch zur „Geistigen Situation in Osteuropa und Rußland" im Sommer 1976 (von links nach rechts): Andrej Amalrik, Horst Bienek, Gyula Borbandi, Karl Gustav Ströhm, Natalja

Gorbanevskaja, Wladimir Maximow, Ota Filip, Fritz Molden als Diskussionsleiter, Lev Nussberg, Alexander Galitch, Viktor Nekrasow, Pavel Tigrid und Georg von Schlippe. (Photo Alpenbild.)

Oben links: Die russische Lyrikerin Natalja Gorbanevskaja und Wladimir Maximow, einer der bedeutendsten russischen Dichter der Gegenwart. (Photo Alpenbild.)
Oben rechts: Sir John Eccles, Gehirnphysiologe, Philosoph und Nobelpreisträger. (Murauer-Foto.)
Linke Seite oben: Die Forumsgruppe des Politischen Gespräches 1976 mit Bundeskanzler Bruno Kreisky, Otto Molden, ÖVP-Bundesparteiobmann Josef Taus, dem späteren portugiesischen Außenminister Freitas do Amaral, dem Direktor der London School of Economics Ralf Dahrendorf und dem Berliner Wissenschaftler Alexander Schwan. (Photo Alpenbild.)
Linke Seite unten: Der „italienische Leibniz" Vincenzo Cappelletti, Mediziner, Philosoph, Naturwissenschaftler, Verleger und Präsident des Italienischen Nationalkomitees für das Europäische Forum Alpbach. (Photo Alpenbild.)

Podiumsdiskussion mit UNO-Generalsekretär Kurt Waldheim, Ralf Dahrendorf und Österreichs Außenminister Willibald Pahr. (Murauer-Foto.)

Kunstdiskussion im Schrödingersaal des Paula-Preradović-Hauses. Am Mikrophon der Lyriker und Sänger André Heller. (Murauer-Foto.)

Ein Gespräch unter „Alt-Alpbachern" (von links nach rechts): Volkmar Parschalk, ORF-Kulturredakteur und langjähriger Alpbach-Berichterstatter, Gesandter Simon Hausberger, einziger tatsächlich in Alpbach geborener „Alpbacher", Otto Molden, die Physikerin Univ.-Prof. Erika Cremer und der Produzent verschiedener hervorragender Filme über Alpbach und Fernsehjournalist Hannes Kar. (Photo Alpenbild.)

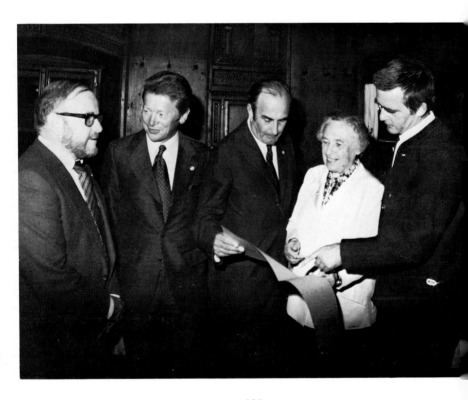

Kardinal Franz König (vorne rechts) bei einer philosophisch-theologischen Diskussion in einer der Arbeitsgemeinschaften. (Murauer-Foto.)

Links: Gespräch zwischen Fritz Molden, Bundespräsident Rudolf Kirchschläger und dem Dichter Manès Sperber. Links hinten, halb verdeckt, Botschafter Emanuel Treu. *(Photo Österreichisches College.)*
Unten: Wissenschaftsminister Hertha Firnberg, die mit Interesse und Tatkraft das Werk von Alpbach unterstützt, und der senegalesische Staatssekretär für Wissenschaft und Technik Jacques Diouf. *(Murauer-Foto.)*

Oben: Politisches Gespräch 1980 (von links nach rechts): General Moshe Dayan, Frau Esther Dayan, der Präsident des Französischen Nationalkomitees für das Europäische Forum Alpbach, Botschafter Poussard, Vinzenco Cappelletti, Fritz und Hannerl Molden. (Murauer-Foto.)
Unten: Anläßlich der Feier zum 80. Geburtstag von Ernst Křenek (von

links nach rechts): die Fernsehjournalistin Koschka Hetzer, Gladys und Ernst Křenek. (Murauer-Foto.)
Oben: General Moshe Dayan und Frau Esther Dayan, im Hintergrund Fritz Molden, beim Besuch der Kasermandl-Hütte, einer hochgelegenen Alm im hinteren Alpbachtal. (Murauer-Foto.)

Die manchmal düster-geheimnisvoll wirkende Landschaft, deren kontemplative Atmosphäre für die Alpbacher Arbeit von großer Bedeutung ist. (Photo Pfaundler.)

anderem: „Das große internationale Prestige Alpbachs hat nicht verhindert, daß sowohl lobende als auch tadelnde Kritiker zumeist eine der wesentlichsten Leistungen Alpbachs übersehen – den Versuch, neben Humanisierung des einzelnen und der Gesellschaft vermittels vergeistigender Wissenserweiterung auch Humanisierung des Geistes vermittels persönlichkeitsformender Gruppendynamik zu erwirken. Mit anderen Worten: wer lediglich die Vorträge beurteilt, aber das zwischenmenschliche Geschehen unbeachtet läßt, mißversteht das Wesen Alpbachs.

Wie diffus auch Alpbach erscheinen mag, wie sehr man sich auch über diese oder jene Diskussion ärgert, Alpbach ist mit all seinen heterogenen, widerspruchsvollen Ideen und seinen komplexen zwischenmenschlichen Beziehungen ein Ganzes, das durch das fast zum Schlagwort gewordene Anliegen ,tolerante Diskussion gegensätzlicher Standpunkte' zusammenfassend charakterisiert wird... Überblickt man die Alpbachprogramme der letzten 35 Jahre und liest auch nur einiges von alldem, das da gesagt wurde, so gelangt man zur Überzeugung, daß das Anliegen Alpbachs realistische Gegenwartsanalyse, der dahinter wirkende Geist Zukunftsglaube ist, während Toleranz den Rahmen bildet, ohne den das Nebeneinander von soviel Gegensätzlichem nicht möglich wäre. Es kann kein Zufall sein, daß Otto Molden, der Alpbach träumte und gründete, in einem Milieu aufwuchs, das durch realistische Gegenwartsanalyse und visionäre Kulturbestrebungen bestimmt wurde... Darüber hinaus hat Alpbach bisher ungenützte gruppendynamische Möglichkeiten. So könnte man zum Beispiel... verschiedene Formen und Systeme staatlicher Organisation simulieren, um einerseits ihr Für und Wider in bezug auf den Einzelmenschen, die Familie und die Gruppe zu verlebendigen und andererseits die Teilnehmer an diesem psychodramatischen Experiment zu veranlassen, sich auch mit jenen Alternativen auseinanderzusetzen, die sie schon a priori ablehnen. Alles in allem sind die bisher noch ungenützten Möglichkeiten Alpbachs fast ebenso zahlreich wie die gruppendynamischen Aufgaben, die in Alpbach Jahr für Jahr erfüllt werden."

Einer der anderen Mittelpunkte des Sommers 1979 war das Politische Gespräch „Europa – Die unvollkommene Nation". Von dem Gedanken ausgehend, daß Europa beziehungsweise zumindest Westeuropa langsam zu einem gemeinsamen Staat und einer föderativ geordneten Nation heranwächst, in der die einzelnen Völker ihre volle Entfaltungsmöglichkeit behalten müssen, sprach Hans Kreitler über die Psychologie der Nationsbildung, der französische Minderheitenfachmann Guy Heraud über „Europas Minderheiten – Ein Symbol der unvollkommenen Nation", Gaston Thorn über die „Einheit Europas – Reale Chance oder Utopie" und ich selbst über „Europa – Eine ethnische und geistige Entwicklung". Das Gespräch, dem eine lange und erregte Diskussion folgte, wurde von Willfried Gredler geleitet.

Im Sommer 1979 wurde auch der nur wenig gelungene Versuch gemacht, die Arbeitsgemeinschaft für künstlerische Fragen mit einer

Präsentation zu verbinden, die von ihren Veranstaltern „Artopia" genannt wurde. Das Experiment, mit einer größeren Anzahl von Teilnehmern, die mit der eigentlichen Arbeit und Zielsetzung von Alpbach weder vertraut noch überhaupt an ihr interessiert waren, ein Kunstspektakel am Rande der Gesamtveranstaltung aufzubauen, schlug nicht nur wegen der unzureichenden Vorbereitung und sehr nebulosen Zielsetzung der Veranstalter von „Artopia" fehl, sondern vor allem auch deswegen, weil sich wiederum zeigte, daß in Alpbach nur für unsere Arbeit integrationswillige und integrationsfähige Personen fruchtbar werden können.

Sehr eindrucksvoll hingegen waren die Dichterlesung von André Heller und das von dem jungen Regisseur Heribert Sasse gespielte und inszenierte Stück „Pchenz" von Andrej Sinjawskij, der selber dann am späten Abend mit seiner Autorenlesung großen Beifall erntete.

Hatte im Jahr 1978 das Kulturgespräch und im Jahr 1979 das Politische Gespräch dominiert, so war es im Jahr 1980 das Wirtschaftsgespräch, das ein besonderes Interesse hervorrief und eine bisher noch nicht gekannte Anzahl von Wirtschaftsführern aus dem freien Europa und aus den Vereinigten Staaten nach Alpbach brachte. Unter dem Titel „Wirtschaftskrise in den achtziger Jahren – Analyse und Überlegung der wirtschaftlichen Ausgangssituation im Jahr 1980" sprachen Vizekanzler und Finanzminister Hannes Androsch, der amerikanische Unterstaatssekretär für Wirtschaftsangelegenheiten im State Department, Richard Cooper, der Präsident der Schweizer Nationalbank, Fritz Leutwiler, und der italienische Schatzminister Filippo Maria Pandolfi unter dem Vorsitz von Otto Wolff von Amerongen, während die verschiedenen Round tables vom Chefredakteur der „Zeit", Theo Sommer, vom Herausgeber von „Euromoney" in London, Patrick Sergeant, und Georg Zimmer-Lehmann geleitet wurden. Der Erläuterung der Weltwirtschaftskrise aus der Sicht der USA stand die Meinung Europas zu dieser Problematik gegenüber, während die monetären Probleme der achtziger Jahre, die Weltwirtschaftskrise und die Dritte Welt die anderen Problemkreise darstellten, die besonders erläutert wurden. Eineinhalb Tage lang besprachen die 250 in Alpbach anwesenden Wirtschaftsführer zusammen mit den mehreren hundert anderen Teilnehmern die wirtschaftlichen Auspizien für das neunte Jahrzehnt des zwanzigsten Jahrhunderts.

Künstlerisch stand in diesem Jahr die Aufführung des „Alpbach-Quintetts", des seinerzeit für unsere Veranstaltung von Ernst Křenek geschriebenen Werkes, anläßlich der Feiern zum 80. Geburtstag des Komponisten, die in Alpbach stattfanden, im Mittelpunkt. Einen der Höhepunkte dieser mit großer Herzlichkeit durchgeführten Veranstaltungen bildete die Benennung eines unserer Hörsäle nach Ernst Křenek.

Die Ausstellung dieses Jahres war eine Gedächtnisausstellung zum fünften Todestag von Fritz Wotruba am 28. August 1980. Eine Reihe der schönen Kleinplastiken Fritz Wotrubas und verschiedene seiner Graphiken wurden in der Halle des Böglerhofs zur Erinnerung an diesen unseren guten alten Freund ausgestellt. Die Ausstellung selbst wurde vom Rektor der Hochschule für angewandte Kunst, Oswald Oberhuber, eingeleitet. Ähnliche Kunstausstellungen – natürlich jedes Jahr anderen Künstlern und künstlerischen Problemkreisen gewidmet – werden alljährlich in Alpbach durchgeführt. Besonders erfolgreich um diese Ausstellungen bemüht waren in den letzten Jahren der holländische, im Sommer in Alpbach lebende Karikaturist Fritz Behrendt, der Wiener Galerist Christian Brandstätter und der bekannte Wiener Architekt und politische Karikaturist Gustav Peichl. Wir sind bestrebt, mit den Ausstellungen, wenn möglich, ein das jeweilige Generalthema begleitendes Motiv anzusprechen und durch die Darstellung der ausgestellten Kunstgegenstände in der großen Halle des Hotels Böglerhof, die eines der Hauptkommunikationszentren unserer Kongresse während der Freizeit bildet, den Teilnehmern die ganze Kongreßdauer hindurch die Möglichkeit zu geben, sich mit den jeweils ausgestellten Werken zu befassen.

Einen Triumph seiner starken und ebenso eindrucksvollen wie charmanten Persönlichkeit konnte Israels Kriegs- und Friedensheld, General Moshe Dayan, feiern. Der Sieger im Sechstagekrieg im Juni 1967 gegen die vereinigten Armeen verschiedener arabischer Staaten und spätere Außenminister, der wesentlich am Friedensabkommen von Camp David mit Ägypten mitgewirkt hatte, sprach im Rahmen des Politischen Gesprächs in einem überfüllten Saal über die Beziehungen zwischen Israelis und Arabern. Dayan, der als Kind im ersten von Juden gegründeten Kibbuz in Degania, nahe dem See Genezareth, mitten unter Arabern aufgewachsen und in seiner Jugend mit vielen Arabern befreundet gewesen war, brachte eine Reihe in Westeuropa kaum bekannter Informationen zum Palästinenserproblem.

* *

Schon beginnt eine dritte Generation an den Wiesenhängen von Gratlspitz und Schatzberg mitzuarbeiten, auch wenn viele der seinerzeit Jungen der ersten Generation, die 1945 und 1946 mit der Arbeit in Alpbach begannen, noch höchst aktiv und mit ständig neuen Ideen und Initiativen Alpbach in Atem halten.

Ernst Bloch sagte mir bei seinem letzten Aufenthalt in Alpbach im Jahre 1972 bei einem Gespräch am späten Abend nach seinem und Burghart Schmidts Vorträgen, als ein großer Kreis im Speisessal des Hotels Alpbacherhof noch beisammensaß, mit seiner tiefen, gehaltvollen Stimme: „Was mir an Alpbach besonders gefällt, ist das problemlose Zusammenarbeiten und Zusammenleben so verschiedener Altersgruppen in einem Geist fast utopischer Toleranz und Freiheit." Der damals siebenundachtzigjährige Bloch, dessen große, imponierende Gestalt und

Persönlichkeit starken Kontakt mit Menschen jeden Alters besaß, war sicher legitimiert, darüber zu sprechen.

Das Grab eines anderen großen „Alpbachers", Erwin Schrödingers, auf dem uralten Bergknappen- und Bauernfriedhof, der die Kirche im Zentrum des Ortes fast völlig einschließt, ist jedes Jahr von neuem inmitten unserer Arbeit und unseres Lebens. Viele kommen vorbei, um „unseren" Nobelpreisträger zu begrüßen, dessen schmiedeeisernes Grabkreuz sich so wenig von den anderen Kreuzen der Bergbauern, Handwerker und Gastwirte des Alpbachtals unterscheidet, daß manche das Grab erst nach langem Herumirren auf dem kleinen, aber mit schönen Kreuzen überfüllten Friedhof finden. Wenige Reihen weiter ist das Grab zweier anderer „Alpbacher" der ersten Stunde, zweier Menschen, die schon lange vor uns, lange vor 1945, in Alpbach waren und deren Leben, auch wenn sie keine Intellektuellen aus dem „Flachland" – um mit Thomas Manns Hans Castorp zu sprechen – waren, mit unserer Arbeit eng verbunden war. Es sind die Gräber von Alfons Moser, der 35 Jahre Alpbach als Bürgermeister regierte, sich mit der schwarzgeschlachteten Kuh im Jahr 1945 große Verdienste um die materielle Seite der Durchführung der ersten Alpbacher Veranstaltungen erwarb und noch größere durch die energische Erhaltung des alten Charakters des Ortsbildes, sowie seiner ersten Frau Maria – „Midl" – Moser, die wir alle als den „guten Geist des Böglerhofs" schätzten und deren liebes, gütiges Wesen für uns unvergessen bleibt.

So beherbergt das Gebiet, das wir den „Anderen Zauberberg" nennen, mit seinem Haupttal, seinen Seitentälern – dem Greiter- und dem Luegergraben –, seinen Bergen und Almen, seinem Dorf Alpbach und dem Weiler Inneralpbach, seinen einsamen Bergbauernhöfen, seiner schäumenden, oft ungebärdigen Ache und seinen unzähligen kleinen Bächen, seinen Bergwiesen und Nadelwäldern, die mit zarten Birken und riesigen Ahornen, Eichen und Buchen vermischt sind, mit seinen vom Alter geschwärzten Holzstadeln, die wie Festungen hoch über dem Tal aus den Wiesen und Wäldern ragen, Tote und Lebendige unserer großen Familie und vor allem immer wieder Hunderte, die der seltsamen Anziehungskraft und Faszination erliegen, die die Mischung dieser ganz bestimmten kontemplativen Landschaft und dieser ganz speziellen geistigen Arbeit ausmacht.

Gegenüber dem Dorf Alpbach, das selbst hoch über der Talsohle liegt, ragt der alles beherrschende spitze Galtenberg empor. Neben ihm, den Übergang zum Wiedersbergerhorn beginnend, liegt der breite, zackige Tristenkopf. Er liegt da wie ein gewaltiges Haupt, dessen steinernes Gesicht voll konzentrierter Nachdenklichkeit zum Himmel blickt. Als hätte er seit Jahrhunderttausenden auf uns gewartet, ist er zum schweigsamen, aber großartigen Symbol der Menschen geworden, die vor wenigen Jahrzehnten plötzlich auf den Hängen dieses Tales erschienen, um nachzudenken, um Gespräche zu führen und um einige bescheidene Schritte am endlosen Weg der Erkenntnis vorwärts zu gehen.

ANMERKUNGEN

[1] Simon Moser, Wissenschaft und Gegenwart. Innsbruck 1946, S. 267 f.
[2] Aus einem Reisebericht des Schweizer Studenten Jürg Bär. 1945
[3] Simon Moser, Wissenschaft und Gegenwart. Innsbruck 1946, S. 275
[4] Ebenda, S. 274
[5] Anne Heurgon-Desjardins, Paul Desjardins et les Décades de Pontigny. Paris 1964, S. IX
[6] André Malraux, Gäste im Vorübergehen. Berlin 1978, S. 36
[7] Ebenda, S. 114
[8] Thomas Mann, Der Zauberberg. Frankfurt a. M. 1967, S. 214
[9] Karl Steinbuch, Programm 2000. München 1971, S. 177 f.
[10] Karl R. Popper, Ausgangspunkte. Hamburg 1979, S. 158
[11] Paul Feyerabend, Erkenntnis freier Menschen. Frankfurt a. M. 1980, S. 218
[12] Paul Flora, Ein Schloß für ein Zierhuhn. Innsbruck 1965, S. 16
[13] Aus: *Das Fenster*, Tiroler Kulturzeitschrift, Nr. 25, S. 2495
[14] Hans-Georg Gadamer, Werner Scholz. Recklinghausen 1968, S. 115
[15] Eberhard W. Kornfeld, Ernst Ludwig Kirchner – Dresden, Berlin, Davos. Bern 1979, S. 209
[16] Simon Moser, Weltbild und Menschenbild. Innsbruck 1948, S. 55 f.

DOKUMENTATION DER ALPBACHER VERANSTALTUNGEN VON 1945–1980

Genannt werden für jede Veranstaltung das Jahr, das Generalthema, unter dem die Gesamtveranstaltung stand, vier bis fünf der wichtigsten Plenarveranstaltungen des jeweiligen Jahres (im ganzen werden bei jedem Kongreß etwa 8 bis 14 Plenarveranstaltungen durchgeführt) und 10 bis 30 der für das genannte Jahr signifikantesten Mitwirkenden. Die Gesamtzahl der Mitwirkenden, das heißt der Seminarleiter, Vortragenden, Diskussionsleiter, Künstler usw., beträgt seit 1970 pro Kongreß zwischen 90 und 130. Zwischen 1945 und 1955 war sie wesentlich geringer.

1945: WISSENSCHAFT UND GEGENWART

Das Religiöse in der heutigen Zeit / Demokratie als geistige Lebensform / Geistiger Widerstand in Europa / Autoritäres und liberales Denken.

Louis Aragon, Hans-Urs von Balthasar S.J., Basel; Olof Gigon, Freiburg, Schweiz; Arnold Herdlitczka, Innsbruck; Stefan Hlawa, Wien; Attila Hörbiger, Wien; Albin Lesky, Innsbruck; Fred Liewehr, Wien; Robert Muth, Innsbruck; Roland Nitsche, Zürich; Eduard Reut-Nicolussi, Innsbruck; Eugen Susini, Paris; Paula Wessely, Wien.

1946: ERKENNTNIS UND WERT

Europäische Werte der französischen Literatur / Sozialismus und Ethik / Wertbezogenheit der Rechtsordnung / Werte katholischer Geschichtstheologie.

Maurice Besset, Innsbruck; Herbert Boeckl, Wien; Erika Cremer, Innsbruck; Ernst Fischer, Wien; Ernesto Grassi, Brissago/Tessin; Karl Gruber, Wien; Alma Holgersen, Alpbach; Ernst Jirgal, Wien; Alexander von Lernet-Holenia, Wien; Arthur March, Innsbruck; Simon Moser, Jenbach; Paula von Preradović, Wien; Hugo Rahner, Innsbruck; Werner Scholz, Alpbach; Emil Staiger, Zürich; Alfred Verdroß-Droßberg, Wien.

1947: WELTBILD UND MENSCHENBILD

Erziehung und geistige Einheit der Völker / Das Welt- und Menschenbild des Sozialismus / Das Menschenbild der griechischen Antike / Zum Weltbild der heutigen Physik.

Julien Benda, Paris; Ludwig Bertalanffy, Wien; Felix Braun, London; Friedrich A. Hayek, London; Werner Heisenberg, Göttingen; W. A. Jöhr, St. Gallen; Eugen Kogon, Frankfurt a. M.; Heinrich Mitteis, Berlin; Simon Moser, Jenbach; Karl Rudolf, Wien; Jürg Sackenheim, Innsbruck; Leopold Soukup, Seckau; Hans Thirring, Wien; Jean Wahl, Paris; Viktor Freiherr von Weizsäcker, Heidelberg; Fritz Wotruba, Wien.

1948: GESETZ UND WIRKLICHKEIT

Gesetz und Idee im Reiche des Lebens / Gesetz und Wirklichkeit in Wirtschaftslehre und Wirtschaftspolitik / Naturgesetz und theoretische Systeme / Der ethische Begriff des natürlichen Gesetzes.

Raoul Aslan, Wien; Nobelpreisträger E. Chain, Oxford; Franz Theodor Csokor, Wien; Landesrat Hans Gamper, Innsbruck; Maurice de Gandillac, Paris; Diego Goetz O.P., Wien; Franz Gschnitzer, Innsbruck; Benedikt Kautsky, Zürich; Louis Massignon, Paris; Otto Molden, Wien; Simon Moser, Jenbach; Alfred Neugebauer, Wien; Oskar Pollak, Wien; Karl R. Popper, London; Werner Riemerschmid, Wien; Fritz Schalk, Köln; Thure von Uexküll, München.

1949: GRENZEN DER FORSCHUNG

Grenzen der historischen Vernunft / Die Grenzen zwischen philosophischer und theologischer Ethik / Das Wesen des Geistigen / Grundlagenfragen der Quantenmechanik.

Stefan Andres, Unkel/Rhein; Werner Bergengruen, Zürich; Hochkommissar Emile Béthouart, Wien; Max Bill, Zürich; Donald Brinkmann, Zürich; Jean Daniélou S.J., Paris; Felix Ehrenhaft, Wien; Theodor Julius Geiger, Aarhus; Siegfried Giedion, Zürich; Gottfried Haberler, Cambridge/USA; Clemens Holzmeister, Wien; Unterrichtsminister Felix Hurdes, Wien; Julius Kraft, Washington; Salvador de Madariaga, Oxford; Golo Mann, Claremont/USA; Wilhelm Marinelli, Wien; André Philip, Paris; Denis de Rougemont, Genf; Duncan Sandys, London; Otto G. von Simson, Chicago; Frank Thiess, Darmstadt.

1950: NATUR UND GESCHICHTE

Die Situation des europäischen Intellektuellen / Wege zur europäischen Wirtschaftsunion / Das Reich Gottes als historische Mächtigkeit / Probleme des modernen Theaters.

Hendrik Brugmans, Brügge; Otto Brunner, Wien; Bundeskanzler Leopold Figl, Wien; Kurt von Fritz, New York; Hans-Georg Gadamer, Frankfurt a. M.; Wolfgang Gurlitt, Linz; Adolf Keller, Zürich; Wilhelm Koppers, Wien; Karl Löwith, New York; Ewald Mataré, Düsseldorf; Armand Mergen, Luxemburg; Heinrich Mitteis, München; Hugo Rahner, Innsbruck; Rudolph C. von Ripper, New York; Edgar Salin, Basel; Nobelpreisträger Erwin Schroedinger, Dublin; Oskar Fritz Schuh, Wien.

1951: FORMPROBLEME – STRUKTUREN UND MODELLE

Der Form- und Strukturbegriff in den neuzeitlichen Geisteswissenschaften / Die heutige Situation der Universität / Koordination der europäischen kulturellen, politischen und wirtschaftlichen Institutionen / Der Einfluß der Tiefenpsychologie auf die moderne Welt / Formprobleme des modernen Romans.

Hans-Urs von Balthasar, Basel; Friedrich Dürrenmatt, Bern; Carola Giedion-Welcker, Zürich; Max Hartmann, Hechingen; Friedrich Aage Hansen-Löve, Wien; E. J. Jaspar, Brüssel; Karl Kerenyi, Zürich; Bundespräsident Theodor Körner, Wien; Konrad Lorenz, München; Fritz Machlup, Baltimore; Walter Merz-Benteli, Bern; Reinhold Messner, Schwaz; André Philip, Paris; Hans F. Redlich, Cambridge; Nobelpreisträger Erwin Schroedinger, Dublin; Maurice Schuman, Paris; Wilhelm Szilasi, Brissago/Tessin; Friedrich Torberg, New York; Walter Tritsch, Paris; Hans Zbinden, Bern.

1952: WISSENSCHAFT IM UMBRUCH

Alpbach – die unsichtbare Generation / Österreich im europäischen Raum / Das Problem einer einheitlichen europäischen Währung / Universität und Europa.

Carlo Antoni, Rom; Arnold Bergstraesser, Chicago; Mircea Eliade, Paris; Hans Freyer, Wiesbaden; Yvonne Georgi, Düsseldorf; Edmond Giscard d'Estaing, Paris; Landeshauptmann Heinrich Gleissner, Linz; Max Hartmann, Hechingen; Viktor Kienböck, Wien; Landeshauptmann Josef Klaus, Salzburg; Erik Loennroth, Uppsala; Karl Löwith, Heidelberg; Otto Molden, Wien; Simon Moser, Jenbach; Eduard Reut-Nicolussi, Innsbruck; Erich Rothacker, Bonn; Nobelpreisträger Erwin Schroedinger, Dublin; Robert Wallenborn, USA.

1953: WAS IST DER MENSCH?

Das Menschenbild der Neuzeit / Der Mensch im Übergang vom mythischen zum rationalen Denken / Produktivität und wirtschaftliches Gleichgewicht / Die Einheit der Moderne in bildender Kunst, Literatur und Musik / Der bäuerliche Mensch in der europäischen Gegenwart.

Wystan H. Auden, New York; Arnold Bergstraesser, Erlangen; Gottfried von Einem, Salzburg; Außenminister Leopold Figl, Wien; Arnold Gehlen, Speyer; Ernst Hartmann, Wien; Max Hartmann, Hechingen; Sidney Hook, New York; G. H. R. von Koenigswald, Utrecht; Hans Kohn, New York; Nicolas Nabokov, Paris; Friedrich Nowakowski, Innsbruck; Helmuth Plessner, Göttingen; Bruno Snell, Hamburg; Gerhard Szczesny, München; Peter Viereck, Northampton; Hermann Wein, Göttingen.

1954: GEGENWART UND WISSENSCHAFT

Krise der Ethik und ihre Überwindung / Probleme der politischen Einigung Europas von Versailles bis heute / Europas Weg in der Gegenwart / Die öffentliche Meinung im gegenwärtigen Europa / Das musikalische Theater.

Hermann Abs, Frankfurt a. M.; Gaspar Cassadò, Madrid; Franz Theodor Csokor, Wien; Theodor Erismann, Innsbruck; Friedrich A. von Hayek, Chicago; Friedrich Heer, Wien; Ludwig Jedlicka, Wien; Josef Joham, Wien; Arthur Koestler, London; Unterrichtsminister Ernst Kolb, Wien; Rolf Liebermann, Zürich; Karl Popper, London; Franz Roh, München; Vizekanzler Adolf Schärf, Wien; Helmut Schelsky, Hamburg; Altiero Spinelli, Rom; Hans-Heinz Stuckenschmidt, Berlin; Franco Valsecchi, Mailand.

1955: ERKENNTNIS UND AKTION

Kann der europäische Nationalstaat die politische Einigung Europas verhindern? / Wissenschaftliches Erkennen und technisches Gestalten als schöpferische Tätigkeiten / Die pädagogische Aufgabe der Universität / Der gemeinsame Markt – Kernproblem der Wirtschaftsintegration Europas.

Carlo Argan, Rom; Arnold Bergstraesser, Freiburg/Breisgau; Wilhelm von Cornides, Frankfurt a. M.; Unterrichtsminister Heinrich Drimmel, Wien; Arnold Herdlitczka, Innsbruck; Hans Hoff, Wien; Finanzminister Reinhard Kamitz, Wien; Eugen Kogon, Darmstadt; Staatssekretär Bruno Kreisky, Wien; M. J. Langeveld, Utrecht; Alexander Mitscherlich, Heidelberg; Alfred Mozer, Amsterdam; Ministerpräsident Giuseppe Pella, Rom; Jesus Prados-Arrarte, Madrid; Theodor Pütz, Wien; René Sergent, Paris; Ernst Topitsch, Wien; Otto Veit, Frankfurt a.M.

1956: EVOLUTION UND REVOLUTION

Umstrukturierung der Werte / Marx als Diagnostiker und Prophet der gesellschaftlichen Entwicklung / Rechts und Links als Kategorien der Geistesgeschichte und der Politik / Die zweite industrielle Revolution.

Rosario Assunto, Rom; Paul Feyerabend, Bristol; Gottfried von Haberler, Cambridge; Anton Heiller, Wien; Staatssekretär Bruno Kreisky, Wien; Walter von Loewenich, Erlangen; Bundesminister Hans-Joachim Merkatz, Bonn; Simon Moser, Karlsruhe; Marcel Reding, Graz; Franz Roh, München; Giorgio de Santillana, Cambridge; Gertrud Pfaundler-Spat, Innsbruck.

1957: MYTHOS, UTOPIE, IDEOLOGIE

Klein- und Großeuropa / Literatur und Ideologie / Die Stadt im Zeitalter der Ideologie / Mythos, Utopie, Ideologie – Elemente zur Erkenntnis der Gegenwart.

Hermann J. Abs, Frankfurt a. M.; Theodor W. Adorno, Frankfurt a. M.; Alexander Auer, Wien; Maurice Besset, Innsbruck; Friedrich Cerha, Wien; Laurence Dutoit, Wien; Staatssekretär Walter Hallstein, Bonn; Anton Heiller, Wien; Arthur Koestler, London; Anestis Logothetis, Wien; Gabriel Marcel, Paris; Simon Moser, Karlsruhe; Wolfgang Pfaundler, Innsbruck; Jacques Ruef, Luxemburg; André Wogensky, Paris; Otto Zykan, Wien.

1958: BILANZ DER FREIHEIT

Die Freiheit des Menschen und die internationalen Aufgaben der Kirche / Freiheit und Freiheiten / Westliche Freiheit heute – ein Wirtschaftsgespräch zwischen Europa und Amerika / Freiheit der Forschung.

Hans Barth, Zürich; Henri Birault, Paris; Handelsminister Fritz Bock, Wien; Minister Maurice Faure, Paris; Staatssekretär Franz Gschnitzer, Wien; EG-Präsident Walter Hallstein, Brüssel; Harald Kaufmann, Graz; Kardinal Franz König, Wien; Franco Lombardi, Rom; Karl Popper, London; Karl Schiske, Wien; Alain Touraine, Paris; John W. Watkins, London; Georg Weippert, Erlangen.

1959: POLITIK UND KULTUR

Politik und Kultur / Politik und Geschichtsschreibung / Politik und Erziehung / Die Politik und die Intellektuellen / Der gesamteuropäische Freiheitskampf und die Erhebung Tirols 1809.

Rosalia Chladek, Wien; Carl Dahlhaus, Göttingen; Unterrichtsminister Heinrich Drimmel, Wien; Laurence Dutoit, Wien; Willfried Gredler, Wien; Anton Heiller, Wien; Karl Herczeg, Wien; Michael Higatsberger, Wien; Max Horkheimer, Frankfurt a. M.; Arthur Koestler, London; Franco Lombardi, Rom; Otto Molden, Wien; Otto Pirkham, Frankfurt a. M.; Alexander Randa, Innsbruck; Bundespräsident Adolf Schärf, Wien; Raphael Spann, Wien; Herbert Stachowiak, Berlin; Günther Theuring, Wien; Hans Thirring, Wien; Ministerpräsident Paul van Zeeland, Brüssel.

1960: SPRACHE UND WELT

Kunst: Aussage oder Ausdruck / Mensch – Sprache – Welt / Die Sprache in der Psychopathologie / Europäisches Wörterbuch.

Alexander Auer, Wien; Josef Derbolav, Bonn; Paul Diderichsen, Kopenhagen; René Etiemble, Paris; Sir William Hayter, Oxford; Erich Heintel, Wien; Arnold Herdlitczka, Innsbruck; René König, Köln; Außenminister Bruno Kreisky, Wien; Ernst Křenek, Tujunga/USA; Harald Leupold-Löwenthal, Wien; Fritz Schalk, Köln; Sir Evelyn Shuckburgh, London; Wolfgang Stegmüller, München; Egon Wellesz, Oxford.

1961: WISSENSCHAFT UND ZUKUNFT

Wissenschaft und Zukunft / Theologie und Zukunft / Philosophie und Zukunft / Aspekte des wirtschaftlichen Wachstums.

Tassilo Antoine, Wien; S. Calogeropoulos-Stratis, Athen; Herbert Feigl, Minneapolis/USA; Jean-Louis Ferrier, Paris; Eugen Fink, Freiburg i. Br.; Landesrat Hans Gamper, Innsbruck; Friedrich Hacker, Beverly Hills/USA; Michael Heilperin, Genf; Joachim Kaiser, München; György Ligeti, Wien; Simon Moser, Karlsruhe; Franz Nemschak, Wien; Marcel Reding, Berlin; Friedrich Torberg, Wien; Michel Trelluyer, Paris; Wolfgang Trillhaas, Göttingen.

1962: ASIEN UND DIE WESTLICHE WELT

Die sozialen Umwandlungsprozesse in Indien und einigen Ländern Südostasiens / Geschichte der europäischen Kolonisation in Asien / Dialektischer Materialismus und exakte Wissenschaft / Tradition und Moderne / Die Einheit der Welt.

Louis Camus, Brüssel; Gottfried von Einem, Wien; Yvonne Georgi, Düsseldorf; Arnold Keyserling, Calcutta; Finanzminister Josef Klaus, Wien; Ernst Křenek, Tujunga/USA; T. M. P. Mahadevan, Madras; Jacques Pimpaneau, Paris; Victor W. Purcell, Cambridge; Eberhard

Reinhardt, Zürich; Nilakanta Sastri, Madras; Surindar Suri, Berlin; Hans-Heinz Stuckenschmidt, Berlin; Egon Wellesz, Oxford; Hidekazu Yoshida, Tokio.

1963: ARBEIT

Stadt und Landschaft im technischen Zeitalter / Der Produktionsfaktor Arbeit heute / Vita activa – vita contemplativa / Antrieb, Leistung und Ermüdung.

Isolde Ahlgrimm, Wien; Rosario Assunto, Urbino; Alexander Auer, Wien; Paul Christian, Heidelberg; Michel Crozier, Paris; Herbert Eisenreich, Sandl/OÖ; Franco Ferrarotti, Rom; Francois Fink, Luxemburg; Albin Lesky, Wien; Hermann Lübbe, Münster; Theodor Mayer-Maly, Köln; Adolf Nussbaumer, Graz; Silvio Roncetti, Brüssel; Hans Schaefer, Heidelberg; Alain Touraine, Paris.

1964: IN DER MITTE DES 20. JAHRHUNDERTS

Materialismus, Idealismus, Positivismus / Neue Horizonte in der amerikanischen Musik / Wirtschaftspolitische Probleme der Inflation / Kybernetische Probleme in Biologie und Psychologie.

Ernst Bloch, Tübingen; Carl Dahlhaus, Kiel; Herbert Feigl, Minnesota/USA; Paul Feyerabend, Berkeley; Frederick Friedmann, München; Alfred Gierer, Tübingen; Friedrich Hacker, Beverly Hills/USA; Hans Hahn, Lexington/USA; Louis Hartz, Cambridge/USA; Ivo Kohler, Innsbruck; Jeszek Kolakowski, Warschau; Ernst Křenek, Tujunga/USA; Friedrich Tenbruck, Frankfurt a. M.

1965: EUROPA UND DIE VEREINIGTEN STAATEN VON AMERIKA

Der amerikanische Traum und Europa / Beiträge zum Denken Amerikas / Europa und Amerika in der Literatur / Moderner Rationalismus und heutige Theologie / Atlantische Partnerschaft: amerikanische Investitionen in Europa.

William W. Bartley, San Diego/USA; William Birenbaum, New York; Daniel Boorstin, Chicago; Paul Feyerabend, Berkeley/USA; William Gorman, Santa Barbara/USA; Willfried Gredler, Straßburg; Henry Hazlitt, New York; Michael A. Heilperin, Genf; Arie N. J. den Hollander, Amsterdam; Jürgen von Kempski, Münster; Hermann Lübbe, Bochum; Fritz Machlup, New Jersey/USA; Marcel Prawy, Wien; George Steiner, Cambridge; Walter Toman, Erlangen; Ernst Florian Winter, Wien.

1966: GESELLSCHAFT VERSUS WISSENSCHAFT

Neue Formen der Wissensvermittlung in Mathematik und Physik / The Politics of Conflict / Kommunikation und Sprache bei Tier und Mensch / Europäisches Theater: Programm und Ziele.

Außenminister Lord Chalfont, London; Martin Esslin, London; Ernst Haeusserman, Wien; Adolf Holl, Wien; Reinhard Kamitz, Wien; Walter Kaufmann, New Jersey/USA; Heinz Kienzl, Wien; Fritz Leutwiler, Zürich; Stefan Machlup, Cleveland/USA; Herbert Marcuse, La Jolla/USA; Jercy Pomianovski, Warschau; Oskar Fritz Schuh, Hamburg; Josef Taus, Wien; André Veinstein, Paris; Jindrich Zeleny, Prag.

1967: INFORMATION UND KOMMUNIKATION

Industrielle Forschung in Europa / Sozialpathologie der Massenmedien / Kybernetik und Einzelwissenschaften / Übervölkerung und Bevölkerungsplanung.

Adolf Adam, Linz; Peter Atteslander, Bern; Peter Dreyer, New York; Wilfried Guth, Frankfurt a. M.; Erich Heintel, Wien; Stephan Koren, Wien; Paul M. Lévy, Straßburg; Gustav Rudolf Sellner, Berlin; Karl Steinbuch, Karlsruhe; Hans-Heinz Stuckenschmidt, Berlin; Wolfgang Wieser, Innsbruck; Heinz Zemanek, Wien.

1968: MACHT – RECHT – MORAL

Recht und Pflichten gegenüber der Entwicklung in der Sicht von „Populorum Progressio" / Einzelhandlung und Gesamtordnung / Macht und Verantwortung der biologischen Forschung / Das Verhältnis von Moral und Ideologie in der modernen Gesellschaft.

Ernst Bloch, Tübingen; Friedrich A. von Hayek, Freiburg i. Br.; André Heller, Wien; Kurt Lenk, Erlangen; Johannes Baptist Metz, Münster; Jörg Polzin, Mainz; Felix Pronay, Wien; Henri de Riedmatten, Genf; Fritz Schwind, Wien; Kurt Sontheimer, Berlin; Außenminister Dirk Stikker, Den Haag; Georg Zimmer-Lehmann, Wien.

1969: ZUKUNFT: VISION – FORSCHUNG – PLANUNG

Die Dynamik der Forschung und die Zukunft der Universität / Die künftigen Organisationsformen der „Education permanente" / Zukünftige Erziehungsziele / Die Manipulierung des Menschen / Raumordnung und Raumplanung.

Peter Atteslander, Bern; Detlev W. Bronk, New York; Gunther Eigler, Mannheim; Bertrand de Jouvenel, Paris; Walter Kasten, Linz; Alexander

King, Paris; Bundeskanzler Josef Klaus, Wien; Justizminister Hans Klecatsky, Wien; Werner Maihofer, Saarbrücken; Jakob Maurer, Zürich; Hasan Ozbekhan, Denver; Aurelio Peccei, Rom; Hans Rumpf, Karlsruhe; C. H. Waddington, Edinburgh; Otto Wolff von Amerongen, Köln.

1970: OHNE GENERALTHEMA

Integrale Informationssysteme in der modernen Gesellschaft / Bildungsinformatik und Unterrichtswissenschaft / Die internationale Währungsordnung der siebziger Jahre / Die Hochschulen in der Herausforderung durch die Wirtschaft in Gegenwart und Zukunft.

Adolf Adam, Linz; Hans Albert, Mannheim; Josef Dalton, Bangkok; Fritz Neeb, Wien; Hans Oesch, Basel; Ernst Oldemeyer, Karlsruhe; Rinaldo Ossola, Rom; Kurt Richebächer, Frankfurt a. M.; Wolfgang Schmitz, Wien; Wilhelm Steinmüller, Regensburg; Heinrich Treichl, Wien.

1971: WISSENSCHAFT – GESELLSCHAFT – POLITIK

Europäische Außenpolitik in den siebziger Jahren des 20. Jahrhunderts / Wissenschaftspolitik und Wissenschaftsplanung / Politik in der Literatur – Literatur in der Politik / Gesellschaft und Politik / Geschichtswissenschaft und Politik.

Jean Bloch-Michel, Paris; Dieter Bökemann, Wien; François Bondy, Zürich; Jürgen Domes, Berlin; Gottfried von Einem, Wien; Herbert Eisenreich, Wien; Felix Ermacora, Wien; Hervé Fischer, Paris; Heiner Flohr, Neuss; Friedrich Heer, Wien; Guy Heraud, Straßburg; Außenminister Rudolf Kirchschläger, Wien; Arthur Koestler, London; Fritz Markwitz, München; Manfred Mautner Markhof sen., Wien; Wolfgang Mommsen, Düsseldorf; Wolf-Dieter Narr, Berlin; Manès Sperber, Paris; Landeshauptmann Eduard Wallnöfer, Innsbruck; Fritz Wotruba, Wien.

1972: KRISE DER STÄDTISCHEN GESELLSCHAFT

Architektur und Utopie / Die Stadt als Ideologieprodukt / Wie öffentlich kann Stadtplanung sein? / Welthandel und Währungsordnung – Blockbildung, Isolationismus, Integration / Die EWG zwischen den USA und der Sowjetunion.

Finanzminister Hannes Androsch, Wien; Bürgermeister Aldo Aniasi, Mailand; Ernst Bloch, Tübingen; Dieter Bökemann, Wien; André-Clement Decouflé, Paris; Bürgermeister Hubert Dubedou, Grenoble; Wissenschaftsminister Hertha Firnberg, Wien; Klaus Heinemann, Trier; Bundeskanzler Bruno Kreisky, Wien; Bürgermeister Alois Lugger,

Innsbruck; Egon Matzner, Wien; E. Nyman, Lund; Peter Oppenheimer, Oxford; Jean H. Paelinck, Rotterdam; Bürgermeister Giovanni Porcellana, Turin; Kurt Stapf, Marburg/Lahn; Außenminister Gaston Thorn, Luxemburg; Walter Toman, Erlangen; Bürgermeister Hans-Jochen Vogel, München.

1973: FORSCHUNG UND BILDUNG IN DER INDUSTRIELLEN GESELLSCHAFT

Das Problem des Erkenntnisfortschritts / Freiheit der Wissenschaft als Rechtsproblem / Wissen und soziale Entwicklung / Wissenschaft und Politik in der industriellen Gesellschaft / Welthandel und Währungspolitik – die Handelspolitik der Großräume.

Gerd Bacher, Wien; Gordon Brook-Shepherd, London; Peter Fischer-Appelt, Hamburg; Peter Henisch, Wien; Urs Hochstrasser, Bern; Peter Keckeis, Zürich; Peter Graf Kielmansegg, Kiel; Kardinal Franz König, Wien; Wolfgang Kraus, Wien; Bundeskanzler Bruno Kreisky, Wien; Imre Lakatoš, London; Fritz Molden, Wien; Gerard Radnitzky, Bochum; Wilfried Skreiner, Graz; Manès Sperber, Paris; Kurt Stapf, Marburg/Lahn; Friedrich Torberg, Wien; Peter Turrini, Wien; Otto M. Zykan, Wien.

1974: IDEE UND WIRKLICHKEIT – 30 JAHRE EUROPÄISCHES GEISTESLEBEN

Options for Mankind / Kapitalismus und Sozialismus / 30 Jahre Alpbach – Vorstellung und Ziel Europa / 30 Jahre kulturelle Entwicklung in Europa – Vorschläge zu einer europäischen Kulturpolitik / Wissenschaft und Kritik.

Vincenzo Cappelletti, Rom; Harald Delius, Mannheim; Irenäus Eibl-Eibesfeldt, München; Wissenschaftsminister Hertha Firnberg, Wien; Bernulf Kanitscheider, Giessen; Bundespräsident Rudolf Kirchschläger, Wien; Kardinal Franz König, Wien; Bundeskanzler Bruno Kreisky, Wien; Otto Molden, Wien; Carlo Mongardini, Rom; Simon Moser, Karlsruhe; Eduard Pestel, Hannover; Jürgen Ponto, Frankfurt a. M.; Sir Karl Popper, London; Landeshauptmannstellvertreter Fritz Prior, Innsbruck; Denis de Rougemont, Genf; Adam Schaff, Warschau; Ota Sik, St. Gallen; Landeshauptmann Eduard Wallnöfer, Innsbruck; Paul A. Weiss, New York.

1975: RATIONALITÄT UND ENTSCHEIDUNG

Ideologie und Geschichte / Die Bedeutung der Rationalität in der Entwicklung zur modernen Gesellschaft / Rationalität und Engagement /

Rationale Rechtspolitik: Gesetzgebung und sozialer Wandel / Ratio und Emotion im künstlerischen Prozeß.

Hans Albert, Mannheim; Umberto Agnelli, Turin; Finanzminister Hannes Androsch, Wien; William W. Bartley, Hayward/USA; Justizminister Christian Broda, Wien; Martin Esslin, London; Kulturminister Michel Guy, Paris; Guy Heraud, Paris; Assistant Secretary of the Treasury Sidney L. Jones, Washington; Noretta Koertge, Bloomington/USA; Richard Löwenthal, Berlin; Jean Montet, Paris; Alan Musgrave, Dunedin/Neuseeland; Harry Pross, Berlin; Carlo Scarascia-Mugnozza, Brüssel; Wolfgang Schluchter, Düsseldorf; Senator Werner Stein, Berlin; Karl Steinbuch, Karlsruhe; Alberto Trabucchi, Padua; Günther Winkler, Wien; Peter Daniel Wolfkind, Graz.

1976: GRENZEN DER FREIHEIT

Politisierte und freie Wissenschaft / Die Verfassung der Freiheit / Marxismus und Freiheit / Die Bedrohung der Freiheit des Wortes / Zur geistigen Situation in Osteuropa und Rußland – Die Bedrohung der Freiheit des Wortes in den kommunistischen Diktaturen.

Horst Bienek, München; Ruth Brinkmann, Wien; James M. Buchanan, Virginia/USA; Ralf Dahrendorf, London; Michel Drancourt, Paris; Jürgen Eick, Frankfurt a. M.; Ota Filip, Prag – München; Diogo Freitas do Amaral, Lissabon; Alexander Galitch, Moskau – München; Natalja Gorbanevskaja, Moskau – Paris; Hans Gratzer, Wien; Martin Greiffenhagen, Stuttgart; Helmut Haschek, Wien; Bundeskanzler Bruno Kreisky, Wien; Heinz Maier-Leibnitz, Bonn; Wladimir Maximow, Moskau – Paris; Roger Morgan, Loughborough/Großbritannien; Eugen Pusić, Zagreb; Gerd Roellecke, Mannheim; Peter Saladin, Basel; Franz Schafranek, Wien; Krista Stadler, Wien; Svetozar Stojanović, Belgrad; Siegfried Unseld, Frankfurt a. M.; John W. Watkins, London.

1977: KONFLIKT UND ORDNUNG

Glaube und Rationalität – Zur Glaubenskrise der Gegenwart / Konflikt konkurrierender Grundrechte / Die Zukunft der Forschung / Strategien zur internationalen Konfliktregelung / Das Phänomen der literarischen Kreativität.

Peter Bernholz, Basel; Moshe Efrati, Tel Aviv; Wolfgang Erndl, Wien; Wissenschaftsminister Hertha Firnberg, Wien; Walter Fremuth, Wien; Stephen Frowen, Surrey/Großbritannien; Ernest Gellner, London; Wilhelm Grimburg, Wien; Hansjörg Hirnigel, Wien; Herbert Hunger, Wien; Bundesrat Hans Hürlimann, Bern; Otto Kaspar, Innsbruck; Hans Kreitler, Tel Aviv; Claudio Magris, Triest; Otto Molden, Wien; Fritz Paschke, Wien; Yitzhak Rabin, Tel Aviv; Gregor von Rezzori, Florenz;

Rupert Riedl, Wien; Franz Seitelberger, Wien; Klaus-Heinrich Standke, New York; Peter Stern, London; Franz Vranitzky, Wien; Landeshauptmann Leopold Wagner, Klagenfurt.

1978: WISSEN UND MACHT

Das Recht der Macht und die Macht des Rechts / Die Möglichkeiten eines neutralen Staates im machtpolitischen Spannungsfeld / Die Macht des Geistes – eine neue Lösung des Leib-Seele-Problems / Strategien zur internationalen Konfliktregelung / Die Vereinten Nationen im internationalen Kräftespiel.

Joseph Agassi, Boston – Tel Aviv; Shlomo Avineri, Jerusalem; Norbert Bischof, Zürich; Erhard Busek, Wien; Fritz Czerwenka, Wien; Ralf Dahrendorf, London; Nobelpreisträger Sir John Eccles, Contra/Schweiz; Hans Friderichs, Frankfurt a. M.; Helmut Frisch, Wien; Bundesrat Kurt Furgler, Bern; Alfred Herrhausen, Frankfurt a. M.; Wolf In der Maur, Wien; Ernst Jandl, Wien; John Maynard-Smith, Sussex/Großbritannien; Friederike Mayröcker, Wien; Peter Mieling, Wien; Fritz Molden, Wien; Gerhard Moser, Innsbruck; Kurt Nösslinger, Wien; Karl-Dieter Opp, Hamburg; Außenminister Willibald Pahr, Wien; Svetozar Pejovich, Dallas/USA; Sir Karl Popper, Penn/Großbritannien; Lord Eric Roll of Ipsden, London; Ernst Topitsch, Graz; Karl Vak, Wien; Generalsekretär Kurt Waldheim, New York; Paula Wessely, Wien; Staatssekretär Hans de With, Bonn.

1979: DER MENSCH IN DER UNVOLLKOMMENEN GESELLSCHAFT

Zu den gruppendynamischen Aufgaben und Möglichkeiten Alpbachs / Die unvollkommene Vernunft / Das Problem der verwalteten Kultur / Europa, die unvollkommene Nation / Europäisches Währungssystem – Neue europäische Währungsordnung oder europäischer Währungsprotektionismus.

Hans Albert, Mannheim; Tassilo Broesigke, Wien; Heinz Fischer, Wien; Gerd Fleischmann, Frankfurt a. M.; Helmuth Haschek, Wien; Hans Haumer, Wien, André Heller, Wien; Hubert Klingan, Innsbruck; Hans Kreitler, Tel Aviv; Franz Kreuzer, Wien; Norbert Leser, Salzburg; Shirley Robin Letwin, London; Ernst Wolfram Marboe, Wien; Otto Molden, Wien; Fritz Neeb, Wien; Karl Pale, Wien; Gustav Peichl, Wien; Karl Otto Pöhl, Frankfurt a. M.; Kurt W. Rothschild, Linz; Adam Schaff, Warschau – Wien; Günther Schlenck, Innsbruck; Otto Schulmeister, Wien; Andrej Sinjawskij, Moskau – Paris; Unterrichtsminister Fred Sinowatz, Wien; Staatssekretär Anthony Solomon, Washington; Rainer Sprung, Innsbruck; Außenminister Gaston Thorn, Luxemburg; Heinrich Treichl, Wien; Elie Zahar, London.

1980: KONSEQUENZEN DES FORTSCHRITTS

Wissenschaft und Technik für die Entwicklung / Programmierte Freiheit? – Rechtliche Begrenzung des technischen Fortschritts / Das Bewußtwerden der Menschenrechte als neuer Faktor in der Weltpolitik / Fortschritt als Illusion? – Zwischen Fortschrittsglauben und Kulturpessimismus / Technik und Wissenschaft in einer sinnlos werdenden Welt.

Ludwig Adamovich, Wien; Vizekanzler Finanzminister Hannes Androsch, Wien; Peter Bernholz, Basel; Gerhart Bruckmann, Wien; Undersecretary of State for Economic Affairs Richard Cooper, Washington; General Moshe Dayan, Tel Aviv; Staatssekretär Jacques Diouf, Dakar; Fritz Diwok, Wien; Efim Etkind, Moskau – Paris; Karl-Georg Faber, Münster; Wissenschaftsminister Hertha Firnberg, Wien; Walter Flöttl, Wien; Viktor E. Frankl, Wien; Jean Frère, Brüssel; Bernd Christian Funk, Graz; Willfried Gredler, Wien; Peter Jankowitsch, Paris; Karl Kehrer, Wien; Hellmuth Klauhs, Wien; Kardinal Franz König, Wien; Wolfgang Kraus, Wien; Ernst Křenek, Palm Springs/USA; Geoffrey Maynard, London; Peter Oberndorfer, Linz; Elisabeth Orth, Wien; Außenminister Willibald Pahr, Wien; Schatzminister Filippo Maria Pandolfi, Rom; Anton Pelinka, Innsbruck; Erwin Piplits, Wien; Sir Brandon Rhys Williams, London; Sir Geoffrey Rippon, London; Guido Schmidt-Chiari, Wien; Dieter Schnebel, Berlin; Forschungsminister Luis Gonzales Seara, Madrid; Hans Seidel, Wien; Theo Sommer, Hamburg; Günther Theuring, Wien; Franz Willnauer, Leverkusen; Otto Wolff von Amerongen, Köln; Georg Zimmer-Lehmann, Wien.

TEILNEHMERVERZEICHNIS PERSONENREGISTER

Die Teilnehmerliste umfaßt jene Personen, die entweder wichtige Beiträge zu den Veranstaltungen geleistet oder Alpbach durch mehrere Jahre besucht haben.

ABENDROTH Dr. Friedrich, Recklinghausen
ABENSPERG-TRAUN Dr. Johannes, Rapottenstein/N. Ö.
ABS Hermann-J., Bankpräsident, Kronstein/Frankfurt a. M. 7, 78, 83, 107, 153, 154
ACS Dr. Janos, Dozent, Wien
ADAM Dr. Adolf, Univ.-Prof., Linz 157, 158
ADAM Dr. Hans, Professor, Salzburg
ADAMOVICH Dr. Ludwig, Sektionschef, Wien 162
ADELMANN Dr. Martin, Adelmannsfelden
ADLER Hans, Wien
ADORNO Dr. Theodor W., Univ.-Prof., Frankfurt a. M. 80, 85, 98, 104, 154
AEPPLI Dr. Oswald, Präsident, Zürich
AGASSI Dr. Joseph, Univ.-Prof., Tel Aviv 161
AGBODAN Dr. M., Priv.-Doz., Lomé/Togo
AGNELLI Dr. Arduino, Univ.-Prof., Triest
AGNELLI Dr. Umberto, Turin 160
AGOSTINI Dominique, Paris
AGRITELLIS Georg, Hamburg
AGSTNER Eric, Wien
AHAMMER Ernst, Stadtrat, Linz
AHLGRIMM Isolde, Wien 156
AICHINGER Ilse, Ulm 75
AIGNER Christian, Liezen
AJAO Motolani Aderogba, Lagos
ALBANESE Roberto, Savico/Italien
ALBERT Gretl, Heidelberg
ALBERT Dr. Hans, Univ.-Prof., Heidelberg 6, 8, 26, 89, 116, 119, 158, 160, 161
ALBERT Max, Heidelberg
ALBERTINI Dr. Rudolf von, Professor, Dusch-Paspels/Schweiz
ALBRECHT Barbara, Mainz
ALBRECHT Dr. Georg, Dir.-Stellv., Wien
ALBRECHT Dr. Günter, Bonn
ALBRECHT Dr. Max, Vorstandsmitglied, Nijmegen/Niederlande
ALDRICH Hulbert S., Präsident, New York
ALF Dr. Julius, Innsbruck
ALHAIQUE Dr. Claudio, Rom
ALLAIS Christian, Direktor, Paris
ALLERS Dr. Rudolf, Univ.-Prof., Georgetown–Washington
ALLMAYER-BECK Dr. Max Josef, Rechtsanwalt, Wien
ALLOO M. Roger, Brüssel
ALTRICHTER Dr. Hannes, Ministerialrat, Wien
ALVERA-KLEBELSBERG Astrid, Rom
ALVERA Pierluigi, Rom
AMALRIK Andrej, Moskau 122, 132
AMANN Gabriele, Absam
AMAR Likko, Professor, Ankara
AMBACH Dwight R., Botschaftsrat, Washington
AMBROSCH Dipl.-Kfm. Dr. Heinrich, Direktor, Wien
AMICIS A. Migone de, Mailand
AMLINGER Dipl.-Ing. Peter, Direktor, Perchtoldsdorf
AMMAN Dipl.-Kfm. Gerhard, Landtagsabgeordneter, Wien
AMMANN Dr. Gert, Innsbruck
AMODIO Luciano, Mailand
ANAZAWA M. Kazuo, Konservator, Tokio
AN-DER-LAAN Dr. Johannes, Professor, Innsbruck
ANDERSEN Asger Bo, Kopenhagen
ANDERSEN Terje W., Oslo
ANDERSON Allen S., Surrey/Großbritannien
ANDERSSON Dr. Gunnar, Trier
ANDRASCHKO Dr. Gabi, Wien
ANDRATSCH Dr. Ewald, Stuttgart
ANDRE Hugues, Paris
ANDREAE Clemens-August, Univ.-Prof., Innsbruck

ANDRES Stefan, Unkel a. Rhein 29, 69, 151
ANDROSCH Dr. Hannes, Bundesminister a. D., Vizekanzler a. D., Gen.-Dir., Wien 7, 111, 117, 126, 129, 146, 158, 160, 162
ANGLE Italo Carlo, Rom
ANIASI Aldo, Mailand 158
ANKEREN Gerard van, Amsterdam
ANNA Dr. Lucia de, Rom
ANNAHEIM Jörg-Werner, Basel
ANTOINE Dr. Tassilo, Univ.-Prof., Rektor, Wien 155
ANTONI Dr. Carlo, Univ.-Prof., Rom 75, 152
AOMI Dr. Junichi, Univ.-Prof., Tokio
APEL Dr. Karl-Otto, Univ.-Prof., Frankfurt a. M.
APENZELLER Komm.-Rat Heinz, Wien
ARAGON Louis, Dichter, Paris 12, 58, 150
ARAOZ y MARANON Alejandro F. de, Bankpräsident, Madrid
ARBESSER Dr. Max, Wien 50
ARD Marsha, Dallas/Texas
ARENDS Pieter H., Oegstgeost/Niederlande
ARGAN Dr. Giulio Carlo, Univ.-Prof., Generaldirektor, Rom 79, 80, 153
ARGOV Shlomo, Botschafter, London
ARMINGER Dr. Gerhard, Linz
ARNIM Dr. Clemens von, Frankfurt a. M.
ARNOLD Dr. Franz, Univ.-Prof., Wien
ARTS W. A., Rotterdam
ARX Katharina von, Romainmôtier/Schweiz
ASCHINGER Dr. F. E., Zürich
ASLAN Raoul, Direktor, Wien 151
ASMUSSEN Hans Christian, Propst, Kiel 71
ASMUSSEN Dipl.-Ing. Erik, Direktor, Voorburg/Niederlande
ASPERGER Dr. Hans, Univ.-Prof., Innsbruck
ASPÖCK Dr. Robert, Salzburg
ASSUNTO Dr. Rosario, Univ.-Prof., Rom 98, 154, 156
ATTALI Jacques, Direktor, Paris
ATTESLÄNDER Dr. Peter, Univ.-Prof., Augsburg 106, 107, 117, 119, 157
ATZLER Ing. Adolf, Wien
AUCLAIR Marcelle, Paris
AUDEN Wystan H., USA 77, 153
AUDINOT-BERNATZIK Dr. Ingrid, Dakar
AUDRETSCH Dr. Jürgen, Univ.-Doz., Konstanz
AUER Dr. Alexander, Hofrat, Wien 6, 29, 39, 50, 51, 53, 100, 102, 104, 111, 119, 154, 155, 156
AUER Alexandra, Wien
AUER Eva, Wien 29, 50, 56
AUER Margarita, Wien

AUER Maria, Wien
AUMÜLLER Dr. Ingeborg, Regensburg
AVINERI Dr. Shlomo, Univ.-Prof., Jerusalem 161

BACCHETTI Fausto, Botschafter, Wien
BACH Dr. Hans, Professor, Linz
BACH Dr. Heinrich, Professor, Aarhus/Dänemark
BACHER Gerd, Generalintendant, Wien 113, 159
BACHER Herbert, Klagenfurt
BACHMANN Dr. Dietmar, Landtagsabgeordneter, Igls
BACHMANN Dr. Hans, Professor, St. Gallen
BACHMAYER Emmerich, Wien
BACKÉ Dr. Bruno, Professor, Klagenfurt
BADER Carl, Innsbruck
BAEHRING Bernd, Chefredakteur, Frankfurt a. M.
BAHLINGER Herbert, Baden-Baden
BAHLMANN Kai, Ministerialdirektor, Bonn-Beuel
BAIER Dr. Robert, Wien
BAIL Erwin, Wien
BAIN Andrew D., Glasgow
BAIR Mag. Hans, Imst
BAKÓ Dipl.-oec. Ede, Budapest
BALACS Étienne, Direktor, Paris
BALFOUR Michael J., London
BALKE Dr.-Ing. Siegfried, Professor, Bundesmin. für Atomenergie, Bonn
BALLESTERO Manuel, Professor, Paris
BALLON Therry, Poissy/Frankreich
BALLY Dr. Gustav, Professor, St. Gallen
BALTHASAR Dr. Hans-Urs von, Professor, Basel 58, 150, 152
BALZS Dr. Kamilla, Budapest
BÄR Hans J., Zürich
BÄR Dr. Jürg, Jona/St. Gallen 11, 12
BÄR Quy, Jona/St. Gallen
BARBÁ Mercedes, Madrid
BARBE M. Vincent H., Paris
BARBIERI Dr. Laura, Rom
BARDOS Arthur A., Wien
BARKEY Wolf J. H., Amsterdam
BARRE Pierre, Direktor, Paris
BARTEL Dipl.-Kfm. Dr. Kurt, Linz
BARTH Gabriele, Gelsenkirchen/BRD
BARTH Dr. Hans, Professor, Zürich 154
BARTH Dr. Karl, Univ.-Prof., Basel 58
BARTH Reinhold, Gelsenkirchen/BRD
BARTLEY Dr. William W. III, Univ.-Prof., Hayward/USA 101, 156, 160
BASIL Dr. Otto, Wien 29
BASSETTI Dipl.-Kfm. Dr. Luis, Landesrat, Innsbruck
BAST Gerald, Linz
BATLINER Dr. Emil Heinz, Bankdirektor, Vaduz

BATTHYANY Dipl.-Kfm. Adam, Direktor, Meebusch/BRD
BAUDUIN Dr. Jules, Oss/Holland
BAUER Dr. Fidelis, Wien
BAUER Mag. Dr. Friedrich, Linz
BAUER Dr. Hans Jörg, Wien
BAUER Dr. Irmgard, Wien
BAUER Johanna, Wien
BAUER Komm.-Rat Ludwig, Generaldirektor, Wien
BAUER Dr. Roger, Professor, Direktor, Bonn
BAUER Dipl.-Kfm. Rudolf, Felixdorf
BAUER Wolfgang, Graz 127
BAUM Peter, Linz
BAUMGARTNER Dr. Ernst, Generaldirektor, Wien
BAUMGARTNER Dr. Kurt, Direktor, Steyr
BAUR Dr. Bruno, Frankfurt a. M.
BAYER Dr. Wilhelm, Wuppertal-Elberfeld
BEAUFILS Marcel, Paris 59
BECHERLER Joelle-Anne, Paris
BECK Dipl.-Vw. Peter, Essen
BECKER Dr. Hellmut, Rechtsanwalt, Kressbonn am Bodensee
BECKER Dr. Paul, Salzburg
BECKER-RAHMS Helene, Oberursel
BECKERATH Dr. Gert von, Professor, Leverkusen
BECKERHOFF Dr. Dirk, Bonn
BEDNARIK Karl, Wien 50
BEER Dr. Franz, Professor, Wien
BEHLER Hanns, Maler, München 49
BEHRENDT Fritz, Amstelveen/Holland 147
BEINDORFF Cornelis D., Amsterdam
BEINKOFER Dr. Norbert, Konsul, Linz 49
BEISTEINER Mag. Herbert, Oberrat, Wien
BEL Dipl.-Kfm. Louis de, Brüssel
BELBENOIT M. Georges, Montgeron/Frankreich
BĚLEHRÁDEK Dr. Jan, Univ.-Prof., Rektor, Prag – Innsbruck 76
BELL James A., Bloomfield/USA
BELLINGACCI Isabella, Triest
BELLVILLE Ralph E., Los Angeles/USA
BELO-OSAGJE Kelim, Oxford
BEN-YAACOV Dr. Isahar, Botschafter, Wien
BENDA Dr. Julien, Univ.-Prof., Paris 8, 60, 151
BENEDICT Hans, Chefredakteur, dzt. Jerusalem
BENOIST Alain de, Le Chesnay/Frankreich
BENVENUTO Giorgio, Generalsekretär, Rom
BERBUIR Eucharius, Bonn 71
BERCHTOLD-OSTERMANN Dr. Eleonore, Wien

BERGENGRUEN Werner, Zürich – Baden-Baden 29, 69, 151
BERGER Dipl.-Kfm. Klaus, Berlin
BERGER Dr. Matthias, Bonn
BERGER Dipl.-Kfm. Paul, Wien
BERGHOFER Ing. Günther, Schwaz
BERGMANN Dipl.-Ing. Ludwig, St. Aegyd a. N.
BERGSDORF Dr. Wolfgang, Bonn
BERGSTRAESSER Dr. Arnold, Univ.-Prof., Erlangen – Chicago 76, 79, 152, 153
BERGVOLL Gert, Oslo
BERKEMANN Dr. Jörg, Karlsruhe
BERKENKAMP Danièle, Saint-Adresse/Frankreich
BERNABEI Dr. Giannino, Rom
BERNARD H. P., Paris
BERNARD Dipl.-Vw. Rainer, Dir.-Stellv., Frankfurt a. M.
BERNARDI Giulio, Triest
BERNATZIK Doris, Wien
BERNER Dominique, Wien
BERNHOLZ Dr. Peter, Univ.-Prof., Basel 125, 160, 162
BERTALANFFY Dr. Ludwig, Univ.-Prof., Wien 151
BERTHOLOME M. Serge, Brüssel
BERTRAND Raymond, Direktor, Paris
BESCH Denise, Professor, Berchem/Luxemburg
BESSET Maurice, Univ.-Prof., Direktor, Innsbruck – Paris – Grenoble 12, 50, 55, 58, 114, 150, 154
BESSON Dr. Waldemar, Priv.-Doz., Tübingen
BETHOUART Emile, General, Paris 7, 59, 65, 151
BETHOUART Minou, Paris 59
BETTI Dr. Simonette, Rom
BETTONI Dr. Giangaleazzo, Rom
BETZ Dr. Werner, Univ.-Prof., Bonn
BEURLE Dr. Christian, Generaldirektor, Linz
BIANCHINI Dr. Roberto, Turin
BIANCO Franco, Univ.-Prof., Rom
BIÄSCH Dr. Hans, Direktor, Zürich
BICHLBAUER Dr. Rainer, Wien
BIEDENSFELD Ursula von, Reutlingen
BIENEK Horst, Schriftsteller, Ottobrunn/BRD 122, 132, 160
BILDSTEIN Dipl.-Ing. Herbert, Vorstandsdirektor, Reutte i. Tirol
BILL Max, Architekt, Zürich 64, 151
BINDER Dipl.-Kfm. Herbert, Direktor, St. Pölten
BIOT François, Lyon
BIRAULT Dr. Henri, Univ.-Prof., Paris 154
BIRBAUM Dipl.-Dolm. Monique, Cherry Chase/USA
BIRBAUMER Dr. Ulf, Wien

BIRENBAUM William, New York 156
BIRKNER Dr. Albert, Prokurist, Wien
BIRNBAUMER Dipl.-Kfm. Werner, Wien
BIRNER Jack, Rotterdam
BISCHOF Dr. Norbert, Univ.-Prof., Zürich 89, 161
BISCHOFER Andre (Hotel Alpbacherhof), Alpbach 123
BISCHOFER Hanni (Gasthof Messner), Alpbach
BISCHOFER Ludwig (Gasthof Messner), Alpbach 123
BISCHOFER Maria („Moidl", Gasthof Messner), Alpbach 123
BISCHOFF Friedrich, Professor, Bloomington/Indiana
BISCHOFF Norbert von, Minister und Gesandter a. D., Paris
BLACH Adolf, Kanada
BLACH Ing. Karl, Wien
BLACH Maria: siehe PRONAY Maria
BLANC Dr. Werner, Graz
BLANCPAIN Dr. Jean Pierre, Zürich
BLANK Konrad, Landesrat, Bregenz
BLANKENBURG Dr. Erhard, Dozent, Berlin
BLANKENSTEIN Hartmut, Legationsrat, Bonn
BLAU Dr. Hagen, Botschaftsrat, Wien
BLAUROCK Dipl.-Vw. Günther, Legationsrat, Bonn
BLEIKER Dagmar, Mainz
BLENK Dr. Wolfgang, Abg. z. NR, Dornbirn
BLESER Helmut, Direktor, Frankfurt a. M.
BLEYLEBEN Dipl.-Kfm. Alfred, Wien
BLEYLEBEN Ingrid, Wien
BLOCH Dr. Ernst, Univ.-Prof., Tübingen 8, 88, 102, 103, 104, 106, 107, 112, 147, 156, 157, 158
BLOCH Karola, Tübingen 88
BLOCH-MICHEL Jean, Paris 158
BLOHMKE Dr. Maria, Heidelberg
BLUME Joachim, Professor, Bensberg-Moitzfeld/BRD
BOBORCZY Ingrid, Wien
BOBRETZKY Dr. Helga, Wien
BOCK Dr. Fritz, Vizekanzler a. D., Minister a. D., Wien 7, 99, 154
BÖCKMANN Dr. Paul, Professor, Heidelberg 75
BODENHÖFER Dr. Hans-Joachim, Univ.-Prof., Klagenfurt
BOECKL Herbert, Professor, Wien 59, 150
BOERSMA Dr. Tiede, Professor, Dordrecht/Niederlande
BOGNER Dipl.-Kfm. Franz, Wien
BOGUTH Alfred, Berlin
BOHR Niels, Kopenhagen 63
BÖKEMANN Dr. Dieter, Univ.-Prof., Wien 119, 158

BOLTENSTERN Sven, Wien
BOLZANO Klaus, Wels 29
BONDRANO Luigi, Grugliasco/Italien
BONDY François, Zürich – Paris 158
BONIFACIO Francesco Paolo, Minister a. D., Rom
BOON Dr. Luis, Univ.-Ass., Utrecht
BOON Anneliese, Utrecht
BOORSTIN Daniel, Chicago 156
BOOTH Dr. Andrew D., Univ.-Prof., London
BOOTH Helen, New York
BORBANDY Gyula, München 122, 132
BORGNIS Dr. Fritz, Zürich
BÖS Dr. Josef Dieter, Wien
BOSCH A. R. Robert van den, Amsterdam
BOSCH Jan A. van den, Amsterdam
BOSCH Dr. Jürgen, Berlin
BOSNJAK Branko, Professor, Zagreb
BOTSCHEN Dr. Dieter, St. Pölten
BOTSCHEN Dipl.-Kfm. Waltraut, St. Pölten
BÖTTICHER Julius von, Bad Goisern
BOTTOLI Gerhard, Wien
BOTTOMORE Christiane: siehe BRIESSEN Dr. Christiane van
BOYAN, Helga, Richmond/USA
BRAAT Leo P. J., Bildhauer und Schriftsteller, Amsterdam
BRAMBÖCK Johann, Oberstleutnant, Wörgl
BRANCACCIO Antonio, Rom
BRAND Dr. Peter, Wien
BRANDSTÄTTER Dr. Christian, Wien 147
BRANDT Dr. Helmut, Bonn
BRANDT Dipl.-Ing. Herbert, Linz
BRANDT Hermann, Gewerkschaftsvorsitzender, Hamburg
BRAUN Bernhard, Hall i. Tirol
BRAUN Felix, Schriftsteller, London – Wien 28, 29, 62, 151
BRAUNSPERGER Dipl.-Kfm. Dr. Gerd, Wien
BRAUNSPERGER Dr. Hubert, Wien
BRAUNSTEINER Dr. med. Herbert, Univ.-Prof., Rektor, Innsbruck
BRECHBÜHL Beat, Zürich 113
BREDEHOFT Lambert W., Vizepräsident, Chicago
BREISACH Emil, Intendant, Graz
BREIT Bert, Innsbruck
BREIT Dr. Helmut, Wien
BREIT-NABER Dr. Elisabeth, Absam
BREITNER Dr. Burghard, Univ.-Prof., Rektor, Innsbruck
BREITWIESER Ulrike, Linz
BRICCARELLO Dr. Severino, Turin
BRIDGEHAM F. G. T., Leeds
BRIESSEN Dr. Christiane van, München 6, 50, 67

BRIESSEN Dr. Fritz van, Gesandter, München
BRIGHT Julia, London
BRINKMANN Dr. Donald, Univ.-Prof., Zürich 76, 151
BRINKMANN Ruth, Wien 120, 160
BROCHIER Dr. Hubert, Professor, Grenoble
BRODA Dr. Christian, Bundesminister, Rechtsanwalt, Wien 118, 160
BRODER-KROHN Dr. Hans, Generaldirektor, Brüssel
BROECKER Dr. Walter, Professor, Kiel
BROESIGKE Dr. Tassilo, Rechtsanwalt, Präsident, Wien 161
BRONK Detlev W., New York 157
BRONOLD Kurt, Syndikus, Wien
BROOK-SHEPHERD Gordon, London 113, 159
BRUCKMANN Dr. Gerhart, Univ.-Prof., Wien 117, 162
BRUGGER Dr. Jörg, Dir.-Stellv., Innsbruck
BRUGMANS Dr. Hendrik, Univ.-Prof., Rektor, Brügge 70, 75, 152
BRUNNBAUER Dipl.-Kfm. Dr. Heidelore, Wien
BRUNNER Dr. Karl, Univ.-Prof., Rektor, Innsbruck
BRUNNER Dr. Karl, Univ.-Prof., Bern
BRUNNER Dr. Otto, Professor, Wien 152
BUBLIK Dipl.-Ing. Edgar, Direktor, Graz
BUCHACHER Dipl.-Kfm. Manfred, Wien
BUCHANAN Dr. James M., Univ.-Prof., Blacksburg/USA 160
BUCHEGGER Dr. Otto, Schönaich
BÜCHLMANN Dr. Kurt, Innsbruck
BUCHER Theodor, Zürich 113
BUCHROITNER Helmut, Innsbruck
BUCHSBAUM Dr. Thomas, Wien
BUCHWIESER Dr. Bruno, Generalkonsul, Präsident, Wien
BUDDINGH D. J., Hilversum
BÜHLER Dipl.-Dolm. Dr. Hanns Hermann, Univ.-Prof., Kaltenleutgeben
BURCKHARDT Dr. Max, Basel
BURGER Dr. Rudolf, Wien
BURGHARDT Dr. Anton, Wien
BÜRGI Dr. Wolfhart Friedrich, Professor, St. Gallen
BURIAN Mag. Dr. Gerhard, Wien
BUSCH Dr. Fritz, Generaldirektor, Frankfurt a. M.
BUSCH Dr. Werner, Innsbruck 32, 49, 66
BUSEK Dr. Erhard, Vizebürgermeister, Wien 130, 161
BZOCH Komm.-Rat Dr. Robert, Wien

CAGIATI Dr. Andrea, Botschafter, Wien
CALICE Dr. Franz Graf, Wien
CALOGERO Dr. Guido, Univ.-Prof., Rom 98
CALOGEROPOULOS-STRATIS Dr. S., Univ.-Prof., Rektor, Athen 155
CAMUS Louis M., Präsident, Brüssel 7, 78, 155
CANTONI Dr. Remo, Professor, Mailand
CAPPELLETTI Andrea, Rom
CAPPELLETTI Maurizia, Rom
CAPPELLETTI Dr. Vincenzo, Generaldirektor, Univ.-Prof., Rom 7, 117, 120, 134, 142, 159
CARATSCH Claudio, Minister a. D., Wien
CARROUGES Michel, Paris
CASON Dr. Pietro, Mailand
CASPAR Dipl.-Kfm. Franz, Dir.-Stellv., Wien
CASPER Dr. Josef, Univ.-Prof., Wien
CASSADO Gaspar, Spanien 153
CASTELL-CASTELL Dipl.-Vw. Carl, Ach-Hochburg
CASTELLAN Georges, Professor, Poitiers
CASTRO RIAL Y CANOSA Dr. Juan Manuel, Botschafter, Wien
CERHA Friedrich, Wien 97, 154
CERMAK Dr. Josef, Prag
CERNE Dr. Marina, Rom
CHABLE Jacques H. E., Bern
CHAIN Dr. Ernst Boris, Univ.-Prof., Nobelpreisträger, Oxford 63, 151
CHALFONT Lord, Außenminister, London 157
CHAMBERLAIN Roderick A., London
CHANDLER Geoffrey, Direktor, London
CHERRY Dr. E. Colin, Professor, London
CHIUSANO Lido Giuseppe, Univ.-Ass., Rom
CHLADEK Rosalia, Wien 155
CHORHERR Dr. Thomas, Chefredakteur, Wien
CHRISTIAN Gerold, Wien
CHRISTIAN Paul, Heidelberg 156
CHRISTIANSEN Ib, Kopenhagen
CLARK Russel John, London
CLEMENCIC Dr. René, Wien
COHEN Dr. Gavriel, Univ.-Prof., Jerusalem
COLLIN Ferdinand, Professor, Präsident, Antwerpen
COLLIN Madelaine, Antwerpen
COLLINS Kins, Edinburgh
COLVIN-SMITH Dr., Univ.-Prof., London 59
CONTINI Dr. Gianfranco, Professor, Florenz
CONRAD DDr. Heinz, Syndikus, Wien
CONRAD-BILLROTH Dipl.-Ing. Andreas, Wien
COOPER Richard N., Undersecretary of State, Washington D.C. 146, 162
COPLESTON Frederick D., Professor, Oxford

CORDT Dr. Herbert, Vizegouverneur, Wien
CORDT Dipl.-Dolm. Ursula, Wien
CORNIDES Dr. Karl, Verleger, Wien
CORNIDES Otto, Wien
CORNIDES Dr. Thomas, Verleger, München
CORNIDES Wilhelm, Bonn 79, 153
CORTI Axel, Wien 116
COUDENHOVE-KALERGI Barbara, Journalistin, Wien 85
COURTOIS Jean, Lyon 96
CREMER Dr. Erika, Univ.-Prof., Innsbruck 138, 150
CRETNIK Dr. Herbert, Generaldirektor a. D., Wien
CRON Dr. Helmut, Chefredakteur, Stuttgart
CROZIER Michel, Paris 156
CSAR Mag. Michael, Wien
CSOKOR Franz Theodor, Präsident, Wien 28, 29, 31, 47, 151, 153
CUBE Walter von, München
CULLIN Michel, Paris
CULLIS Michael F., Botschafter a. D., Hertfordshire
CURJEL Hans, Zürich
CURTIUS Dr. Ernst Robert, Univ.-Prof., Heidelberg – Rom 18
CYSARZ Dr. Herbert, Univ.-Prof., Mönichkirchen
CYSARZ Rudolf, Professor, Graz
CZEIJA Dipl.-Ing. Dr. Karl, Wien
CZERWENKA Dorli, Wien 50, 51
CZERWENKA Dr. Fritz, Rechtsanwalt, Wien 6, 40, 50, 51, 66, 92, 118, 119, 161
CZERWENKA Elisabeth, Wien
CZERWENKA Dr. Marieli, Wien
CZERWENKA Dipl.-Ing. Nicolette, Wien

DAHLBERG Dr. Ingetraut, Frankfurt a. M.
DAHLHAUS Dr. Carl, Univ.-Prof., Berlin 155, 156
DAHRENDORF Dr. Ralf, Univ.-Prof., Direktor, London 122, 134, 136, 160, 161
DALMA Alfons, Rom 113
DALTON Josef, Bangkok 158
DALTON Dr. Margarethe, Professor, Washington
DANIÉLOU S.J. Dr. Jean, Kardinal, Univ.-Prof., Paris 8, 64, 151
DAUS Richard, Frankfurt a. M.
DAVID Johann Nepomuk, Wien
DAVY Walter, Wien
DAYAN Moshe, General, Außenminister a. D., Zahala/Israel 142, 143, 147, 162
DAYAN Esther, Zahala/Israel 142, 143
DEARING Albin, Linz
DECOUFLÉ André-Clement, Paris 158
DECROUX Etienne, Paris

DE DADELSEN Jean Paul, Genf
DEFANT Dr. Albert, Univ.-Prof., Rektor, Innsbruck
DEGERING W. Hermann, Direktor, Stuttgart
DEHOUSSE E., Professor, Präsident, Liège/Belgien
DELIUS Dr. Harald, Univ.-Prof., Wien 102, 159
DEMPF Dr. Alois, Univ.-Prof., Wien 63
DENIAU-MOLDEN Alexandra, Paris
DENIZET M. Jean, Direktor, Paris
DENIZOT Michèle, Le Perreux/Frankreich
DENK Dr. Adolf, Generaldirektor, Wien
DENUELLE Nelly, Paris
DENUELLE Pierre, Paris
DERBOLAV Dr. Josef, Professor, Bonn 155
DERDAK Dipl.-Kfm. Dr. Franz, Direktor, Wien
DERMANN Erich, Professor, Wien
DESGRANGES Dr., Paris
DESJARDINS Paul, Paris – Pontigny/Frankreich 18, 113
DEUTSCH Walter, Professor, Wien
DEX Heidemarie, Wien
DHOM Robert, Direktor, Frankfurt a. M.
DIBOLD Hans, Wien
DICKMANN Dr. Fritz, Rechtsanwalt, Basel
DICKMANN Dr. Hans, Professor, Karlsruhe
DIDERICHSEN Dr. Paul, Univ.-Prof., Kopenhagen 155
DIEM Dr. Hermann, Professor, Tübingen
DIESENREITER Franz, Unterweißenbach
DIESNER Gerhild („Spießy"), Innsbruck 32
DIOUF Jacques, Staatssekretär, Dakar 141, 162
DIRNBÖCK Dr. Herwig, Direktor, Wien
DIWOK Dipl.-Kfm. Dr. Fritz, Generalsekretär, Wien 119, 162
DOBRETSBERGER Dr. Josef, Univ.-Prof., Rektor, Graz
DOEHRING Carl, Sparkassendirektor, Hannover
DOKTOR Paul, New York
DOLESCH Erwin, Wien
DOLP Dr. Eva, Baden bei Wien
DOMES Dr. Jürgen, Univ.-Prof., Berlin 110, 158
DOPPELHOFER Dr. Georg, Geschäftsführer, Graz
DORN Dr. Helmut, Wien
DRANCOURT Dr. Michel, Paris 160
DREXLER Josef, Direktor, Wien
DREYER Peter, Brüssel 157
DRIMMEL Dr. Heinrich, Bundesminister a. D., Wien 7, 47, 78, 79, 153, 155
DRISCHEL Dr. Otto, Ministerialrat, Wien

DRUCKENTHANER Maria Anastasia, Bad Ischl 128
DUBEDOU Hubert, Grenoble 158
DUCHNESE-GUILLEMIN Jacques, Professor, Lüttich
DUFTNER Carin (Hotel Böglerhof), Alpbach 122, 123
DUFTNER Hans, Juwelier, Alpbach – Innsbruck 123
DUMOUSSEAU Dr. Yves, Paris
DUNN Peter, Professor, Reading/Großbritannien
DÜRRENMATT Friedrich, Schriftsteller, Neuchâtel/Schweiz 75, 152
DÜRRENMATT Peter, Chefredakteur, Basel
DUSCHEK Dr. Adalbert, Univ.-Prof., Wien
DUTOIT Laurence: siehe MOLDEN-DUTOIT Laurence
DVORAK Karl, Wien
DZIUBA Ing. Hans, Berlin

EBERS Dr., Professor, Innsbruck
EBERT Dr. Rolf, Hamburg
ECCLES Sir John, Nobelpreisträger, Contra/Schweiz 8, 128, 135, 161
ECCLES Lady Helena, Contra/Schweiz
ECHTERHOFF-SEVERITT Dipl.-Vw. Helga, Essen
ECKL Dr. Emil, Primarius, Reutte/Tirol 50
EDER Dr. Karl, Univ.-Prof., Rektor, Graz
EDER Walter, Moraira/Spanien
EDER Dr. Winfried, Wien
EDWARDES Michael, Schriftsteller, London
EDWARDS John, Rechtsanwalt, London
EDZARD Dr. Dietz Otto, Priv.-Doz., München
EERDEN Dr. van, Univ.-Prof., Princeton/New Jersey
EFRATI Moshe, Tel Aviv 94, 127, 160
EGG Dr. Erich, Hofrat, Direktor, Innsbruck
EGGEBRECHT Jürgen, Hamburg
EGGER Gertraud, Innsbruck
EGGHART Gerlinde, Schladming
EGK Werner, München
EHLERMANN Dr. Claus-Dieter, Generaldirektor, Brüssel
EHMANN Günther, Oberbaurat, Essen
EHRENHAFT Dr. Felix, Gastprofessor, Wien 64, 151
EHRHART Dipl.-Ing. Dr. techn. Fritz, Wien
EIBL-EIBESFELDT Dr. Irenäus, Univ.-Prof., Percha/BRD 159
EICHENBERGER Dieter, Basel
EICHINGER Mag. Alois, Breitenfurt
EICK Dr. Jürgen, Frankfurt a. M. 160

EIDLHUBER Margarete, Ottensheim/Linz
EIDLITZ Dr. Johannes, Wien
EIGEL Dr. Walter, Wien
EIGENTLER Dr. Ernst, Oberregierungsrat, Innsbruck
EIGLER Dr. Gunther, Univ.-Prof., Freiburg i. Br. 157
EINEM Gottfried von, Komponist, Wien 6, 28, 77, 78, 86, 100, 111, 116, 153, 155, 158
EISELSBERG Dr. Max, Rechtsanwalt, Wien
EISELSBERG Dr. Otto, Botschafter, Paris
EISENBURGER Dr. Gerhard, Wien
EISENKOLB Dipl.-Ing. Georg, Wien
EISENMANN Dr. Charles, Professor, Paris
EISENREICH Herbert, Schriftsteller, Tamsweg 29, 156, 158
EISERT Harry-Karl, Salzburg
ELDIB Dr. Christine, Innsbruck
EL FARRA Mohammed H., Generalsekretär-Stellv., Kairo
ELIADE Dr. Mircea, Professor, Paris 76, 152
ELLIS Dr. Howard, Professor, Berkeley
ELLWEIN Dr. Thomas, Univ.-Prof., Kreuzlingen/Schweiz
ELWENN Horst, Bankdirektor, Frankfurt a. M.
EMBLING Jack, Professor, Essex
EMMERICH Klaus, Chefredakteur, dzt. Washington
EMMINGER Dr. Otmar, Bankpräsident i. R., Frankfurt a. M.
ENDER Berndt, Wien
ENGEL Karl-Heinz, Kelkheim/Ts.
ENGEL Sybille, Kelkheim/Ts.
ENGEL-JANOSI Dr. Friedrich, Univ.-Prof., Washington – Wien
ENGELS Dr. Wolfram, Univ.-Prof., Bad Homburg
ENK Dipl.-Dolm. Guido, Rom
ENT Dr. Herbert, Ministerialrat, Wien
EPP Leon, Wien
ERDL Dr. Lois, München
ERISMANN Dr. Theodor, Univ.-Prof., Innsbruck 153
ERMACORA Dr. Felix, Univ.-Prof., Wien 49, 118, 119, 158
ERNDL Dipl.-Kfm. Dr. Wolfgang, Generaldirektor i. R., Wien 160
ERNST Wolfgang, Geschäftsführer, München
ESAMBERT Bernard, Präsident, Generaldirektor, Paris
ESSER Dr. Josef, Univ.-Prof. Innsbruck
ESSLIN Martin, London 106, 131, 157, 160
ETIEMBLE Dr. René, Professor, Paris 155
ETKIND Dr. Efim, Univ.-Prof., Suresnes/Frankreich 162

EUGSTER Dr. Carl, Basel
EVERS Hans-Ulrich, Eisenkappel

FABER Karl-Georg, Münster 162
FABRIS Dr. Hans Heinz, Salzburg
FAHLSTRÖM Dr. Hans, Univ.-Prof., Direktor, Wien
FAHRENKRUG Walter Hermann, Kiel
FAHRNBERGER Dipl.-Ing. Dr. Alfred, Wien
FALK Dr. Werner David, Univ.-Prof., Oxford
FÄRBER Hannes, Wien
FÄRBER Dipl.-Dolm. Dr. Sepp, Univ.-Prof., Graz
FARKAS Dr. Edith, Budapest
FARKAS Ferenc, Professor, Budapest
FASETH Inge, Wien
FAULHABER Karl J., Vizepräsident, New York
FAURE Maurice, Minister a. D., Paris 98, 154
FEDERSPIEL Jürg, Zürich 113
FEHR Dr. Hans, Bern
FEIG Dr. Anton, Direktor, Nürnberg
FEIGL Dr. Herbert, Univ.-Prof., Direktor, Minneapolis 101, 102, 155, 156
FEIX Dipl.-Vw. Ulrich R., Köln
FEKETE Janos, Vizepräsident, Budapest
FELDMANN Dr. Angela, Wien
FELMAYER Rudolf, Wien 29, 59
FELTL Dr. Gerhard, Wien
FEND Dipl.-Kfm. Waldemar, Direktor, Innsbruck
FERBER Albert, Pianist, London
FERRAROTTI Franco, Rom 156
FERRIER Jean-Louis, Chefredakteur, Paris 155
FESTA Dr. Christian, Wien
FEUCHTMÜLLER Mag. Dr. Wolfgang, Wien
FEUERSTEIN Josef, Feldkirch
FEYERABEND Dr. Paul, Univ.-Prof., Berkeley/USA – Zürich 8, 23, 26, 50, 66, 68, 80, 81, 101, 154, 156
FEYL Dipl.-Kfm. Dr. Wolfgang, Vorstandsmitglied, Wien
FIEBINGER R. Karl, Wien
FIECHTNER Helmut, Wien 78
FIGL DDr. h. c. Ing. Leopold, Bundeskanzler a. D., Wien 7, 75, 152, 153
FIJALKOWSKI Dr. Jürgen, Berlin
FILI Ernst, Landesrat, Innsbruck
FILIO Candido P., Professor, Philippinen
FILIP Ota, Schriftsteller, München 6, 119, 122, 131, 133, 160
FINDER Ruth, Hamburg
FINET Paul, Präsident, Luxemburg
FINK Alois, München
FINK Dr. Eugen, Professor, Freiburg i. Br. 155

FINK François, Luxemburg 156
FINK Humbert, Klagenfurt 119
FINK Dr. Maximilian, Wien
FINLAY Chantal, Nancy
FINSTERWALDER Dr. Ottokarl, Wien
FIRNBERG Dr. Hertha, Bundesminister, Wien 7, 96, 111, 112, 117, 125, 127, 141, 158, 159, 160, 162
FISCHER Dr. Ernst, Staatssekretär a. D., Abg. z. NR, Wien 150
FISCHER Dr. Heinz, Abg. z. NR, Wien 161
FISCHER Hervé, Professor, Paris 110, 158
FISCHER Kaplan, Innsbruck
FISCHER-APPELT Dr. Peter, Univ.-Prof., Univ.-Präsident, Hamburg 113, 159
FISCHLER Hersch, Frankfurt a. M.
FLAISCHER Dipl.-Ing. W., Heidelberg
FLECHTNER Dr. Egon A., Frankfurt a. M.
FLEISCHMANN Dr. Benno, Wien
FLEISCHMANN Dr. Gerd, Univ.-Prof., Kronberg 161
FLEISSNER Dr. Herbert, Wien 120
FLESCH-BRUNNINGEN Dr. Hans, St. Wolfgang
FLETCHER Dr. Edwin, Dir.-Stellv., Paris
FLIRI Dr. Franz, Univ.-Prof., Innsbruck
FLOHR Heiner, Neuss 158
FLORA Paul, Professor, Innsbruck 32, 50
FLORIAN Dr. Brigitta, Wien
FLÖTTL Komm.-Rat Walter, Generaldirektor, Wien 162
FOLKMANN Dr. Christian, Konsulent, Wien
FOLTINEK Dr. Herbert, Univ.-Prof., Wien
FOLTINEK Dr. Karl, Senatsrat, Wien
FOPPA Dr. Klaus, Univ.-Prof., Zollikofen/Schweiz
FORELL Dr. George W., Minnesota
FÖRSTER Harald, Innsbruck
FÖRSTER-KOZEL Dipl.-Kfm. Susanne, Wien
FOSTER Sir John, London
FOURCADE Jean-Pierre, Minister a. D., Präsident, Senator, Paris
FRANCK Josef, Architekt, Stockholm
FRANK Dr. Helmar, Professor, Berlin
FRANK Klaus-Peter, München
FRANK Dr. Philipp G., Professor, Cambridge
FRANKFURTER Dr. Bernhard, Klagenfurt
FRANKL Gerhard, Maler, Wien
FRANKL Dr. Viktor E., Univ.-Prof., Wien 162
FRASER George, London
FRASL Mag. Erwin J., Wien
FREITAS DO AMARAL Diogo, Professor, Außenminister, Lissabon 122, 134, 160

FREMUTH Komm.-Rat Dr. Walter, Generaldirektor, Wien 126, 160
FRÈRE Jean, Brüssel 162
FREUND Dr. Michael, Professor, Kiel
FREY Dr. Bruno, Univ.-Prof., Zürich 125
FREY Dr. Gerhard, Univ.-Prof., Innsbruck
FREYER Dr. Hans, Univ.-Prof., Wiesbaden 152
FRIDERICHS Dr. Hans, Sprecher des Vorstandes, Frankfurt a. M. 161
FRIEDEN Pierre, Minister a. D., Luxemburg
FRIEDL Dipl.-Kfm. Dieter, Wien
FRIEDMAN Irving S., New York
FRIEDMANN Frederick, München 156
FRIEDRICH Heinz, Frankfurt
FRIEDRICH Dipl.-Ing. Dr. Kurt, Direktor, Graz
FRIEDRICHS Dr. Johann, Direktor, Bergen
FRISCH DDr. Helmut, Univ.-Prof., Wien 161
FRISCHENSCHLAGER Dr. Friedhelm, Salzburg
FRISCHMUTH Dipl.-Dolm. Barbara, Oberweiden – Wien
FRITSCH Dr. Friedrich, Wien
FRITZ Dr. Kurt von, Univ.-Prof., New York 70, 152
FROSINI Dr. Vittorio, Univ.-Prof., Rom
FROWEN Dr. Irene, Univ.-Prof., London
FROWEN Dr. Stephen, Univ.-Prof., Guildford/Surrey 126, 160
FRÜHAUF Dr. Wolf, Ministerialsekretär, Wien
FUCHS Dr. Walther Peter, Professor, Heidelberg
FUNK Bernd Christian, Graz 162
FURGLER Dr. Kurt, Bundesrat, Bern 161
FÜRST Dr. Erhard, Wien
FÜRSTENBERG Dr. Georg, Präsident, Wien
FÜRTHAUER Dipl.-Dolm. Eva, Wien

GABRIEL Dr. Leo, Univ.-Prof., Wien
GADAMER Dr. Hans-Georg, Univ.-Prof., Frankfurt a. M. 55, 56, 64, 152
GALITCH Alexander, Moskau – München 122, 133, 160
GALLMEISTER Ingrid, München
GAMMER Marianne, Wien
GAMPER Dr. Hans, Professor, Landeshauptmann-Stellv., Innsbruck 7, 61, 125, 151, 155
GANDILLAC Dr. Maurice de, Univ.-Prof., Paris 151
GANSTERER Helmut, Wien
GARD Martin du, Paris 18
GARTLER Mag. Dr. Leopold, Graz
GÄRTNER Dr. Josef H., Ministerialrat, Wien

GASCHLER Gerald, Wien
GASSER Dr. Adolf, Univ.-Prof., Basel
GATTER Dipl.-Kfm. Maria, Wien
GATTERER Dr. Claus, Redakteur, Wien
GEBSATTEL Dr. Viktor E. von, Univ.-Prof., Würzburg
GEBSER Jean, Burgdorf-Bern
GEHLEN Dr. Arnold, Univ.-Prof., Speyer 76, 97, 153
GEHMACHER Dipl.-Ing. Ernst, Wien
GEHMELL Dr. A. R., Professor, Keele-Staffordshire
GEIGER Dr. Theodor Julius, Univ.-Prof., Aarhus 70, 151
GELLNER Ernest, London 160
GELSEY William H. M. de, London
GEORGE Otmar, Vizepräsident, Frankfurt a. M.
GEORGI Yvonne, Ballettmeisterin und Choreographin, Düsseldorf 77, 100, 152, 155
GERBI Dr. Antonello, Direktor, Mailand
GERNAERT Dr. Manuel, Direktor, Brüssel
GERNGROSS Maria: siehe MEINL-GERNGROSS Maria
GERONIMUS Réné, Generaldirektor, Straßburg
GFRERRER Mag. Irmtraut, Wels
GIANNINI Dipl.-Kfm. Eliseo, Generalsekretär, Wien
GICKLHORN Dr. Josef, Professor, Wien
GIDE André, Paris 18
GIEDION Dr. Siegfried, Univ.-Prof., Zürich 64, 151
GIEDION-WELCKER Dr. Carola, Zürich 152
GIERER Alfred, Tübingen 156
GIGON Maria, Freiburg/Schweiz 58
GIGON Dr. Olof, Univ.-Prof., Freiburg/Schweiz 58, 150
GILBERT Milton, Direktor, Paris
GIRTLER Dr. Roland, Wien
GISCARD D'ESTAING Edmond, Präsident, Paris 78, 152
GIUSTI Dr. Wolf, Univ.-Prof., Triest
GLEISSNER Dr. Friedrich, Wien
GLEISSNER Dr. Heinrich, Landeshauptmann a. D., Linz 152
GLOEGE D. Gerhard, Professor, Jena
GLÜCK Mag. Dr. Eva, Wien
GMEINER Dr. Wolfgang, Wien
GMOSER DDr. Rupert, Abg. z. NR, Graz
GOETZ O.P. DDr. Diego Hans, Pater, Wien 151
GOETZ Dr. Robert, Paris
GOIN Dipl.-Dolm. Françoise, Genf
GOING Dr. Helmut, Professor, Frankfurt
GOLDMANN Dr. Lucien, Professor, Paris
GOLDSCHEIDER Dr. Peter, Direktor, Wien
GOLEA Antoine, Paris 116
GOMBRICH Dr. Ernst H., Professor, London

GORALCZYK Viktor, Direktor, Wien
GORBANEVSKAJA Natalja, Moskau – Paris 122, 133, 135, 160
GÖRLICH Heidemarie, Wels
GORMANN William, Santa Barbara/ USA 156
GÖRNER Ingeborg, Wien
GÖTZ Dipl.-Ing. DDr. Alexander, Bürgermeister, Graz
GOUDSBLOM Dr. Johan, Univ.-Prof., Amsterdam
GRABER Ingrid, München
GRABER Karl, Wien
GRABER Dr. Otto, München
GRAF Mag. Peter, Wien
GRASSE Frieda, Alpbach
GRASSI Dr. Ernesto, Univ.-Prof., Rom 58, 62, 63, 150
GRÄTZ Dr. Wilfried, Wien
GRATZER Hans, Wien 120, 160
GRAU Mag. Wolfdietrich, Wien
GRAUMANN Dr. Carl F., Professor, Nekkargmünd
GRAY John, Professor, London
GREDLER Elfriede, Wien 29
GREDLER Dr. Willfried, Botschafter, Wien 29, 92, 100, 119, 145, 155, 156, 162
GREHL Günter, Vorstandsmitglied, Wien
GREIFENEDER Dr. Hubert, Wien
GREIFFENHAGEN Dr. Martin, Univ.-Prof., Stuttgart 120, 160
GREINER Gerhard, Wien
GRENGG Dr. Hermann, Professor, Graz
GRIMBURG Dr. Wilhelm, Sektionschef, Wien 125, 160
GRÖGER Dr. Adolf, Sektionsrat, Wien
GRÖLL Dr. Reinhardt, Innsbruck
GRÖMANSPERG Heide, Wien
GROSCHUPF Dipl.-Kfm. Dr. Roman, Wien
GRUBER Mag. Christine, Linz
GRUBER Dr. Karl, Univ.-Doz., Bundesminister a. D., Wien 7, 77, 150
GRÜMM Dr. Hans, Professor, Wien
GRUNDMANN-HAMPL Dr. Helge, Reinach/Schweiz
GRÜNEWALD Dr. Eduard, Dozent, Innsbruck 6, 10, 31
GRÜNWALD Dipl.-Kfm. Dr. Oskar, Generaldirektor, Wien
GSCHNITZER Dr. Franz, Univ.-Prof., Staatssekretär a. D., Wien – Innsbruck 151, 154
GUILLERMOU Alain, Professor, Paris
GULDA Friedrich, Innsbruck
GUNERT Johann, Österreich 29, 59
GÜNTHER Peter, Stuttgart
GÜNZL Dr. H. Christoph, Rechtsanwalt, Wien
GURLITT Wolfgang, Linz 152
GÜRSTER Dr. Eugen, München

GUTH Dr. Wilfried, Vorstandsmitglied, Frankfurt a. M. 157
GUTMANN Emanuel, Lektor, Jerusalem
GUTWENGER Dr. Engelbert, Univ.-Prof., Rektor, Innsbruck
GUY Michel, Kulturminister, Paris 160

HABERL Horst Gerhard, Graz 120, 127
HABERLER Dr. Gottfried von, Univ.-Prof., Cambridge/USA 27, 64, 71, 80, 151, 154
HACKER Dipl.-Kfm. Dr. Christian, Direktor, Puch bei Hallein
HACKER Dr. Friedrich, Univ.-Prof., Wien 155, 156
HACKER Ingrid, Wien 50
HAECKEL Dr. Josef, Professor, Wien
HAERTEN Dr. Heinz, Bad Godesberg 79
HAEUSSERMAN Ernst, Professor, Wien 157
HAHLWEG Marcel E., Linz
HAHN Hans, Lexington/USA 156
HAHN Lotte, St. Christophen
HAIDEN Dr. Alfons, Direktor, Wien
HAIDER Hans, Wien
HAIN Dr. Ferdinand, Wien
HALBECO Pére Michel, Vanves
HALBERG Dr. Franz, Innsbruck
HALL Dr. Peter, Univ.-Doz., London
HALLSTEIN Dr. Walter, Staatssekretär a. D., Präsident a. D., Brüssel – Bonn 80, 98, 154
HALPERT Dr. Martha, Wien
HAMADANI Roswitha, Verscio/Schweiz 128
HANREICH Dipl.-Ing. Georg, Wien
HANSEN-LÖVE Anna, Wien
HANSEN-LÖVE Friedrich A., Professor, Wien 6, 50, 51, 66, 152
HANTSCH Dr. P. Hugo, Univ.-Prof., Wien
HANUSCH Helmut, Chefredakteur, Wien
HARE Richard, Oxford
HARLAN HALE William, Wien
HARLASS Dipl.-Kfm. Kurt, Direktor, Kundl
HARRER Dr. Michael, Wien
HARTHORNE Dr., Univ.-Prof., Harvard, Cambridge/Mass.
HARTIG Friedrich, Wien
HARTIG Dr. Otto, Wien
HARTIG Dr. Paul, Botschaftsrat, Wien
HARTL Edwin, Wien
HARTMANN Dr. Ernst, Direktor, Wien 51, 153
HARTMANN Dr. Max, Univ.-Prof., Hechingen-Hohenzollern 6, 23, 26, 45, 63, 74, 152, 153
HARTMANN Olov, Pastor, Sigtuna
HARTZ Dr. Louis, Univ.-Prof., Harvard, Cambridge/USA 156

HASCHEK Dr. Helmut, Generaldirektor, Wien 120, 160, 161
HASELBACH Dr. Arne, Direktor, Wien
HASELOFF Dr. Otto Walter, Professor, Berlin
HASS Dr. Hans, Professor, Wien
HASS Lotte, Wien
HAUFF Angelika, Wien
HAUFF Dr. Volker, Bundesminister, Bonn
HAUMER Dr. Hans, Generaldirektor, Wien 161
HAUSBERGER Dipl.-Kfm. Dr. Simon, Gesandter, Brüssel 138
HAUSER Hanns, Intendant, Innsbruck
HAUSER-NEEB Agnes, Wien
HAUSER-NOWAK Krista, Innsbruck
HAUSMANN Augusto, Rom
HAXEL Dr. Otto, Professor, Direktor, Heidelberg
HAYEK Dr. Friedrich A. von, Univ.-Prof., Nobelpreisträger, Freiburg i. Br. 6, 27, 62, 66, 68, 71, 78, 107, 115, 151, 153, 157
HAYMERLE Dr. Heinrich, Botschafter a. D., Wien
HAYTER Sir William, Oxford 155
HAZLITT Henry, New York 156
HECHTEL Gottfried, Professor, Wien
HECKE Dr. Hans, Generaldirektor, Wien
HECKE Dr. Klaus, Wien
HEER Dr. Friedrich, Univ.-Prof., Wien 78, 111, 153, 158
HEIBACH Bernhard, Gesandter, Wien
HEIDRICH Erwin, Wien
HEILLER Anton, Wien 97, 100, 154, 155
HEILPERIN Dr. Michael, Professor, New York 155, 156
HEINDL Dr. Gottfried, Wien
HEINE-GELDERN Dr. Thomas, Wien
HEINEMANN Klaus, Trier 158
HEINRICH Dr. Gerhard, Salzburg
HEINTEL Dr. Erich, Professor, Wien 50, 104, 155, 157
HEINTEL Dr. Peter, Univ.-Prof., Rektor, Klagenfurt
HEINZ Dr. Karl, Univ.-Prof., Innsbruck
HEINZEL Dr. Gottfried, Professor, Rektor, Innsbruck
HEISENBERG Dr. Werner, Univ.-Prof., Göttingen 31, 62, 63, 151
HEISS Dipl.-Ing. Fritz, Komm.-Rat, Schwaz 126
HELBICH Dr. Franz, Wien
HELGERT Dipl.-Kfm. Wilhelm, Wien
HELLER André, Wien 107, 137, 146, 157, 161
HELLER Dr. Hermine, Wien
HEMSEN Dr. Jens, Scharfling/Mondsee
HENDRICKS Dr. Wilhelm, Direktor, Wien
HENEGHAN Tom, Wien
HENISCH Peter, Wien 94, 113, 159
HENIZE John, Professor, St. Augustin/BRD

HENKEL Gabriele, Düsseldorf
HENKEL Dr. Konrad, Düsseldorf
HENRICH Dr. Dieter, Professor, Berlin
HENRY Dr. Paul, Paris 76
HENZ Dr. Rudolf, Professor, Wien 29, 59
HERAUD Dr. Guy, Univ.-Prof., Pau/Frankreich 21, 110, 118, 119, 145, 158, 160
HERCZEG Dr. Karl, Doz., Wien 155
HERDING Dr. Otto, Univ.-Prof., Tübingen
HERDLITCZKA Dr. Arnold, Univ.-Prof., Innsbruck 150, 153, 155
HERNDL Dr. Kurt, Botschafter, Wien
HERPERS Marcel, Heerlen/Holland
HERR Michel, Capitain, Paris
HERRHAUSEN Dr. Alfred, Vorstandsmitglied, Düsseldorf 126, 161
HERRMANN Dr. Theo, Univ.-Prof., Marburg 113
HETL DDr. Hanns, Wien
HETZER Dr. Claus-Dieter, Univ.-Prof., Berkeley/USA
HETZER Koschka, Fernsehjournalistin, Wien 6, 119, 127, 142
HEUSER Dr. Hermann, Professor, Stolberg-Breming/BRD
HEYT Dr. Friso, Univ.-Doz., Amsterdam
HEYT Sonja, Heiloo/Niederlande
HIGATSBERGER Dr. Michael, Univ.-Prof., Wien 155
HIGMAN Howard, Professor, Colorado
HILGERS Dr. A. J. W., Essen
HILPERT Dr. Walter, Hamburg
HIMMELMAYER Dipl.-Kfm. Dr. Erich, Wien
HINSCH Dipl.-Ing. Dr., Ministerialdirigent, Bonn
HINTEREGGER Dr. Ferdinand, Zürich
HINTERLEITNER Dr. Reinhold, Linz
HIRNIGEL Dipl.-Kfm. Hansjörg, Generaldirektor, Wien 160
HIRSCHBICHLER Dr. Sebastian, Direktor, Wien
HIRSCHFELD Dr. Kurt, Zürich
HITTMAIR Dr. Anton, Univ.-Prof., Dekan, Rektor, Innsbruck
HLADIK Dr. Theodor, Dornbirn
HLAWA Stefan, Professor, Wien 58, 150
HOBSBAWM Dr. Eric, Dozent, London
HOCHSTRASSER Urs, Professor, Direktor, Bern 159
HÖDL Dr. Erich, Darmstadt
HOENL Dr. Helmut, Professor, Freiburg i. Br.
HOESS Dr. Fritz, Botschafter, Wien
HOFBAUER Dr. Günter, Wien
HOFECKER Franz, Linz
HOFF Dr. Hans, Primarius, Univ.-Prof., Wien 29, 79, 153
HÖFINGER Paul, Direktor, Wien
HOFMANN Kurt, Wien

173

HOFMANN Dr. Rudolf, Professor, Freiburg i. Br.
HOFMEISTER Dr. Herbert, Wien
HOLDSWORTH Mary, Professor, Oxford
HOLEY Dr. Karl, Univ.-Prof., Hofrat, Rektor, Wien
HOLGERSEN Alma, Alpbach 29, 59, 150
HOLL Adolf, Wien 104, 157
HOLL Laurent, Vorstandsmitglied, Wien
HOLLANDER Arie N. J. den, Amsterdam 156
HOLLER Mag. Friedrich, Graz
HÖLLINGER Dr. Sigurd, Wien
HOLTROP Dr. M. W., Präsident, Amsterdam
HOLUBARZ Kurt, Landtagsabg., Gemeinderat, Wien
HOLZER Dipl.-Kfm. Adalbert, Wien
HOLZER Markus, Linz
HOLZINGER Rainer, Linz
HOLZMEISTER Dr. Clemens, Professor, Architekt, Salzburg 64, 151
HOOK Dr. Sidney, Professor, New York 153
HORAK Dipl.-Dolm. Renate, Wien
HÖRBIGER Attila, Burgschauspieler, Wien 58, 150
HORKHEIMER Dr. Max, Professor, Frankfurt a. M. 80, 98, 104, 155
HORNSTEIN Herbert, Wien 50
HORST Dr. Karl August, München
HÖRTLEHNER Dr. Alexander, Wien
HORVATH Elisabeth, Wien
HORWITZ Dipl.-Kfm. Kurt, Wien
HOWELL W. G., Architekt, London
HOXTER Curtis J., New York
HOYOS Adam, Wien – Madrid
HOYOS-BRUNNER Magda, Wien–Madrid
HOWALD Dr. Oskar, Professor, Zürich
HSIAO Dr. Paul, Professor, Freiburg i. Br.
HSU Dixon, Wien
HUBER Erich, Professor, Wien
HUBER Dr. Othmar, Wien
HUBER Ursula, Wien
HUEBER Dr. Eduard, Univ.-Doz., Wien
HUEMER Dr. Peter, Wien
HUGGLER Dr. Max, Univ.-Prof., Bern
HUNGER Dr. Herbert, Univ.-Prof., Präsident, Wien 125, 160
HUPPERT Dr. Walter, München
HURDES Dr. Felix, Bundesminister a. D., Wien 7, 61, 151
HÜRLIMANN Dr. Hans, Bundesrat, Bern 125, 160
HUTERER Christine, Baden bei Wien
HUTTER Wolfgang, Maler, Wien
HUTTERER Dipl.-Kfm. Herwig, Wien

IGLER Dr. Hans, Ehrenpräsident, Direktor, Wien 126
IKRATH Dr. Herbert, Direktor, Linz
IN DER MAUR Wolf, Intendant, Wien 161
INGARDEN Dr. Roman, Professor, Krakau
IVANGIN Dimitri d', Paris
IVANKA Dr. Endre, Univ.-Prof., Budapest – Wien

JANAUER Komm.-Rat Dr. Walter, Direktor, Wien
JANCKE Oskar, Stuttgart
JANDL Ernst, Wien 161
JANISCH Dr. Walter, Vorstandsdirektor, Wien
JANKOWITSCH Dr. Peter, Botschafter, Paris 162
JANN Dr. Peter, Wien
JANSSEN Julia, Wien
JANSSEN Richard, New York
JASPAR Dr. E. J. E. M. H., Gen.-Sekr., Brüssel 75, 152
JEDLICKA Dr. Ludwig, Univ.-Prof., Wien 78, 153
JELUSIC Dr. Karl, Professor, Wien
JENEWEIN Hans (Hotel Alphof), Alpbach 125
JENEWEIN Dr. Jean-François, Wien
JENEWEIN Johanna (Hotel Alphof), Alpbach
JENEWEIN Dr. Max, Innsbruck 61, 125
JESCHKO Dipl.-Ing. Dr. Karl, Mattersburg
JESIONEK Dr. Udo, Oberlandesgerichtspräsident, Wien
JETZINGER Mag. Hans, Wien
JICHA Dipl.-Ing. Richard, Architekt, Wien
JIRGAL Dr. Ernst, Wien 29, 59, 150
JOHAM Dr. Josef, Generaldirektor, Wien 78, 83, 153
JÖHR W. A., Univ.-Prof., St. Gallen 151
JOLL James, Professor, London
JONES Sidney L., Washington 160
JONKE Gert, Klagenfurt 127
JÖRG Helmuth, Führer des „Grauen Freikorps", Wien 52
JÖRG Irmtraut, Wien
JÖRGENSSEN Dr. Jörgen, Professor, Kopenhagen
JOUVENEL Bertrand de, Univ.-Prof., Paris 107, 157
JOUVENEL Henri de, Paris 107
JUGLER Lore, Wien
JUNGEN Peter, Vorstandsvorsitzender, Köln
JUST Dipl.-Kfm. Karl, Generaldirektor, Salzburg

KAHN-ACKERMANN Georg, Straßburg 122
KAINDL Brigitte, Wien

KAISER Cornelia, Wien
KAISER Dr. Emmerich, Wien
KAISER Dr. Joachim, München 155
KAISER Johannes, Wien 124
KALLIO-VISAPÄÄ Sinikka, Helsinki 75
KALUZA Dr. Hans J., Wien
KAMITZ Dr. Reinhard, Professor, Generalsekretär, Präsident a. D., Minister a. D., Wien 7, 70, 78, 80, 99, 111, 153, 157
KAMPMANN Bodo, Innsbruck 32
KANITSCHEIDER Dr. Bernulf, Univ.-Prof., Gießen 159
KANTOR Komm.-Rat Kurt, Konsul a. D., Baden bei Wien
KANTOR Marion, Wien
KAPFLER Dipl.-Kfm. Elisabeth, Wien
KAPL Dr. Helmuth, Wien
KAPPELLER Hans, Wien
KAPRAL Dr. Peter, Wien
KAR Ing. Hannes, Wien 100, 138
KARASEK Dr. Franz, Botschafter, Generalsekretär, Straßburg 119
KARG Friedrich, Direktor, München
KARNER Dr. Dietrich, Triest
KASHEY-STENGEL Dr. Elisabeth, New York
KASPAR Dr. Herbert, Wien
KASPAR Dipl.-Kfm. Dr. Otto, Innsbruck 160
KASPER DDr. Josef, Wien
KASTEN Walter, Professor, Linz 157
KASTNER Dr. Diemut, Wien
KASTNER Robert Th., Wien
KATSCHINKA Dipl.-Dolm. Lise, Wien
KAUFMANN DDr. Harald, Graz 154
KAUFMANN Walter, New Jersey/USA 119, 157
KAUTSKY Dr. Benedikt, Zürich 151
KECKEIS Dr. Peter, Frauenfeld 113, 159
KEHRER Karl, Wien 162
KELLER Dr. Adolf, Professor, Zürich 71, 152
KELLER Dr. Bernhard, Bochum-Querenburg
KELLER René, Botschafter, Wien
KELSEN Dr. Hans, Univ.-Prof., Kalifornien
KEMPSKI Jürgen von, Münster 156
KERENYI Dr. Karl, Univ.-Prof., Zürich – Ascona 55, 74, 75, 76, 152
KERENYI Magda, Zürich – Ascona 74, 75
KERSCHAGL Dr. Richard, Rektor, Wien
KEYSERLING Graf Arnold, Univ.-Prof., Wien 54, 155
KEYSERLING Graf Hermann, Philosoph, Darmstadt – Innsbruck 49, 53, 54, 60
KEYSERLING Gräfin Willy, Wien
KHOL Dr. Andreas, Direktor, Wien
KIEFER Hiltraut, Karlsruhe
KIELMANSEGG Dr. Peter Graf, Professor, Köln 113, 159

KIENBÖCK Dr. Viktor, Minister a. D., Präsident a. D., Wien 152
KIENZL Dipl.-Kfm. Dr. Heinz, Generaldirektor, Wien 157
KIESEWETTER Rita, Wien
KIFFMANN Engelbert, Wien
KILGA Dr. Bernhard, Innsbruck 51
KING Dr. Alexander, Professor, Präsident, London 158
KINZL Dr. Hans, Univ.-Prof., Rektor, Innsbruck
KINZL Ing. Klaus, Wien
KIPPENBERGER H., Direktor, Brüssel
KIRCHNER Ernst Ludwig, Frauenkirch bei Davos 56
KIRCHNER Kurt, Generaldirektor, Wien
KIRCHSCHLÄGER Dr. Rudolf, Bundespräsident, Wien 7, 116, 140, 158, 159
KIRKWOOD Kenneth, Professor, Oxford
KITT Ferdinand, Architekt, Wien 29, 42, 74, 124
KITT Florian, Wien
KITT Ilse, Wien
KLAPPBACHER Dipl.-Kfm. Dr. Willibald, Direktor, Wien
KLAUHS Dr. Hellmuth, Generaldirektor, Wien 162
KLAUS Dr. Josef, Bundeskanzler a. D., Minister a. D., Wien 92, 108, 152, 155, 158
KLAUS Rudolf Uwe, Wien
KLECATSKY Dr. Hans, Univ.-Prof., Bundesminister a. D., Innsbruck 119, 158
KLECKER Joseph, Brüssel
KLEIN Dr. Hans-Dieter, Univ.-Prof., Wien
KLEIN Dr. Marc, Univ.-Prof., Straßburg
KLEINER Dr. Harry, Berlin
KLEINSCHEK Günter, Wien
KLEMENT Inge B., Wien
KLEMPERER Klemens von, Univ.-Prof., Northampton/USA
KLENNER Dr. Fritz, Generaldirektor, Wien 126
KLINGAN Dipl.-Kfm. Dr. Hubert, Generaldirektor, Innsbruck 161
KLINGER Dr. Friedrich, Univ.-Prof., München
KLOSE DDDr. Alfred, Wien
KLOSS DDr. Hans, Wien
KLOTZ Dipl.-Ing. Arnold, Innsbruck
KLUGE Dr. Alexander, Rechtsanwalt, Berlin
KNAP Dr. Michael, Wien
KNAPP Horst, Professor, Chefredakteur, Wien
KNOTEL Dr. H. G., Wien
KÖBERL Dr. Oswald, Innsbruck
KOCH Dr. Alfred, Linz
KOCH Fritz, Hamburg
KÖCHER Helga, Wien

KÖCHLER Dr. Hans, Univ.-Doz., Innsbruck
KOELLREUTER H. J., Professor, Rio de Janeiro
KOENIGSWALD Dr. G. H. R. von, Univ.-Prof., Utrecht 76, 77, 153
KOENNE Dr. Christl, Wien
KOENNE Dipl.-Ing. DDr. Werner, Wien
KOERNER Dr. Walter, Innsbruck
KOERTGE Noretta, Bloomington/USA 117, 160
KOESLER Dipl.-Kfm. Dr. Hans-Peter, Vorstandsdirektor, Wien
KOESTLER Arthur, Schriftsteller, London 6, 27, 29, 46, 56, 77, 78, 97, 99, 102, 103, 111, 153, 154, 155, 158
KOFFKA Elizabeth, Northampton
KOFLER Dr. Leo, Professor, Köln
KOGON Dr. Eugen, Chefredakteur, Frankfurt a. M. 29, 75, 79, 97, 151, 153
KOHLEGGER Dr. Karl, Präsident, Innsbruck
KOHLER Dr. Ivo, Innsbruck 156
KOHN Hans, New York 76, 153
KOLAKOWSKI Jeszek, Univ.-Prof., Oxford 101, 156
KOLB Dr. Ernst, Bundesminister a. D., Wien 7, 153
KOLLER Dr. Josef, Ministerialrat, Wien
KOMMENDA Erna, Wien
KÖNIG Dr. Franz, Kardinal, Erzbischof von Wien, Wien 139, 154, 159, 162
KÖNIG Dr. René, Professor, Köln 100, 155
KÖNIG-MOLDEN Gabriela, Athen
KOPPERS Dr. Wilhelm, Univ.-Prof., Wien 69, 152
KOPSCHITZ Dr. Maria-Michaela, Wien
KOREN Dr. Stephan, Univ.-Prof., Bundesminister a. D., Präsident, Wien 7, 111, 157
KÖRNER Theodor, Bundespräsident, Wien 7, 74, 152
KORNIS Karl, Generaldirektor, Wien
KORTZFLEISCH Dr. Gert von, Mannheim
KOSTENZER Josef, Gemeindesekretär, Alpbach 124
KOSTRBA-SKALICKY Oswald, Wien
KOSULIK Inge, Wien
KÖSZEGI Dipl.-Ing. Dr. Rudolf, Wien
KOTTULINSKY Dr. Kunata, Vizepräsident, Wien
KOUBA Dr. Ernst, Wien
KRAFT Dr. Julius, Univ.-Prof., Washington 151
KRAFT Dr. Victor, Univ.-Prof., Wien 23, 50
KRÄFTNER Mag. Helga, Wien
KRAPPINGER Mag. Dr. Herbert Ernst, Wien
KRATKY Dr. Gerhard, Wien

KRAUS Dr. Carlos, Wien
KRAUS Dipl.-Kfm. Dr. Herbert, Univ.-Prof., Graz
KRAUS Dr. Wolfgang, Professor, Präsident, Wien 159, 162
KRAUSS Cornelia, Wien
KREBS Dr. Paul, Bad Homburg
KREISKY Dr. Bruno, Bundeskanzler, Wien 7, 29, 48, 78, 93, 112, 116, 122, 127, 134, 153, 154, 155, 158, 159, 160
KREITLER Dr. Hans, Univ.-Prof., Tel Aviv 128, 145, 160, 161
KREMENAK Dr. Liesl, Wien 50
KREMSMAYER Dr. Heino, Wien
KREMSMAYER Maria, Wien
KŘENEK Dr. Ernst, Professor, Komponist, Palm Springs/Kalifornien 76, 100, 142, 146, 155, 156, 162
KŘENEK Gladys, Palm Springs/Kalifornien 142
KRENN Dipl.-Dolm. Elisabeth, Klagenfurt
KRENNER Ingrid, Wien 50
KREUTZBERG Harald, Wien
KREUZER Franz, Chefredakteur, Wien 161
KROBATH Doris, Wien
KROBATH Dipl.-Kfm. Hermann, Wien
KROIS Erich, Redakteur, Wien 50
KRUSE-KEMPEN Eigil, Vizepräsident, Bankdirektor, London
KUBELKA Peter, Wien 127
KÜCHLER Renate, Frankfurt a. M.
KÜHNERT Dr. Joachim, Wien
KÜHTREIBER Erika, Wien
KÜPPER Peter, Wien
KURZ Dipl.-Dolm. Dr. Ingrid, Wien
KUTSCHA Helga, Innsbruck
KÜTTNER Michael, Mannheim
KWITEK Robert, Freising/BRD

LACHMANN Dr. Eduard, Univ.-Prof., Innsbruck
LACHNIT Eva, Wien 6
LACHTOWICZKA Dr. Karl, Generaldirektor, Wien
LAER Robert, Wien
LAFITE Dr. Carl Wolfgang, Wien
LAFITE Marion, Wien
LAKATOŠ Imre, London 112, 159
LAMEL Dipl.-Kfm. Joachim, Wien
LAMPE Jörg, Wien 28
LAMPERT Dr. E., Oxford 71
LANDSHUT Dr. Siegfried, Professor, Hamburg
LANG Auguste, Wien
LANG Dipl.-Kfm. Dr. Harald, Wien
LANG Dr. Herbert, Wien
LANGBEHN Julius (genannt der „Rembrandtdeutsche"), Dichter und Schriftsteller, Rosenheim 59
LANGE Dr. Otto, Kiel

LANGE Dr. Siegfried, Karlsruhe
LANGER Dr. Friedrich, Wien
LANGEVELD Dr. M. J., Univ.-Prof., Utrecht 79, 153
LANNER Dipl.-Ing. Dr. Sixtus, Generalsekretär, Wien 122
LANZ Dr. Wolfgang, Wien
LARISCH-LUEGMAYER Mag. Andreas, Wien
LAUDE Jean, Paris
LAULAN Yves, Paris
LAUNOIT Comte de, Präsident, Brüssel
LAUTERBACH Dr. Albert, Professor, New York
LAVAU Georges, Professor, Grenoble
LAVEL Antoine, Paris 126
LAWRENCE, Präsident, Paris
LEAKY Louis, Univ.-Prof., Nairobi 77
LEBEDA Dipl.-Ing. Hermann, Ministerialrat, Wien
LEDERER Hans Jörg, Baumeister, Alpbach 124
LEDERER Thomas, Baumeister, Alpbach 66
LEDL Karoline, Wien
LEDUC Dr. Gaston, Professor, Presles – Frankfurt
LEEB Dr. Herman, Zürich
LEEB Dipl.-Ing. Manfred, Direktor, Wien
LEECH John, London
LEGER Dipl.-Dolm. Ursula, Wien
LE GROS CLARK Dr. W. E., Professor, Oxford
LEHMANN Fritz, Regisseur, Wien
LEHMDEN Anton, Wien 41
LEHNE Dr. Friedrich, Senatspräsident, Wien
LEHNE Dr. Inge, Wien
LEHNER Dr. Gerhard, Wien
LEICHTFRIED Dipl.-Kfm. Horst, Wien
LEINFELLNER Dr. Christine, Wien
LEITGEB Josef, Österreich 29, 59
LEMMER Dipl.-Vw. Jürgen, Bankdirektor, Frankfurt a. M.
LENDVAI Dr. Paul, Wien
LENEL Dr. Hans Otto, Hamburg
LENK Dr. Hans, Univ.-Prof., Karlsruhe
LENK Kurt Erlangen 157
LENZ Mag. Elisabeth, Wien
LEONHARD Dr. Kurt, Eßlingen
LEOPOLD-WILDBURGER Mag. Ulrike, Graz
LEOPOLDSEDER Dr. Hannes, Intendant, Linz
LERNET-HOLENIA Alexander von, Wien 59, 150
LESER Dr. Norbert, Univ.-Prof., Wien 122, 161
LESKY Dr. Albin, Univ.-Prof., Oxford – Wien 58, 150, 156
LETWIN Dr. Shirley Robin, Univ.-Prof., London 161
LETWIN Dr. William, Univ.-Prof., London
LEUPOLD-LÖWENTHAL Dr. Arlette, Wien
LEUPOLD-LÖWENTHAL Dr. Harald, Univ.-Prof., Wien 155
LEUTWILER Dr. Fritz, Bankpräsident, Zürich 146, 157
LÉVY Paul M., Straßburg 157
LEWALSKI Dr. Karl, Prokurist, Wien
LEYGRAF Hans, Pianist, Stockholm
LIEBENTRITT Johann, Brunn a. Geb.
LIEBER Dr. Hans-Joachim, Professor, Berlin
LIEBERMANN Rolf, Zürich 78, 153
LIEBRUCKS Dr. Bruno, Professor, Köln
LIEBSCHER Dr. Klaus, Direktor, Wien
LIEWEHR Fred, Kammerschauspieler, Wien 58, 150
LIGETI György, Komponist, Professor, Wien – Köln 155
LILLIN Andrej, Professor, Timisoara/Rumänien
LINDSAY Kenneth, London
LINGENS Peter Michael, Chefredakteur, Wien
LINK Benjamin, Wien
LIONNAIS Francois le, Paris – Boulogne sur Seine
LISKAR Dr. Bruno, Wien
LOBKOWICZ Prinz Ladislas, Brüssel
LÖBL Dr. Karl, Chefredakteur, Wien
LODS Marcel, Architekt, Paris 64
LOEBENSTEIN Dr. Edwin, Professor, Präsident, Wien
LOENNROTH Dr. Erik, Professor, Uppsala 76, 152
LOESCH Dipl.-Ing. Dr. Christian, Generaldirektor, Wien
LOEW Dr. Hans, Wien 50
LOEWENICH Dr. Walter von, Univ.-Prof., Erlangen 154
LÖFFLER Dr. Heinz, Univ.-Prof., Wien
LÖFFLER Mag. Sigrid, Wien
LOGOTHETIS Anestis, Wien 97, 154
LOHMANN Dr. Peter, Wien
LOMBARDI Dr. Franco, Univ.-Prof., Rom 98, 154, 155
LONGOBARDI Joseph A., Frankfurt a. M.
LORANT André, Paris
LORENZ Dipl.-Ing. Karl Raimund, Professor, Architekt, Graz
LORENZ Dr. Konrad, Univ.-Prof., Nobelpreisträger, Greifenstein bei Wien 74, 152
LORENZEN Dr. Paul, Professor, Kiel
LÖWENTHAL Dr. Richard, Univ.-Prof., Mannheim 119, 160
LÖWITH Dr. Karl, Univ.-Prof., New York 70, 75, 152
LÜBBE Dr. Hermann, Univ.-Prof., Zürich 120, 156

LUBE Dr. Frank, Wiesbaden
LUCE Dr. Jean, Paris
LUDWIG Christa, Kammersängerin, Wien
LUGGER Dr. Alois, Bürgermeister, Innsbruck 112, 158
LUTTEROTTI Dr. Otto, Univ.-Prof., Innsbruck 49
LYAUTEY Hubert, Marschall von Frankreich, Generalresident von Marokko, Paris 75
LYAUTEY Pierre, Paris 75

MACHANEK Mag. Max Ignaz, Linz
MACHENSCHALK Dr. Rudolf, Reutte i. Tirol
MACHLUP Dr. Fritz, Univ.-Prof., New Jersey/USA 6, 27, 66, 74, 104, 152, 156
MACHLUP Stefan, Cleveland/USA 157
MACKENRODT Dr. Jochen, München
MACKENROTH Dr. Gerhard, Professor, Kiel
MACKU Dr. Alois, Professor, Wien
MACRAE Dr. Donald, Professor, London
MADARIAGA Salvador de, Univ.-Prof., Oxford 27, 65, 151
MADEISKI Dr. Herbert, Wien
MAESCHIG Peter, Wien
MAGNIN Dipl.-Dolm. Susanne, Wien
MAGRIS Claudio, Univ.-Prof., Triest 127, 160
MAHADEVAN Dr. T. M. P., Professor, Madras 155
MAIER Dr. Franz, Priv.-Doz., Tübingen
MAIER-LEIBNITZ Heinz, Univ.-Prof., Präsident, Bonn 160
MAIHOFER Werner, Univ.-Prof., Saarbrücken 107, 158
MAILATH-POKORNY Hans, Gen.-Dir., Präsident, Wien
MAINX Dr. Felix, Univ.-Prof., Wien
MAIX Kurt, Schriftsteller
MALRAUX André, Dichter und Minister, Paris 18, 97, 111
MANN Dr. Golo, Univ.-Prof., Kalifornien – Zürich 64, 151
MANNDORF Dr. Hans, Wien
MANSHOLT Dr. Sicco, EG-Kommissar, Wapserven
MARANINI Dr. Guiseppe, Professor, Florenz
MARBOE Dr. Ernst Wolfram, Intendant, Wien 161
MARBOE Dr. Peter, Konsul, Leiter des österr. Informationsdienstes New York
MARCEL Gabriel, Univ.-Prof., Dichter und Philosoph, Paris 8, 18, 82, 97, 154
MARCH Dr. Arthur, Univ.-Prof., Dekan, Innsbruck 23, 63, 64, 150
MARCHAL M. Leon, Generalsekretär, Straßburg
MARCKHGOTT Dr. Gottfried, Wien

MARCUSE Herbert, La Jolla/USA 98, 104, 107, 157
MARGREITER Luggi, Alpbach 124
MARGREITER Reinhard, Innsbruck
MARGUE Dr. Marianne, Luxemburg 26
MARGUE Dr. Nikolaus, Minister a. D., Luxemburg
MARINELLI Dr. Wilhelm, Univ.-Prof., Wien 151
MARKOVIC Dr. Mihailo, Professor, Belgrad
MARKWITZ Dr. Fritz, München 158
MARLET Dr. Michael Fr. J., Professor, Nijmegen
MAROIS Dr. Maurice, Univ.-Prof., Paris
MARQUET Dr. Mario, Wien 50
MARSICO Dr. Giorgio, Triest
MARTIN Kingsley, London
MARTINI Dr. Giuseppe, Professor, Mailand
MARTINI Plinio, Schweiz 119
MARX Eberhard, Direktor, Frankfurt a. M.
MÄRZ Dr. Eduard, Professor, Wien
MASER Adelheid, Wien
MASSEN J. E., Professor, London
MASSIGNON Dr. Louis, Univ.-Prof., Paris 151
MAST Dr. Hans-J., Direktor, Zürich
MATARÉ Ewald, Professor, Düsseldorf 152
MATTHEW Dr. Thomas U., Professor, Staffordshire
MATTHIENSEN Ernst, Frankfurt a. M.
MATTSON Bo, Stockholm
MATZNER Egon, Wien 159
MAUER Otto, Professor, Wien 56, 111
MAUHART Dr. Beppo, Gen.-Dir.-Stellv., Wien
MAUNY Erik de, London
MAURER Mag. Christian, Wien
MAURER Jakob, Zürich 158
MAUROIS André, Dichter, Paris 18
MAUTHE Jörg, Wien
MAUTHNER Dr. Martha, Wien
MAUTNER MARKHOF Dipl.-Ing. Manfred (sen.), Präsident, Gen.-Dir., Wien 7, 111, 158
MAUTNER MARKHOF Dr. h. c. Ing. Manfred (jun.), Prof., Wien
MAXIMOW Wladimir, Moskau – Paris 122, 133, 135, 160
MAY Dr. Gerhard, Bischof A. B., Wien
MAYER Anton, Wien
MAYER-GUNTHOF Dr. Franz Josef, Präsident, Wien 7
MAYER-HARTING Dr. Thomas, Wien
MAYER-HARTWIG Eberhart, Mulartshütte
MAYER-MALY Dr. Theo, Univ.-Prof., Salzburg 156
MAYERHÖFER Dr. Renate, Berlin
MAYNARD Geoffrey, London 162

MAYNARD-SMITH John, Sussex/England 161
MAYRHOFER Luggi, Alpbach 124
MAYRHOFER Teta, Alpbach
MAYRÖCKER Friederike, Wien 161
McCAUSLAND L. P. Thompson, London
MEIER Balthasar, Zürich
MEIER Mona, Wien 6
MEIER Walter, Zürich
MEILI Dr. Richard, Professor, Bern
MEIMBERG Dr. Rudolf, Professor, Frankfurt a. M.
MEINECKE Max, Regisseur, Wien
MEINL-GERNGROSS Maria, Wien 50, 96
MELIS DDr. Werner, Wien
MERGEN Dr. Armand, Univ.-Prof., Mainz 27, 152
MERKATZ Dr. Hans Joachim von, Bundesminister, Bonn 80, 154
MERZ-BENTELI Dr. Walter, Bern 152
MESSNER Dr. Reinhold, Univ.-Prof., Schwaz 152
METZ Johannes Baptist, München 106, 157
MEUWISSEN Dr. D. H. M., Groningen/Niederlande
MEYER-BORNSEN Christine, Wien
MEYER-EPPLER Dr. W., Bonn
MEYERS Dr. Paul, Luxemburg
MEYERSON Dr. J., Univ.-Prof., Toulouse – Paris
MICHAND Guy, Professor, Saarbrücken
MIGSCH Dr. Alfred, Bundesminister a. D., Wien
MIELING Dr. Peter, Generaldirektor, Wien 161
MIESS Walter, Innsbruck 49
MILLENDORFER Dr. Johann, Wien
MILLS J. G., Wien
MILOTA Dipl.-Kfm. Dr. Werner, Wien
MITSCHERLICH Dr. Alexander, Univ.-Prof., Heidelberg 8, 79, 153
MITTEIS Dr. Heinrich, Univ.-Prof., Berlin – München 63, 69, 151, 152
MITTERDORFER Dr. Karl, Abgeordneter, Bozen 49
MITTERLEHNER Reinhold, Helfenberg/Oberösterreich
MLACNIK Karl, Wien
MLYNEK Dr. Hanns, Wien
MOKRE DDr. Johann, Univ.-Prof., Graz
MOLDEN Andrea, Paris
MOLDEN Dr. Ernst, Gründer und Herausgeber der „Presse" und „Wochenpresse", Wien 28, 114
MOLDEN Fritz P., Verleger, Wien 6, 9, 28, 29, 48, 50, 51, 52, 66, 100, 113, 119, 122, 128, 133, 140, 142, 143, 159, 161
MOLDEN Dr. Hanna, Wien 142
MOLDEN Prof. Otto, Präsident, Wien 10, 28, 39, 48, 49, 92, 96, 99, 114, 134, 138, 145, 151, 152, 155, 159, 160, 161
MOLDEN Mag. Peter, Wien 6
MOLDEN-DUTOIT Laurence, Staatsopernsängerin, Wien 6, 96, 97, 100, 154, 155
MOLIN Dr. Georg, Pastor, Wien 64
MOLLION François, Paris
MOMMSEN Dr. Wolfgang, Univ.-Prof., Dir., London 107, 158
MONGARDINI Dr. Carlo, Univ.-Prof., Rom 117, 159
MONISSEN Dr. Hans G., Univ.-Prof., Gießen 120
MONNET Jean, Wirtschaftspolitiker, Paris 60
MÖNNINGHOFF Gerda, Bochum-Stiepel
MONTET Jean, Paris 160
MOODIE Graeme, Glasgow
MORAZE Dr. Charles, Professor, Paris
MOREL Jacques, Professor, Paris
MORGAN Dr. Roger, Univ.-Prof., Direktor, London 120, 122, 160
MORICHETTI-FRANCHI Andrea, Rom
MORITZER Elfriede Christiane, Wien
MORTARI Dr. Vincenzo Piano, Professor, Catania 98
MORTON Frederick, Dozent, New York
MORWIND Dipl.-Kfm. Dr. Klaus, Wien
MOSBURGER Mag. Roswitha, Wien
MOSER Agnes (Gasthof Roßmoos), Alpbach
MOSER Dr. Albert, Generalsekretär, Wien
MOSER Alfons, Bürgermeister, Alpbach 6, 17, 18, 122, 148
MOSER Carin: siehe DUFTNER Carin
MOSER Ernst, Alpbach
MOSER Eva, Karlsruhe
MOSER Gabriel (Taxi Moser), Alpbach
MOSER Dr. Gerhard, Bankdirektor, Innsbruck 161
MOSER Hans (Gasthof Roßmoos), Alpbach
MOSER Dr. Ingrid, Linz
MOSER Koni (Fremdenverkehrsverein Alpbach), Alpbach 124
MOSER Laurenz, Rohrendorf bei Krems
MOSER Leni, Alpbach 122
MOSER Maria („Midl"), Alpbach 122, 148
MOSER Maria (Taxi Moser), Alpbach
MOSER Oswald, Bürgermeister, Alpbach 124
MOSER Peter (Gasthof Roßmoos), Alpbach
MOSER Sebastian, Vizebürgermeister, Alpbach 124
MOSER Sepp, Lehrer, Alpbach
MOSER Dr. Simon, Univ.-Prof., Jenbach – Karlsruhe 6, 9, 10, 13, 14, 16, 17, 26, 31, 32, 40, 45, 48, 51, 63, 66, 67, 96, 100, 107, 114, 116, 119, 150, 151, 152, 154, 155, 159
MOSING Dr. Friedrich, Wien
MOSING Gerte, Graz
MOSING Peter, Direktor, Graz
MOSLENER Walther, Generaldirektor, Wien

MOZER Alfred, Amsterdam 79, 118, 119, 153
MÜHLÖCKER Friedrich, Wien
MUKAROVSKY Dr. Hans, Univ.-Prof., Wien 50
MULDERS Dr. P. Jacques, Professor, Maastricht 76
MÜLLER Dr. Gerd, Stuttgart
MÜLLER Dr. Konrad, Bad Homburg
MÜLLER Robert, Innsbruck
MÜLLER Dr. Wolfgang, Wien
MÜLLER-MARKUS Dr. Siegfried, Professor, Freiburg/Schweiz
MÜLLNER Dr. Helmut, Linz
MÜNCHMEYER Hans Hermann, Hamburg
MÜNDEL Dr. Wilfried, Wien
MÜNDL Elfriede, Wien
MÜNDL Dr. Klaus, Wien
MÜNZEL Dr. Vera: siehe SOBOTKA Dr. Vera
MURAD Dr. Anatol, Univ.-Prof., New Brunswick 64
MURALT Dr. Alexander von, Univ.-Prof., Präsident, Bern
MUSGRAVE Dr. Alan, Univ.-Prof., Otago/Neuseeland 117, 160
MUTH Dr. Robert, Univ.-Prof., Innsbruck 16, 17, 54, 150
MUTHESIUS Dr. Volkmar, Wiesbaden
MYINT Dr. H., Professor, Oxford

NABOKOV Nicolas, Generalsekretär, Paris 78, 153
NAEF Dr. Werner, Univ.-Prof., Bern
NARR Wolf-Dieter, Berlin 158
NAUCK Dipl.-Päd. Bernhard, Köln
NAWIASKY Dr. Hans, Professor, St. Gallen – München
NAYER Dr. Manfred, Direktor, Chefredakteur, Innsbruck 50
NEBEHAY Dr. Michael, Oberschlierbach/Oberösterreich
NEBEHAY-MOLDEN Paula, Oberschlierbach/Oberösterreich 6
NEEB Friedl, Wien
NEEB Prof. Fritz, Wien 6, 50, 51, 52, 119, 158, 161
NEEB Gudrun, Wien
NEGRI Maria Barbara, Rom
NEGRI Rodolfo, Rom
NEIDER Gusti, Wien
NEIDER Dr. Michael, Staatsanwalt, Wien 118, 119
NEISSER Dr. Heinrich, Abg. z. NR, Wien
NEMSCHAK Dr. Franz, Professor, Wien 155
NEUBERG Erich, Wien 124
NEUGEBAUER Alfred, Professor, Wien 151
NEUHAUSER Dr. Alois, Wien

NEUMANN DDr. Günter, Wien
NEUMANN Dr. Heinz, Direktor, München
NEUMANN Dipl.-Ing. Heinz, Architekt, Wien
NEUMAYER Dr. Ernst, Wien
NEUMAYER Mag. Otto, Wien
NEUMON Kurt, Wien
NEWEY Allan, London
NICKERL Johannes, Wien
NIEDERMÜLLER Dipl.-Ing. Dr. Hans, Wien
NIEDERWEMMER Dr. Ulf, Neureuth/BRD
NIESNER-FÜHRER Erika, Wien
NIGSCH Dr. Otto, Linz
NITSCHE Käthe, Zürich – Wien
NITSCHE Dr. Roland, Zürich – Wien 58, 62, 150
NITTENBERG Dr. Joanna, Wien
NÖBAUER Anton, Linz
NORD Dr. h. c. Ernst, Köln
NORTH Michael, Hagen/BRD
NÖSSLINGER Dipl.-Kfm. Kurt, Wien 161
NOVAK Prof. Ladislaw, Třebíč/ČSSR
NOVOTNY Fritz, Wien
NOWACEK Karl, Direktor, Wien
NOWAK Josef, Innsbruck
NOWAK Peter, Wien
NOWAKOWSKI Dr. Friedrich, Univ.-Prof., Innsbruck 118, 153
NOWOTNY Dr. Ewald, Univ.-Prof., Linz
NOWOTNY Dr. Helga, Wien
NUSSBAUM Dr. Ernst Werner, Wien
NUSSBAUMER DDr. Adolf, Professor, Staatssekretär, Wien 156
NUSSBERG Lev, Wien 133
NYMAN E., Lund 159

OBERHAMMER Dr. Otto, Min.-Rat, Wien
OBERHUBER Oswald, Hochschulprofessor, Rektor, Wien 111, 147
OBERLECHNER Anita, Wien
OBERNBREIT Charlotte, Wien
OBERNDORFER Peter, Linz 162
ÖCKHER Dr. Karl, Wien
ODENDALL Dipl.-Kfm. Ralph P., Direktor, Frankfurt a. M.
OESCH Hans, Basel 158
OLDEMEYER Dr. Ernst, Professor, Karlsruhe 158
OLIVIER Hans, Direktor, Frankfurt a. M.
OLSEN Anders, Stockholm
OPP Dr. Karl-Dieter, Univ.-Prof., Hamburg 161
OPPENHEIM, Dipl.-Kfm. Friedrich-Carl von, Genf
OPPENHEIMER Peter M., Professor, Oxford 159

OPRECHT Dr. Emil, Zürich
ORBAN Dipl.-Ing. Stephan, Wien
ORGOVANY-HANSTEIN Attila, Wien
ORSINI-ROSENBERG Heinrich, Präsident, Grafenstein/Niederösterreich
ORTH Elisabeth, Burgschauspielerin, Wien 162
ORTNER Dr. Johannes, Wien
ORTNER Dr. Otto, Syndikus, Wien
ORTOLANI Dr. Maurizio, Univ.-Ass., Rom
OSOND Dr. Anton, Generaldirektor, Wien 50
OSSOLA Rinaldo, Generaldirektor-Stellv., Rom 158
OSTRY Vinzenz Ludwig, Wien
OSWALD Mag. Eduard, Wien
OTT Dr. Heinrich, Priv.-Doz., Pfarrer, Arisdorf/Baselland
OTTILINGER Dr. Margarethe, Gen.-Dir.-Stellv., Wien
OUDIETTE Jacques, Bankdirektor, Paris
OZBEKHAN Hasan, Denver 158
OZIMIC Elisabeth, Graz

PAAST Fritz, Direktor, Wien
PACHER-THEINBURG Gretl, Mödling 26
PADIVUBU Dr. Fabio, Triest
PAELINCK Jean H., Rotterdam 159
PÄHLER Klaus, Dortmund
PAHR Dr. Willibald, Bundesminister, Wien 7, 119, 128, 136, 161, 162
PALE Dr. Karl, Generaldirektor, Wien 161
PALME Liselotte, Klosterneuburg
PAMMER Dipl.-Dolm. Ulli, Wien
PANDEY Dr. B. N., London
PANDOLFI Filippo Maria, Schatzminister, Rom 146, 162
PANSEGRAU Dr. Gert, München
PAP Dr. Arthur, Professor, Wien
PAPPAS Dimitri, Generalkonsul, Salzburg
PARADISI Dr. Bruno, Univ.-Prof., Neapel
PARETO Wilfredo, Philosoph und Soziologe, Rom 117
PARSCHALK Dr. Volkmar, Redakteur, Wien 138
PASCAL Roy, M.A., Prof., Birmingham
PASCHKE Dipl.-Ing. Dr. Fritz, Univ.-Prof., Wien 125, 161
PASS Dipl.-Ing. Dr. Fritz, Professor, Schwechat
PASTEINER Josef, Kapellen
PASTORE Dr. Giulio, Präsident, Rom
PASZTORY Dr. Tibor, Wien
PATZAK Julius, Wien 100
PAULER Ilse, Wien
PAULIN Dipl.-Dolm. Eva, Graz
PAUMGARTNER Dr. Bernhard, Hofrat, Professor, Direktor, Salzburg

PAYRLEITNER Alfred, Chefredakteur, Wien
PECCEI Aurelio, Präsident des „Club of Rome", Rom 108, 117, 158
PECH Dr. Helmut, Wien
PEICHL Ing. Gustav, Architekt, Wien 147, 161
PEJOVICH Dr. Svetozar, Univ.-Prof., Univ.-Präsident, Dallas/USA 120, 161
PELCZYNSKI Zbigniew, Oxford
PELINKA Dr. Anton, Univ.-Prof., Innsbruck 162
PELLA Giuseppe, Ministerpräsident a. D., Rom 80, 153
PELZ Birgit, Völs
PENNATI Dr. Eugenio, Professor, Mailand
PERROUX François, Professor, Paris
PESENDORFER Dr. Franz, Wien
PESTEL Eduard, Univ.-Prof., Minister, Hannover 117, 159
PETER Mag. Alexander, Wien
PETER Markus, Wien
PETIT Liliane, Zürich – Luxemburg 26
PETRAK Walter, Prokurist, Wien
PETZL Dipl.-Kfm. Wolfgang, Direktor, Wien
PEZZEI Hartl, Professor, Innsbruck – Paris 6, 10, 11, 31
PFANZAGL-SCHLECHT Dr. Elvine, Wien
PFAUNDLER Dr. Wolfgang, Professor, Rum bei Innsbruck 29, 50, 56, 66, 127, 154
PFAUNDLER-SPAT Gertrud, Rum bei Innsbruck 29, 80, 154
PFEFFER Dipl.-Kfm., Karlheinz, Direktor, Duisburg
PFISTER-SULITA Dipl.-Ing. B., Wien
PFLIEGLER Dr. Michael, Univ.-Prof., Dekan, Wien
PFUSTERSCHMID-HARTENSTEIN Dr. Heinrich, Direktor, Wien 50, 66
PHILIP André, Minister a. D., Paris 65, 75, 151, 152
PICHLER Dipl.-Ing. Herbert, Generaldirektor, Jenbach
PICK Dr. Otto, Univ.-Prof., Guildford/Surrey
PIERONCZYK Karl, Botschaftsrat, Wien
PIETSCH Dipl-Ing. Albert, Reutte i. Tirol
PILOY Robert, Direktor, Brüssel
PIMPANEAU Jacques, Prof., Paris 155
PINTER Josef, Klagenfurt
PIPLITS Erwin, Wien 162
PIRCHER Dr. Helmut, Innsbruck
PIRKHAM Dr. Otto, Direktor, Frankfurt a. M. – Madrid 155
PISKATY Dr. Georg, Wien
PLACEK Dr. Friedrich, Wien
PLAN Edgar, Brüssel
PLANKENSTEINER Dr., Innsbruck
PLANYAVSKY Peter, Wien

PLATZGUMMER Dr. Winfried, Univ.-Prof., Wien
PLESSNER Dr. Helmuth, Univ.-Prof., Göttingen 76, 153
PODBIELSKI René, Genf
PODEWILS Graf Max, Botschafter, Wien
PODKOWICZ Dr. Ferdinand, Wien
PODLIPNIG Dr. Karl, Klagenfurt
PÖHL Karl Otto, Präsident, Frankfurt a. M. 161
POLACZEK Dipl.-Ing. Richard, Sektionsrat, Wien
POLANYI Dr. Michael, Professor, Manchester
POLASEK Christine, Wien
POLIERI Jacques, Regisseur, Direktor, Paris
POLKE Dr. Martin, Köln
POLLAK Andrea, Oberösterreich
POLLAK Dr. Oskar, Wien 151
PÖLLERITZER Dipl-Kfm. Mathias, Wien
PÖLLINGER Dipl.-Dolm. Dr. Siegrid, Wien
POLLY Karl, Wien
POLSTERER Dipl.-Kfm. Christiane, Wien 50
POLZIN Jörg, München 157
POMIANOVSKI Jercy, Warschau 157
PONTI Gio, Architekt, Mailand
PONTO Jürgen, Vorstandsvorsitzender, Frankfurt a. M. 117, 159
POPPER Sir Karl, Univ.-Prof., Buckinghamshire 6, 8, 19, 22, 23, 26, 27, 44, 63, 68, 78, 97, 115, 116, 128, 151, 153, 154, 159, 161
PORCELLANA Giovanni, Bürgermeister, Turin 159
PORTISCH Dr. Hugo, Wien
POTUCEK Dipl.-Kfm. Dr. Franz, Wien
PÖTZELBERGER Dr. Leo, Wien
POUSSARD Raymond, Botschafter a. D., Präsident, Paris 7, 142
PRACHENSKY Markus, Wien 41
PRACK Herbert, Direktor, Wien
PRADOS-ARRARTE Dr. Jesus, Professor, Madrid 80, 153
PRAEHAUSER Dipl.-Ing. Dr. Thomas, Aesch/Schweiz 50
PRAMBÖCK Dipl.-Kfm. Erich, Wien
PRAWY Dr. Marcel, Professor, Wien 156
PRAZELLER Dr. Alois, Professor, Innsbruck
PRELOT Dr. Marcel, Professor, Paris
PRERADOVIĆ Paula von, Wien 6, 28, 29, 30, 43, 59, 69, 74, 116, 150
PRESSBURGER Dr. Fritz, Wien
PRINGLE Robin, London
PRINZ Dr. Gerhard, Generaldirektor, Stuttgart
PRIOR Dr. Fritz, Professor, Landeshauptmannstellvertreter, Innsbruck 7, 117, 159

PRÖBSTING Dipl.-Ing. Komm.-Rat Karl, Wien
PROCHE Dr. Peter, Wien
PROKSCH Barbara, Wien
PRONAY Dipl.-Ing. Christian, Wien
PRONAY Dr. Felix, Direktor, Wien 50, 51, 52, 104, 119, 157
PRONAY Dr. Maria, Wien
PRONAY-BLACH Maria, Wien 50, 53
PRONAY Mag. Michael, Wien
PROSEK Miriam, Wien
PROSKAR Dipl.-Kfm. Jan, Direktor, Wien
PROSS Harry, Berlin 160
PROSSER Dipl.-Kfm. Dr. Gerhard, Wien
PRUCKNER Dr. Wilhelm, Direktor, Wien
PRYCE Dr. Maurice, Univ.-Prof., Oxford
PRYCE-JONES David, London 120
PUFENDORF Erich von, Frankfurt a. M.
PUHALI Alessandro, Triest
PULTMANN Henning, Wien 50
PURCELL Dr. Victor W. W. S., Dozent, Cambridge 155
PURTSCHER Dr. Heribert, Wien
PURTSCHER-WYDENBRUCK Gräfin Nora, London 77
PUSIĆ Eugen, Zagreb 160
PÜSPÖK Dipl.-Kfm. Peter, Wien
PUTZ Dipl.-Ing. Dr. Leopold, Ministerialrat, Wien
PÜTZ Dr. Theodor, Univ.-Prof., Innsbruck 64, 153

QUALTINGER Helmut, Wien 84, 124
QUILLET Nicolas, Paris
QUILLET Pascale-Emmanuelle, Paris

RAAB Dipl.-Kfm. Dr. Gustav, Wien
RAAB Julius, Bundeskanzler, Wien 77
RÄBER Kuno, Schweiz 59
RABIN Yitzhak, Ministerpräsident a. D., Tel Aviv 126, 161
RABL Peter, Wien
RADINGER Othmar (Gasthof Jakober), Alpbach 123
RADNITZKY Dr. Gerhard, Univ.-Prof., Trier 112, 159
RADON Dr. Johann, Univ.-Prof., Wien
RADVANYI Hans-Georg, Wien
RAHNER DDr. Hugo, Pater, Univ.-Prof., Innsbruck 150, 152
RAHNER Dr. Karl, Univ.-Prof., München
RAIDL Dipl.-Kfm. Dr. Claus J., Wien
RAINER Dr. Anton, Wien
RAINONI Dr. Antonio, Basel
RAJAN K. V., Lucknow U.P./Indien
RANDA Dr. Alexander, Innsbruck 155
RANNINGER Josef, Pfarrer, Alpbach
RAPF Kurt, Innsbruck 78
RATZ Erwin, Professor, Wien
RATZ Dipl.-Kfm. Dr. Konrad, Direktor, Wien

RAUCH Frédéric, Präsident, Straßburg
RAUSCH Jürgen, Gauting bei München
RAUSCHER Dr. Carl, Botschafter, Wien – Lima 66
RAUSCHER Hans, Wien
RAUTER Dr. Anton, Professor, Vorstandsdirektor, Wien
REDING Dr. Marcel, Professor, Graz – Berlin 154, 155
REDING Dr. Rudolf, Direktor, Zürich
REDLICH Dr. Hans F., Univ.-Prof., Cambridge 152
REICHSSÖLLNER Engelbert (Kaufhaus), Alpbach 124
REICHSSÖLLNER Heinz (Kaufhaus), Alpbach 124
REIMANN Peter, St. Gallen
REINAGEL Dipl.-Dolm. Gerhard, Wien
REINHARDT Dr. Eberhard, Generaldirektor, Zürich 156
REINHOLD Dr. Louise, Wien
REINISCH Dipl.-Ing. Rainer, Braunau a. Inn
REISCH Dr. Max, Kufstein
REITER DDr. Erich, Wien
REITER Dr. Ludwig, Wien
REMORANO Zehava, Mainz
RENCHER Ingrid, Wien
RENSCH Dr. Bernhard, Professor, Münster
REUT-NICOLUSSI Dr. Eduard, Univ.-Prof., Rektor, Innsbruck 150, 152
REVOL M. Thierry, St. Saturnin-la-Avignon
REYER Walther, Kammerschauspieler, Wien
REZZORI Gregor von, Florenz 127, 161
RHOMBERG Dr. Grete, Dornbirn
RHOMBERG Dipl.-Ing. Otmar, Innsbruck
RHYS WILLIAMS Sir Brandon, London 162
RIBI Adolf, Zürich
RICARD Louis Philippe, Pater, Rom – Lyon 71
RICCABONA DDr. Max, Bregenz
RICHARD Jean, Präsident, Neuilly/Seine
RICHEBÄCHER Dr. Kurt, Generalbevollmächtigter, Frankfurt a. M. 126, 158
RICHTER Verena, Wien
RIEDEL Gerhard, Direktor, Frankfurt a. M.
RIEDER Dr. Sepp, Wien
RIEDL Fritz, Wien 41
RIEDL Dr. Romuald, Direktor, Wien
RIEDL Rupert, Wien 161
RIEDMATTEN Henri de, Genf 157
RIEDMATTEN Dipl.-Kfm. Ing. Roger de, Wien
RIEGER Philipp, Direktor, Wien
RIEMERSCHMID Werner, Wien 151
RIENER Erni, Schwechat
RIESENFELDER Dipl.-Kfm. Dr. Gert, Direktor, Wien
RIGELE Dr. Hansjörg, Präsident, Generaldirektor, Vorstandsvorsitzender, Linz
RIHS Dipl.-Ing. Herbert, Architekt, Melk
RINCK Bodo G., Direktor, Frankfurt a. M.
RINDAUER Dr. Gerhart, Wien
RIPPER Rudolph C. von, Dozent, New York – Wien 152
RIPPON Sir Geoffrey, London 126, 162
RISCHANEK Werner, Wien
RISMONDO Piero, Professor, Wien
RIST Marcel, Paris
RITTER Hannelore, Wien
RITTER Michael, Wien
RITTER Thomas, Wien
RIZ Dr. Roland, Professor, Bozen
ROBENS Alfred, London
ROCEK Dr. Roman, Wien
ROCHÉ Louis, Botschafter, Paris 7
RODLEY Nigel, London 122
ROECKENS Pierre, Brüssel
ROELLECKE Dr. Gerd, Professor, Karlsruhe 125, 160
ROGNONI Dr. Luigi, Professor, Mailand
ROH Franz, München 153, 154
ROH Dr. Juliane, München
ROHN Dr. Walter, Stuttgart 78
ROHRMOSER Dr. Günther, Univ.-Prof., Münster 102
ROLL OF IPSDEN Sir Eric, London 161
ROLLET Dr. Edwin, Chefredakteur, Wien
ROLLIG Dr. Wolfgang, Münster
ROLLIN Leon, Paris
ROMÉ Dr. Helmut, Wien
RONCETTI Silvio, Brüssel 156
ROPOHL Dr.-Ing. Günter, Univ.-Prof., Karlsruhe
ROSE E. J. B., Direktor, Zürich – London
ROSENFELD Dr. Leon, Univ.-Prof., Manchester 64
ROSENMAYR Dr. Leopold, Univ.-Prof., Wien
ROSENZWEIG Dr. Wilhelm, Rechtsanwalt, Wien
ROSS Dr. Alf, Professor, Kopenhagen
ROSSET-NEGRI Dr. Ana Maria, Wien
ROSSI Dr. Alberto, Trient
ROSSI Dr. Paolo, Professor, Mailand
ROTH Dr. Erwin, Univ.-Prof., Salzburg
ROTHACKER Dr. Erich, Professor, Bonn 76, 152
ROTHE Edel von, Düsseldorf
ROTHSCHILD DDr. Kurt, Univ.-Prof., Wien 117, 161
ROTHSCHILD Dr. Thomas, Stuttgart
ROTTER Dr. Elfriede, Wien 6, 53
ROUBICZEK H., Gmund/Tegernsee
ROUGEMONT Denis de, Genf 6, 21, 27, 29, 65, 70, 78, 96, 116, 151, 159
ROUVIER Jean, Paris 56, 59
ROY Tacharand, Professor, Bern
RUBCICH Dr. Ettore, Rom
RUBEL Peter, Journalist, Wien 50

RUBIK Dr. Alfred, Wien
RUBY Othmar, Salzburg
RUDOLF Dr. Karl, Prälat und Leiter des Seelsorge-Instituts, Wien 63, 151
RUEF Jacques, Präsident, Luxemburg 154
RUEGER Dipl.-Ökonom Carl F., Generaldirektor a. D., Baden bei Wien
RUFENACHT Antoine, Paris 126
RUKAVINA Neda, Wien 53
RUMPF Dr.-Ing. Hans, Karlsruhe 107, 158
RUMPOLD Dipl.-Kfm. Konrad, Wien
RÜSCH Beate, Wien
RÜSCH Dipl.-Ing. Gerhard, Wien
RUTHENBERG Dr. Hans, Berlin
RUTSCHER DDr. Wilhelm, Präsident, Innsbruck

SACHER Dr. Erich, Professor, Rektor, Innsbruck
SACHSSE Hans, Professor, Wiesbaden
SACKENHEIM Helene, Innsbruck 32
SACKENHEIM Jürg, Architekt, Innsbruck 32, 49, 66, 151
SAILER Dr. Erna, Botschafter, Wien
SAINT-EXUPÉRY Antoine de, Paris 18
SALADIN Peter, Basel 160
SALCHER Dr. Herbert, Bundesminister, Wien 7, 11
SALIN Dr. Edgar, Univ.-Prof., Basel 70, 152
SALLINGER Ing. Rudolf, Präsident, Wien 127
SALOMON-DELATOUR Dr. Gottfried, Professor, New York
SANDNER Margarethe, Wien
SANDYS Lord Duncan, Minister, London 65, 151
SANDYS Julien, London 65
SANTAYANA George de, Pontigny 18
SANTILLANA Dr. Giorgio de, Professor, Cambridge 154
SARACENO Pasquale, Professor, Generaldirektor, Rom
SARKISYANZ Dr. Emanuel, Professor, Freiburg i. Br.
SARTRE Jean-Paul, Paris 18
SASS Antia, Hamburg
SASSE Heribert, Schauspieler und Regisseur, Wien 146
SASTRI Nilakanta Dr. K. A., Professor, Direktor, Madras 156
SATTLER Dr. Dieter, Ministerialdirektor, Bonn
SAUER Dr. Brigitte, Wien
SAUSER DDr. Gustav, Univ.-Prof., Innsbruck
SAWALLICH Astrid, Wien
SAWALLICH Dr. Axel, Wien
SCARASCIA-MUGNOZZA Carlo, Brüssel 160

SCOTT Oliver, Zürich
SCHACHNER-BLAZIZEK DDr. Peter, Univ.-Prof., Gen.-Dir., Graz 126
SCHAEFER Hans, Heidelberg 156
SCHÄFER Thaddäus, Hall i. Tirol
SCHÄFER-ELMAYER Dipl.-Kfm. Dieter, Direktor, Dornbirn
SCHAFF Dr. Adam, Univ.-Prof., Wien 8, 117, 159, 161
SCHAFRANEK Franz, Theaterdirektor und Regisseur, Wien 120, 160
SCHALK Dr. Fritz, Univ.-Prof., Köln 151, 155
SCHALLENBERG Dr. Wolfgang, Botschafter, Madrid
SCHALLHART Dr. Dieter, Direktor, Wien
SCHÄRF Dr. Adolf, Bundespräsident a. D., Vizekanzler a. D., Wien 7, 153, 155
SCHARFENBERG Horst, Baden-Baden
SCHARINGER Mag. Dr. Ludwig, Direktor, Linz
SCHATZ Dr. Oskar, Salzburg
SCHEDIWY Dr. Robert, Wien
SCHEER Dr. Lore, Wien
SCHEFFKNECHT Dr. Beate, Wien
SCHEFFLER Dr. Peter, Dozent, Innsbruck
SCHEFOLD Dr. Karl, Professor, Basel
SCHEIBE Dr. Erhard, Hamburg
SCHEIBER Dipl.-Kfm. Ernst, Wien
SCHELSKY Dr. Helmut, Univ.-Prof., Hamburg 153
SCHENK Dr. Erich, Professor, Rektor, Wien
SCHENNER Siegfried, Wien
SCHEUCH Dr. Manfred, Chefredakteur, Wien
SCHIENDL Dr. Werner, Eisenstadt
SCHIFFMANN Dr. Käthe, Bad Brückenau
SCHILCHER Dr. Bernd, Abg. z. NR, Graz
SCHILDBÖCK Dr. Heinz, Wien
SCHISCHKOFF Dr. Georgi, München
SCHISKE Karl, Wien 154
SCHLENCK Günther, Innsbruck 161
SCHLICK Dr. Moritz, Univ.-Prof., Wien
SCHLINTL Gerhard, Graz
SCHLIPPE Georg von, München 122, 133
SCHLOCKER Dr. Georges, Paris
SCHLUCHTER Wolfgang, Düsseldorf 160
SCHLUMBERGER Jean, Paris 18
SCHMETTERER Dr. Leopold, Univ.-Prof., Wien
SCHMID Dr. Heinrich, Univ.-Prof., Graz
SCHMID Dr. Josef, München
SCHMID Dr. Michael, Augsburg
SCHMIDBURG Dipl.-Vw. Christian, Wien
SCHMIDBURG Mag. Giselbert, Direktor, Brüssel
SCHMIDBURG Peter, Direktor, Wien
SCHMIDHUBER Dipl.-Vw. Peter, Staatsminister, München
SCHMIDJELL Dipl.-Kfm. Dr. Richard, Salzburg

SCHMIDT Dr. Burghart, Wien 112, 147
SCHMIDT Guido, Außenminister a. D., Wien 83
SCHMIDT Dipl.-Kfm. Günter, Wien
SCHMIDT Helmut, Bundeskanzler, Bonn 112
SCHMIDT Sabine, München
SCHMIDT-CHIARI Dr. Guido, Direktor, Wien 162
SCHMIDT-DENGLER Dr. Wendelin, Univ.-Prof., Wien 127
SCHMIEDBAUER Jörg, Wien
SCHMIT Marcel, Tuntage/Luxemburg
SCHMITZ Dorli, Wien
SCHMITZ Dr. Elisabeth, Präsidentin, Wien
SCHMITZ Dr. Richard, Wien
SCHMITZ Dr. Wolfgang, Präsident, Bundesminister a. D., Wien 7, 112, 129, 158
SCHMUTZER Dipl.-Ing. Manfred, Wien
SCHNABEL Ernst, Hamburg
SCHNEBEL Dieter, Berlin 162
SCHNEIDER Dr. Christian, Salzburg
SCHNEIDER Dr. Franz, Wien
SCHNORMEIER Sieglinde, München
SCHOBESBERGER Komm.-Rat Dr. Hermann, Präsident, Vorstandsmitglied, Ranshofen/Oberösterreich
SCHÖFNAGEL Dieter, Wien
SCHÖLER Dr. Walter, Professor, Klagenfurt
SCHOLZ Ursula, Alpbach 55
SCHOLZ Werner, Maler, Alpbach 36, 55, 56, 59, 150
SCHÖNBURG Caroline, Wien
SCHÖNHERR Dipl.-Kfm. Dr. Otto, Chefredakteur, Wien 50
SCHÖNINGER Dr. Karl-Eugen, Frankfurt a. M.
SCHÖNWIESE Ernst, Wien
SCHÖPF Alois, Lans bei Innsbruck – Wien 113
SCHOSER Dr. Franz, Bonn
SCHRAGL Dr. Engelbert, Wien
SCHRAMM Friedrich, Wiesbaden
SCHREMS Rainer, Braunau a. Inn
SCHRITTWIESER Franz, Linz
SCHRÖDER Dipl.-Kfm. Heinrich, Wien
SCHRÖDINGER Dr. Erwin, Univ.-Prof., Nobelpreisträger, Dublin – Wien 6, 23, 26, 27, 46, 56, 63, 64, 68, 69, 92, 114, 148, 152
SCHÜDDEKOPF Jürgen, Hamburg
SCHUH Oskar Fritz, Prof., Regisseur, Wien 78, 152, 157
SCHULMEISTER Dr. Otto, Herausgeber der „Presse", Wien 161
SCHULTZ-GERSTEIN Dr. Hans-Georg, Hamburg
SCHULZ Werner, Direktor, Wien
SCHUMANN Maurice, Paris 75, 152
SCHUPPICH Dr. Walter, Rechtsanwalt, Präsident, Wien

SCHÜRMANN Martin, Münster
SCHUSCHNIGG Dr. Arthur, Innsbruck
SCHUSTER Dr. Helmut, Wien
SCHUSZTER Dr. Julius, Eisenstadt
SCHÜTTE H. G., Professor, Eelete/Niederlande
SCHÜTZ Anton, Wien
SCHÜTZ Rainer, Wien
SCHÜTZ-SEVIN Dr. B. M., Bonn – Bad Godesberg
SCHWABL Dr. Hans, Univ.-Prof., Wien
SCHWAIGER Dr. Rudolf, Bundesrat, Weer/Tirol
SCHWALD Dipl.-Kfm. Günther, Direktor, Villach
SCHWALL Georges, Präsident, Luxembourg-Ville
SCHWAN Dr. Alexander, Univ.-Prof., Berlin 122, 130, 134
SCHWANZER Dipl.-Ing. Dr. Karl, Architekt, Wien 74
SCHWARTZ Dipl.-Dolm. Elisabeth, Maria Enzersdorf-Südstadt
SCHWARTZ Dipl.-Kfm. Ingrid, Wien
SCHWARZ Dr. Dietrich, Univ.-Prof., Zürich
SCHWARZ Dr. Gerhard, Wien
SCHWARZENBERG Karl Johannes Prinz, Wien
SCHWARZENBERGER Dr. Georg, Univ.-Prof., London
SCHWARZER Dr. Alfred, Direktor, Wien
SCHWARZER Christoph, Wien
SCHWARZKOPF Dipl.-Ing. Dr. Karl, Reutte i. Tirol
SCHWEDHELM Dr. Karl, Stuttgart
SCHWIMBERSKY Walter, Wien
SCHWIND Dr. Fritz, Univ.-Prof., Wien 157
SEARA Luis Gonzales, Forschungsminister, Madrid 162
SEBESTYÉN György, Wien 127
SEDLNITZKY Dr. Christian, Graz
SEEFEHLNER Egon H., Direktor, Wien 111
SEEFRANZ Dipl.-Kfm. Eberhard, Gen.-Dir., Wien
SEEFRIED Dr. Franz Georg Graf von, Generaldirektor, Zürich
SEEFRIED Gabriele Gräfin von, Gresten
SEEFRIED Harald Freiherr von, Rüschlikon
SEEWALD Richard, Ronco/Ts
SEIDEL Dipl.-Kfm. Hans, Staatssekretär, Wien 162
SEIDL-ZELLBRUGG Dr. Hans von, Sevres
SEILER Dr. Hansjakob, Professor, Köln
SEITELBERGER Dr. Franz, Univ.-Prof., Wien 125, 128, 161
SEITTER Dipl.-Dolm. Christl, Wien

SELIGMANN Dr. Henry, Prof., Gen.-Dir.-Stellv., Wien
SELLITSCH Dipl.-Kfm. Dr. Siegfried, Gen.-Sekretär, Wien
SELLNER Gustav Rudolf, Berlin 111, 157
SELLNER Dipl.-Kfm. Herbert, Wien
SEMLER Dr. Johannes, Rechtsanwalt, Oberursel
SEMLER Leonore, München
SEN Dr. A. K., Cambridge
SENNHAUSER E., Meran
SERGEANT Patrick, London 146
SERGENT René, Generalsekretär, Paris 80, 153
SERMON M. Lucien Leandre, Gen.-Sekretär, Brüssel
SERVAN-SCHREIBER M. Jean-Jacques, Nancy
SEVELL Elizabeth, London
SEYFFERTITZ Dr. Georg, Botschafter, Brüssel
SHUAN Sun Dr. I., Präsident, Taipeh/Taiwan
SHUCKBURG Sir Evelyn, London 155
SIEBERTH Mag. Dr. Franz, Wien
SIEGFRIED André, Paris 18
SIENIEWICZ Konrad, Rom
ŠIK Ota, St. Gallen 117, 159
SILBERBAUER Dr. Gerhard, Perchtoldsdorf
SILBERMANN Dr. Alphons, Professor, Sidney 100
SILBERMAYR Dipl.-Kfm. Dr. Ernst, Lenzing
SILBERMAYR Dipl.-Kfm. Dr. Franz, Dozent, Direktor, St. Pölten
SILLS Josef, Wien
SIMEONE-BEELITZ Beate, Brembate di Sopra/Italien
SIMON Dr. Walter, Professor, New York
SIMSON Dr. Otto G. von, Univ.-Prof., Chicago 151
SINJAWSKIJ Andrej, Moskau – Paris 146, 161
SINOWATZ Dr. Fred, Bundesminister, Vizekanzler, Wien 161
SKALAR Georg, Wien
SKALNIK Dr. Kurt, Min.-Rat, Wien 50
SKERBISCH Hartmut, Übelbach/Österreich 127
SKOPALIK Dr. Walter, Wien
SKRBENSKY Dr. Otto, Sektionschef, Wien
SKREINER Wilfried, Graz 159
SMEKAL Christian, Professor, Innsbruck
SMETS Luc L. C., London
SMOLKA Peter, Komm.-Rat, Generaldirektor, Wien
SNELL Dr. Bruno, Professor, Hamburg 76, 153
SOBOTKA Dipl.-Ing. Hans, Architekt, Wien 53, 74, 124
SOBOTKA Dr. Vera, Wien 53
SOBOTTA Dr. Siegfried, Graz
SOCHER Dr. Karl, Professor, Innsbruck
SÖHNGEN DDr. Gottlieb, Professor, München
SOLOMON Anthony, Undersecretary of State, Washington 161
SOMBART Dr. Nicolaus, Straßburg
SOMMER Theo, Chefredakteur, Hamburg 146, 162
SONNENHOLZNER Dr. Fritz, München
SONTHEIMER Kurt, Berlin 106, 107, 157
SOSTHENE Danièle, Drancy/Frankreich
SOUKUP Dr. Leopold, Pater, Seckau 63, 64, 151
SOYSAL Dr. Mümtaz, Univ.-Prof., Ankara
SPANDL Friedrich, Hauptbevollmächtigter, Wien
SPÄNGLER Heinrich, Salzburg
SPÄNGLER Richard, Salzburg
SPANN Dr. Raphael, Wien 155
SPAT Dr. Ernest, Wassenaar/Niederlande
SPAT Gertrud: siehe PFAUNDLER-SPAT Gertrud
SPATZENEGGER Dr. Hans, Salzburg
SPENDER Stephan, London 77
SPENGLER Dr. Herbert, Tutzing
SPERBER Manès, Schriftsteller, Paris 90, 111, 113, 140, 158, 159
SPERCH Heidi, Wien
SPERLICH Dipl.-Kfm. Ludwig, Wien
SPIEGELFELD Kuno, Generaldirektor, Gratkorn
SPIEGLER Dr. Arthur, Wien
SPIEL Dr. Hilde, Wien
SPIESS Alexander, Wien
SPINELLI Altiero, Rom 78, 153
SPINELLI Amatore, Mailand
SPITAELLER Dr. Erich, Washington
SPITZER Rudolf, Wien
SPREY Dr. Adriaan, Lasne/Belgien
SPRINGER Dr. Walter, Wien
SPRUNG Dr. Johanna, Wien
SPRUNG Dr. Rainer, Univ.-Prof., Innsbruck 119, 161
SRBIK Dr. Hans Heinrich Ritter von, München
STACHOWIAK Dr. Herbert, Univ.-Prof., Berlin 155
STADELMANN Dr. Rudolf, Univ.-Prof., Tübingen
STADLER Dr. Gerhard, Wien
STADLER Dr. Helga, Wien
STADLER Krista, Schauspielerin, Wien 160
STAHL Dr. Rudolf, Generaldirektor a. D., Wien
STAIGER Dr. Emil, Univ.-Prof., Zürich 58, 150
STAMM Dr. Rudolf, Wien
STAMMATI Dr. Gaetano, Univ.-Prof., Generaldirektor, Minister a. D., Rom 7

STAMMER Dr. Otto, Professor, Berlin
STANDKE Dr. Klaus-Heinrich, New York 125, 161
STANZEL Dr. Anton, Wien
STAPF Dr. Aiga, Univ.-Prof., Tübingen
STAPF Dr. Kurt, Univ.-Prof., Tübingen 113, 159
STAUB Hans, Chefredakteur, Zürich 113
STAUDINGER Dipl.-Vw. Dr. Michael, Innsbruck
STECK Dr. Karl Gerhard, Professor, Frankfurt a. M.
STEDEN Dr. Anton, Professor, Wien
STEGMAYR Josef, Innsbruck
STEGMÜLLER Dr. Wolfgang, Professor, München 155
STEIDL Dr. Wilhelm, Rechtsanwalt, Innsbruck
STEIN Werner, Senator, Berlin 160
STEINBÖCK Ludwig, Direktor, Wien
STEINBUCH Dr. Karl, Univ.-Prof., Karlsruhe 19, 106, 107, 119, 130, 157, 160
STEINER Angelo, Direktor, Linz
STEINER George, Cambridge 156
STEINER Dr. Gerolf, Professor, Heidelberg
STEINER Dipl.-Kfm. Helmut, Wien
STEINER Dr. Jost, Wien
STEINER Max, Generaldirektor, Zürich
STEINERT Dr. Heinz, Wien
STEINHART Annemarie von, München
STEINHART Otto von, München
STEINLECHNER Josef, Professor, Schuldirektor, Alpbach 124
STEINMANN Dr. Otto Ch., Rechtsanwalt, München
STEINMÜLLER Dr. Wilhelm, Univ.-Prof., Regensburg 158
STEINPARZ Franz, Linz
STEMBERGER Dr. Gert, Direktor, Wien
STEPHAN Dr. Rudolf, Univ.-Prof., Berlin
STERN Peter, London 127, 161
STEWART Dr. W. A. C., Professor, Keele
STEYRER Tony, Innsbruck
STIKKER Dirk, Außenminister, Den Haag 157
STINGL Dr. Heinz-Jürgen, Langenzersdorf
STIX Dr. Gerulf, Ampass/Tirol
STJERNSCHANTZ Gören, Direktor, Frankfurt a. M.
STOJANOVIĆ Dr. Svetozar, Univ.-Prof., Belgrad 125, 160
STOLL Dr. Robert Thomas, Univ.-Prof., Cambridge – Basel
STONE Shephard, Berlin
STÖSSEL Dr. Reinhold, Direktor, Frankfurt a. M.
STRABERGER Dr. Anton Viktor, Wels
STRACHWITZ Elisabeth von, Ebreichsdorf
STRASSER Heinrich, Linz
STREERUWITZ Dr. Ernst, Wien
STROBL Alfred, Professor, Innsbruck

STROBL Dipl.-Ing. Walter, Graz
STROEBE Dr. Wolfgang, Univ.-Prof., Marburg a. d. Lahn
STRÖHM Dr. Carl Gustav, Journalist, Wien 126, 132
STROHMEIER Dipl.-Ing. Dr. Gerolf, Reutte i. Tirol
STROLZ Dipl.-Dolm. Birgit, Wien
STRUCK Karin, Schriftstellerin, Münster 120
STUCKENSCHMIDT Dr. Hans-Heinz, Univ.-Prof., Berlin 78, 153, 156, 157
STUCKHARD Peter, München
STUEBS Dr. Albin, Hamburg
STURMINGER Eva-Maria, Wien
SUITNER Othmar, Innsbruck
SUKALE Dr. Michael, Professor, Princeton/New Jersey
SUPEK Dr. Ivan, Professor, Zagreb
SUPPER Dr. Meinhard, Wien
SURANYI-UNGAR Dr. Theo, Professor, USA – Ungarn 58
SURI Dr. Surindar, Univ.-Doz., Berlin 156
SUSINI Dr. Eugen, Univ.-Prof., Paris 12, 58, 150
SVOBODA Dr. Werner, Wien
SWAROVSKI Komm.-Rat Daniel, Industrieller, Wattens 74
SWAROVSKI Komm.-Rat Manfred, Industrieller, Wattens
SWARUP Dr. Shanti, Oxford
SWOBODA Dr. Hannes, Wien
SZABO Wilhelm, Weitra
SZCZESNY Dr. Gerhard, München 153
SZILASI Dr. Wilhelm, Univ.-Prof., Freiburg i. Br. 152

TABUCCHI Yasse, Maler, Paris
TAIRYCH Eduard Günther, Wien
TALABHAT Dey, Botschafter, Wien
TAPFER Dr. Siegfried, Univ.-Prof., Rektor, Innsbruck
TAUBER Dipl.-Kfm. Johann Friedrich, Direktor, Wien
TAUCHER Dr. Wilhelm, Professor, Minister a. D., Wien
TAUS Dr. Josef, Staatssekretär, Wien 122, 134, 157
TENBRUCK Friedrich, Frankfurt a. M. 156
TERREL Dr. Burnham, Professor, Minnesota/USA
TESAR Dr. L. Erik, Hofrat, Schwaz
THALER Dr. Birgit, Rechtsanwalt, Wien
THALER Marietta, Linz
THEUNISSEN Dr. Gert H., Köln
THEURING Dr. Günther, Hochschulprofessor, Wien 116, 119, 155, 162
THIERKOPF Martina, Studienrätin, Bremen

THIESS Frank, Dichter uns Schriftsteller, Darmstadt 69, 151
THIRRING Dr. Hans, Univ.-Prof., Wien 63, 151, 155
THOMAS John W., Vizepräsident, London
THOMAZO Oberst, Innsbruck 10, 12
THORBECKE Dr. William J., Professor, New York
THORN Dr. Gaston, Ministerpräsident a. D., Präsident, Brüssel – Luxemburg 7, 26, 27, 93, 112, 126, 145, 159, 161
THORN Dr. Liliane: siehe PETIT Liliane
THUN-HOHENSTEIN Dr. Eleonore, Journalistin, Wien
THURN-VALSASSINA Dr. Max, Ministerialrat a. D., Wien
THURN-VALSASSINA Ing. Philip, Rastenberg/Niederösterreich
THURNHER Dr. Eugen, Univ.-Ass., Innsbruck
TICHY Dipl.-Kfm. Dr. Bruno, Direktor, Wien
TICHY Dr. Herbert, Univ.-Prof., Zentralasien-Forscher und Schriftsteller, Wien
TIGRID Pavel, Montmorency/Frankreich 122, 133
TILLICH Paul, New York 76
TILLMANN Rosel, Wien
TIMMEL Dr. Roland, Wien
TIROSH Dr. Alexander, Rechtsanwalt, Haifa
TOMAN Dr. Walter, Professor, Direktor, Erlangen 156, 159
TOMAN Walther, Österreich 59
TONINI Dr. Valerio, Rom
TOPITSCH Dr. Ernst, Univ.-Prof., Graz 97, 98, 153, 161
TORBERG Friedrich, Professor, Wien 27, 29, 30, 113, 152, 155, 159
TORBERG Marietta, Wien 6, 27, 29
TORTORELLA Aldo, Rom 119
TOSI Dr. Silvano, Professor, Florenz
TOURAINE Dr. Alain, Univ.-Prof., Paris 97, 154, 156
TRABUCCHI Alberto, Padua – Luxemburg 118, 160
TRAMONTANA Ilse, Wien
TRANEKJAER-RASMUSSEN Dr. Edgar, Univ.-Prof., Kopenhagen
TRAPPENIERS M. Felix, Brüssel
TRAUPEL Dr. Walter, Professor, Zürich
TRAXLER Dr. Heinz, Direktor, Wien
TREANTON Jean René, Professor, Paris
TREICHL Dr. Heinrich, Generaldirektor a. D., Wien 158, 161
TRELLUYER Michel, Paris 155
TRENKER Gerlinde, Wien
TRETNER Dr. Carl-Heinz, Professor, Berlin
TREU Dr. Emanuel, Botschafter, Wien 140

TRILLHAAS DDr. Wolfgang, Professor, Göttingen 155
TRIOLET Elsa, Schriftstellerin, Paris 12, 58
TRITSCH Dr. Walter, Professor, Paris – Freiburg i. Br. 152
TROJAN Cornelia M., Wien
TROST Ernst, Wien
TROUVAIN Dr. Franz-Josef, Frankfurt a. M.
TSCHIGGFREY Dr. Hans, Landeshauptmann, Innsbruck 7
TSCHOLL Walter, Innsbruck
TUCHER Dr. Hans Chr. Freiherr von, München
TULLOCK Gordon, Blacksburg/USA 125
TURRINI Peter, Dichter, Wien 94, 113, 159

ÜBELHÖR Dr. Alfons, Bundesrat, Direktor, Wien
ÜBLEIS Dr. Hans-Peter, Wien
UEXKÜLL Dr. Thure von, Univ.-Prof., München 151
UHER Dipl.-Kfm. Dr. Julian, Direktor, Wien
ULF Dr. Norbert, Innsbruck
UNDORF Dr. Arthur, Direktor, Wien
UNGAR Dr. Leopold, Direktor, Wien
UNGER Gerald, Wien
UNSELD Siegfried, Verleger, Frankfurt a. M. 120, 160
UNTERGUGGENBERGER Dipl.-Kfm. DDr. Silvio, Direktor, Wien
URBANCIC Elisabeth: siehe WALTZ-URBANCIC Elsiabeth
URBANNER Erich, Wien 97
UZZELL F. R. C., Dideot

VAIZEY John, Oxford
VAK Dr. Karl, Generaldirektor, Vorstandsvorsitzender, Wien 161
VALERY Paul, Paris 18
VALLENDER H. W., London
VALSECCHI Dr. Franco, Professor, Mailand 153
VARAGNAC Dr. André, Professor, Paris
VARGA Dr. Jozsef, Wien
VEILLET-LAVALLE Marc, Generalsekretär, Rom
VEINSTEIN André, Paris 106, 157
VEIT Dr. Otto, Professor, Frankfurt a. M. 153
VERANNEMAN DE WATERVLIET Jean, Brügge
VERDROSS-DROSSBERG Dr. Alfred, Univ.-Prof., Wien 58, 150
VERENO Dr. Mathias, Salzburg
VERSECK Evelin, Wien

VERSTEGEN Aart, Düsseldorf
VESELSKY Dr. Ernst, Abg. z. NR, Wien 117
VIECHTBAUER Herbert, Direktor, Braunau a. Inn
VIERECK Dr. Peter, Univ.-Prof., Northampton/USA 76, 77, 153
VIEREGGE Alexandra von, Swisttal-Ludendorf/BRD
VINATZER Dr. Max, Wien 49
VIOLA Dr. Eugenio, Rom
VIRAGH Dr. Ladislaus, Vorstandsdirektor, Wien
VLCEK Dr. Josef, Direktor, Wien
VLERICK André, Professor, Minister a. D., Gent/Belgien
VOGEL Dr. Hans-Joachim, Bundesminister a. D., Bonn – Bad Godesberg – Berlin 112, 159
VOLGGER Burgi, Bozen
VOLK DDr. Hermann, Professor, Münster i. W.
VOLK Lotte, Murnau
VRANITZKY Dr. Franz, Generaldirektor, Wien 126, 161

WACHSMANN Konrad, Professor, Chicago
WADDINGTON C. H., Edinburgh 158
WAECHTER Alfred P., Genf
WAESTERBERG Bo, Stockholm
WAGENSONNER Dr. Jürgen, Innsbruck
WAGNER Dr. Alois, Weihbischof, Linz
WAGNER Dipl.-Kfm. Gerhard, Direktor, Wien
WAGNER Gerrit, Den Haag
WAGNER Dr. Hans, Professor, Direktor, Bonn
WAGNER Dr. Leopold, Landeshauptmann, Klagenfurt 127, 161
WAHL Dr. Jean, Univ.-Prof., Paris 62, 63, 151
WAHL Dr. Peter, Wien
WAHLS Hans, Köln
WAHNES Dipl.-Ing. Reinhard, Marl
WAILAND Dr. Georg, Wien
WAIZER Dr. Walter, Direktor, Schwaz
WALDHEIM Dr. Kurt, Generalsekretär der Vereinten Nationen, New York 128, 136, 161
WALDSTEIN Georg, Wien
WALLENBORN Robert, New York 97, 152
WALLNÖFER Eduard, Ökonomierat, Landeshauptmann, Innsbruck 7, 95, 108, 116, 127, 158, 159
WALTER Dr. Emil, Professor, Zürich
WALTER Dipl.-Kfm. Ernst, Caracas
WALTER Dr. Georg, Neukirchen bei Altmünster/Oberösterreich
WALTHER Horst, Eschenlohe

WALTZ-URBANCIC Elisabeth („Pippa"), München-Bogenhausen 50, 96
WANDRUSZKA Dr. Adam, Univ.-Prof., Wien 75, 114
WANDRUSZKA Dr. Mario, Heidelberg
WANIEK, Regisseur, Wien
WANKE Dr. Alexander, Wien
WARHANEK Max, Wien 50
WARINGO Michael, Direktor-Stellv., Walferdange/Luxemburg
WATKINS John W.N., Professor, London 97, 119, 154, 160
WAUTERS Luc, Präsident, Brüssel
WEBER Eva, Malerin: siehe AUER Eva
WEBER Dr. Wilhelm, Professor, Wien
WECK Philippe de, Zürich 126
WEDORN Dr. Fritz, Wien
WEGE Wolfgang, Wehr/Baden
WEHRLI Dr. Max, Univ.-Prof., Zürich
WEICHART Ursula, Wien
WEIDINGER Dr. Oskar, Direktor, Linz
WEIDINGER Roswitha, Wien
WEIDINGER Silvia, Bayreuth
WEIDLICH Fritz, Musikdirektor, Innsbruck
WEIGERT Thomas, Braunau a. Inn
WEIN Dr. Hermann, Univ.-Prof., Göttingen 97, 153
WEINBERGER Hilde, Regisseuse, Wien
WEINMANN Günther, Generalstaatsanwalt, Stuttgart
WEIPPERT Dr. Georg, Univ.-Prof., Erlangen 70, 154
WEISER Zehavit, Tel-Aviv
WEISGERBER Dr. Leo, Professor, Bonn
WEISL Frank, Gen.-Dir.-Stellv., Rom
WEISS Paul A., Professor, New York 58, 117, 159
WEISSGATTERER Dr. Alois, Landeshauptmann, Innsbruck 7
WEISSINGER Dr. Johannes, Professor, Karlsruhe
WEITHALER Regina, Innsbruck
WEIZSÄCKER Viktor Freiherr von, Univ.-Prof., Heidelberg 63, 151
WELLESZ Egon Josef, M.A., Professor, Oxford 100, 155, 156
WENZL Dr. Aloys, Univ.-Prof., München
WERNER Dipl.-Ing. Erich, Direktor, München
WESEMANN Lothar, Wien
WESENAUER Dipl.-Kfm. Gerda, Wien
WESSELY-HÖRBIGER Paula, Kammerschauspielerin, Wien 58, 150, 161
WESSELY Dr. Wanda, Wien
WESTPHALEN Dr. Ferdinand, Univ.-Prof., Wien
WESTRICK Dr. Peter, Bretten/BRD
WHITE Alfred, Wien
WICKENBURG Graf Erik G., Wien
WICKHAM W.R.L., M.A., Wien
WIEDNER Laurenz, Wien

WIELEBNOWSKI Dipl.-Kfm. Hubert, Direktor, Wien
WIESER Dr. Wolfgang, Univ.-Prof., Rum bei Innsbruck 50, 52, 106, 157
WIESINGER Dipl.-Kfm. Dr. Alois, Direktor, Wien
WIESMÜLLER Dr. Heinrich, Salzburg
WILDBOLZ Eduard, Zürich 104
WILHELM Monika, Wien
WILLE Sepp, Zentralsekretär 126
WILLKE Dr. Gerhard, Professor, S. Domenico di Fiesole
WILLNAUER Dr. Franz, Leverkusen 162
WIMMER Manfred, Absam
WIMMER Dr. Rudolf, Wien
WIND Claude, Direktor, Frankfurt a. M.
WIND Dr. Edgar, Professor, Northampton
WINISCHHOFER Dr. Michael, Rechtsanwalt, Wien
WINKLER Dr. Günther, Univ.-Prof., Wien 49, 118, 160
WINKLER Dr. Hugo, Wien
WINTER Ernst Florian, Wien 156
WIPPLER Dr. Reinhard, Utrecht
WIRTZ Stefan J., Univ.-Ass., M.A., München
WISTRICH Ernest, London 122
WITH Hans de, Staatssekretär, Bonn 161
WITT Fritz, Regensburg
WITTLICH Käte, Wien
WITTGENSTEIN Prinz Casimir, Frankfurt a. M.
WITTMANN Dr. Heinz, Wien
WITTMANN Dr. Peter, Direktor, Linz
WOGENSTEIN André, Architekt, Paris 154
WOHLGENANNT Dr. Rudolf, Univ.-Prof., Innsbruck
WOLF Dipl.-Kfm. E., Wien
WOLF Herbert, Frankfurt a. M.
WOLFE Thomas, Asherville/USA 55
WOLFF Dr. Philip, Dozent, Zürich
WOLFF VON AMERONGEN Otto, Präsident, Köln 7, 107, 116, 126, 130, 146, 158, 162
WOLFKIND Peter Daniel, Dichter und Schriftsteller, Graz 119, 127, 160
WOLZT Dipl.-Kfm. Dr. Detlev, Wien
WOPFNER Dr. Hermann, Univ.-Prof., Innsbruck
WONDRACEK Jochen, Berlin
WORSCHITZ Edith, Wien
WOTRUBA Fritz, Professor, Wien 6, 28, 38, 69, 111, 146, 151, 158
WOTRUBA Lucy, Wien
WOZNIAKOWSKI Dr. Jacek, Krakau
WUFFLI Dr. Heinz R., Zumikon
WUNDSAM Dipl.-Kfm. Leopold, Direktor, Wien
WÜRZL Mag. Elisabeth, Wien

WUTTKE Dr. Hans A. Vorstandsmitglied, Frankfurt a. M.
WYCHERA Dr. Robert, Generaldirektor, Wien
WYDRA Dr. Heinz Naftali, Haifa

YOKOUCHI Ryuzo, Frankfurt a. M.
YOSHIDA Hidekazu, Professor, Tokio 156
YOUNG Michael T., London
YPERSELE Jacques van, Kabinettchef, Brüssel
YVON Mechthild, Wien

ZABRSA Dr. Angela, Regisseuse, Wien
ZACHOS Dr. Anton, Konsul, Wien
ZAHAR Dr. Elie Georges, Univ.-Prof., London 161
ZANFARINO Dr. Antonio, Univ.-Prof., Florenz
ZANGER Dr. Georg Rechtsanwalt, Wien
ZAPOTOCZKY Dr. Klaus, Univ.-Prof., Linz
ZASS Manfred, Direktor, Frankfurt a. M.
ZBINDEN Dr. Hans, Bern 76, 152
ZDARZIL Dr. Herbert, Univ.-Prof., Wien 50, 96
ZDRAHAL Mag. Peter, Wien
ZECHEL Andreas, Wien
ZECHEL Dorothea, Wien
ZEELAND Paul van, Ministerpräsident, Brüssel 7, 99, 155
ZEEMANN Dorothea, Schriftstellerin, Wien
ZEILLINGER Dipl.-Kfm. Dr. Erich, Wien
ZELENY Jindrich, Prag 104, 157
ZEMANEK Dr. Heinrich, Univ.-Prof., Wien 116, 157
ZEMANEK H., Professor, Böblingen
ZIEHENGRASER Mag. Wolfgang, Wien
ZIMMEL Dr. Sebastian J., Wien
ZIMMER DDr. Norbert, Generaldirektor, Wien
ZIMMER-LEHMANN Dr. Georg, Direktor, Generalsekretär, Wien 6, 29, 50, 51, 52, 64, 66, 91, 99, 119, 126, 129, 146, 157, 162
ZIMMER-LEHMANN Hedy, Wien
ZIMMER-LEHMANN Inge, Wien 29
ZIMMERMANN Dr. Walter, Professor, Tübingen
ZOERER Peter, Wien
ZÖGERNITZ Dipl.-Kfm. Werner, Wien
ZÖRNER Rudolf, Direktor, Landtagsabg., Wien
ZOTTER Dr. Friedrich, Architekt, Rektor, Graz
ZYKAN Otto M., Komponist, Wien 97, 154, 159

INHALT

Vorwort 7
Der Andere Zauberberg. Das Phänomen Alpbach von 1945–1980 ... 9
Dokumentation der Alpbacher Veranstaltungen 150
Teilnehmerverzeichnis/Personenregister 163